基于标准的教师教育新教材

小学品德与社会(生活)课程研究

主编◎沈晓敏 高峡

华东师范大学出版社

一同走过——写给教师们

转眼间，品德与生活、品德与社会这两门标志着新时期小学德育转型的课程已经走过了十多年的风雨历程。每一位实践着品德与生活、品德与社会的教师，都是课程的先驱者和创建者。坦率地说，当十多年前我们第一次面对全国各地的教师讲述这两门课程时，内心既饱含着激情、期待，也充满了不安和担忧。因为作为课程的规划设计和教材编写人员，我们深知教师将肩负怎样的使命，这两门课程对他们提出的挑战之大、要求之高是前所未有的。十多年来，每每面对教师们困惑的目光和不解的追问，我们会为他们的敬业和执著感动，更体会自身肩负责任的重大。

我们看到，在实践新课程的过程中，教师们在一步步改变着对课堂教学的认识，改变着自己的思维方式，并不断对自身的惰性发起冲击。无论是综合课和分科教学的相互纠结、活动课的框架设计和学校现行各种制度之间的彼此协调，还是教师们身兼数职、分身无术的尴尬，都没有阻碍他们实践创新的步伐，反而更激发了他们挑战自我的欲望和教学智慧。每一次备课、每一次对问题的追究都可以让教师们回忆起很多有趣或略带苦涩的故事。渐渐地，我们在课堂上最初常常看到的追求热闹、眼花缭乱的活动减少了，而更多的是富有创意的综合主题设计，饱含引导和挑战的提问，以及学生之间更加自由的表达，平和的对话与分享。与教师们交谈时，更多看到的是他们自信、深沉的目光，听到的是他们对于主题学习的构想、对探究学习和问题解决等学习方式的分析和比较。应该说，经过十多年的实践，品德与生活、品德与社会的教师们在树立课程意识、追求有效教学方面有了很大的提升，也涌现出了一批优秀骨干和学科带头人。尽管我们的教师队伍始终是一支“流动大军”，许多教师带着创造教学的智慧和自信走向了其他岗位，又有更多的教师带着疑惑走进了我们这个大家庭。但是我们从来不孤独、不失落，因为今天，“愉快、积极地参与教研”、“负责任、有爱心地面对学生”、“动手动脑、有创意地开展教学”已成为很多品德与生活、品德与社会教师的常态追求。

在为教师们不断取得进步感到欣慰的同时，我们也看到，现实中课程实践面临的困难和问题还很多，其中不乏来自外部制度和评价等方面的，也有来自教师自身素养和能力提升方面的。要提升教学水平、真正实现德育转型，我们还有很长的路要走。我们期待有更多的教师能够设计出引发学生兴趣的课题；能够在激动人心的课题学习中帮助学生掌握社会学习、道德学习的基本技能；能够在综合课程学习中潜移默化地融入不同学科的思维方式和方法；能够一起寻找途径，让学生的兴趣、问题和国家制定的课程联系起来。我们还希望，教师能够在真实的问题中而不是练习册中评价学生；引导学生在研究中而不是在课本中寻求答案，希望每个教师在教学细节上都追求卓越，超越自我。

为此,每一位教师都需要不断学习,需要放开眼界,广泛借鉴国内外同行的成果,提炼经验,也需要认真反思与总结自身的不足。记得有一位卓有成就的教师曾经说过:"在我们每个老师的'仓库'里的某个地方,都藏着大量从别的老师那里'偷'来的思想和课堂活动。"我的"每一个想法,大概都能追溯到我和同事及良师益友谈话后萌发的灵感。像所有其他的老师们一样,我从一个人那里得到某个想法,从另一个人那里借鉴某个课堂活动,又从第三个人那里获得一些资料——所有这些所得都以不同方式交织在一起,用来满足我的学生们的需要"。为此,"我对很多教师都抱着感激之情,因为是他们的想法和工作,成就了我今天所做的一切。"(引自[美]史蒂文·利维《从零开始——创建你自己的课堂》)我们觉得,这不仅是一位老师的感受,也是许许多多教师的心声。正是基于成就每一位教师、造就每一位学生的愿望,我们在一线教师和教研员无私的支持帮助下,编写了《小学品德与社会(生活)课程研究》一书。

本书共有八章,第一至第三章旨在说明品德与社会(生活)课程的价值究竟何在,为什么说这门课程能够拥有其他课程不能取代的育人作用。第一章首先追溯了这两门课程的源流,主要梳理了从清末到民国、再到中华人民共和国成立、文化大革命、改革开放各时代德育一社会类课程的演变,分析了品德与社会(生活)课程取代思想品德课和社会课的时代背景和意义。第二章通过分析课程的性质、理念,第三章通过比较国外同类课程的理念、内容和课程地位,展现品德与社会课程在学校课程中不可取代的独特价值,以及进一步完善课程设计的必要性。

第四章从课程内容设计的角度阐释了实现品德与社会(生活)课程价值的途径。首先分别阐释品德与生活课程的"三条主线和四个方面的交织"、品德与社会课程的"点面结合、综合交叉、螺旋上升"的含义,提出了体现课程设计思路的教学内容的选择和组织方法。然后重点阐述了品德与社会课程中加强历史教育和地理教育的必要性和可行性,分析、列举了品德与社会课程在每个生活领域中可以融入的史地教育内容。

第五至第八章从教学和评价的角度阐述品德与社会(生活)课程价值的实现方法。第五章围绕教学计划,阐述了单元教学计划和课节教学计划的关系和构成要素、教学目标的分解和细化、教学预设和生成的关系及教学计划的调整,希望该章能帮助教师学会制定富有弹性和操作性的教学计划。

第六章阐述教学策略,明确提出品德与社会(生活)课程的教学策略应遵循的价值取向,即学生为学习主体,教师为学习活动的引导者和组织者,教学设计基于学生生活,课堂文化崇尚对话与合作。品德与社会(生活)课程的教学应是基于对话和问题解决的教学。以此为前提,该章阐述了开发和运用教材以及指导学生开展探究活动的方法,为如何确立学习课题、组织调查、讨论和辩论提供了具有操作性的方法和课例。希望这一章有助于教师创造性地灵活运用各种教学方法,形成符合学生需要、契合教学主题的教学策略,提高教学的有效性。

第七章阐述了品德与社会(生活)课程中常用的学习工具,如年表、地图、统计图、流程图等,展现了这些学习工具的运用对于促进学生的学习所具有的意义,并以国内外教科书中出现的学习工具为例,列举了教师指导学生有效运用学习工具的方式和方法。

第八章围绕教学评价,阐述了评价的基本理念和方法,以及评价标准的确立。通过具体课例，介绍了真实性评价、表现性评价和纸笔测试等评价方法的各自特点和运用方式，以及提高评价客观性的方法。

本书的撰写汇聚了多位作者的心血。各章作者如下：

第一章：高峡、沈晓敏；

第二章：沈晓敏、高峡；

第三章：沈晓敏、高峡；

第四章：沈晓敏；

第五章：尚九宾、樊雪红、艾艳敏、王远美；

第六章：沈晓敏；

第七章：杨莹莹；

第八章：沈晓敏、郭雯霞。

希望这本书能够帮助广大教师更好地理解品德与生活、品德与社会这两门课程的价值，让更多的教师体会它们的魅力，也希望有更多的教师能更好地承担起为国家、为未来社会培养合格公民的使命。众多教师成长的案例让我们相信，任何教师经历过数年品德与社会(生活)课的教学实践和研究，都将会拥有更开阔的眼界、更强的理解力、更有深度的思想、更为理性的行为和更丰富的人性。

愿“做真实的教学，做真实的评价，做真实的人”成为品德与社会(生活)课教师的不懈追求。

沈晓敏

华东师范大学课程与教学研究所

高　峡

中国教育科学院

2015.3.19

鸣谢

本书出版之际，我们特别感谢钟启泉教授、崔允漷教授、吴刚平教授、胡惠闵教授、黄向阳教授等在本书形成过程中提供的宝贵建议！感谢张和平、王玉兰、曹娟娟、牛芳、毛玮、王莉韵、刘懿、王燕婷、王静彬、白富斌、于崴、何建雯、林琳、魏敏霞、季晓军、王嫌、陆逸、马莉莉、毛志峰、江丽瑛、严佩芳等老师提供重要的案例！谢晓英和王洁两位同学协助审校并提出修改建议！感谢华东师范大学出版社王焰社长以及高等教育分社翁春敏社长、责任编辑吴海红女士为本书的出版所做的大量工作！

目录

第一章

品德与社会（生活）课程的开设缘由

本章追溯品德与社会（生活）课程的源流，梳理了清末之后我国德育—社会类课程的发展脉络。你可以从中了解品德与社会（生活）课程作为一门综合课程，是由过去的政治、思想品德、修身等德育课程与历史、地理、社会等社会课程发展而来的。早在90年前，我国就已经在探索德育—社会类课程的综合化，而社会科内容范畴在分与合之间频繁重组的历程，为我们构建品德与社会（生活）课程提供了宝贵的经验和教训。

品德与社会（生活）课程的开设是我国德育课程的一次质的飞跃，在我国基础教育发展史上具有划时代的意义。通过本章的学习，你可以从德育向生活回归、推进课程综合化、确立儿童作为道德主体的地位、推行以探究为主的学习方式等方面，认识新旧课程之间的联系和差异，理解品德与社会（生活）课程取代之前的思想品德课和社会课的迫切性及其意义。

【本章将阐明的问题】

- 品德与社会(生活)课程开设之前的德育课程和社会课程是怎样的?
- 品德与社会(生活)课程为什么要取代原来的思想品德课和社会课?
- 开设品德与社会(生活)课程的迫切性和意义何在?

【关键概念】

德育—社会类课程　思想品德课　社会科(课)　公民科(课)　公民素养　创新精神

第一节　品德与社会(生活)课程的源流

2001年国家课程改革方案颁布,正式宣布在小学课程中开设“品德与社会”(简称“品社”)、“品德与生活”(简称“品生”),取代原来的“思想品德”和“社会”。从这种“取代”关系以及从课程名称上,可以看出“品德与社会(生活)”与“思想品德”和“社会”既存在着差别,又在性质和功能等方面存在某些共性,否则前者不必取代后者,而可以与旧课程并立。此外,品德与社会(生活)课程一般被纳入德育课程的范畴,但它亦属于社会课程(国际上称 social studies,社会科)的范畴,兼具德育课程(德育学科)与社会课程(社会学科)的性质。[①] 德育课程和社会课程在历史上曾有过名称不同的科目,它们分分合合,关系紧密。今天的品德与社会(生活)课程既是顺应社会发展而诞生的时代产物,也是课程发展演变的历史产物。对德育课程和社会课程发展历程的回溯,可以帮助我们更透彻地理解品德与社会(生活)课程的开设意义。让我们从近代学校创立之时开始追根溯源。以下本文用“德育—社会类课程”来统称中国近现代教育史上出现过的相关科目。

一、新中国成立前的德育—社会类课程

品德与社会(生活)课程的源流如果要追根溯源的话,可以追溯到久远的古代社会,自从有了教育,就有了道德教育、历史教育。但本书仅从奠定现代学校之基础的近代学校的设立开始追溯,因为只有在近代学校诞生之后,我国才开始形成影响至今的学科分类和课程结构。德育—社会类课程的演变大致可以划分五个阶段:清朝末期、民国时期、新中国成立至1970年代末、1980年代初至20世纪末、21世纪初至今。图1-1展现了从清朝末

① 有些学者、有些国家和地区甚至认为社会课程的内涵比德育课程的内涵更大,德育课应包含在社会课程范畴中。如上海于2004年推出的中小学课程方案就将品德与社会、思想品德、思想政治与历史、地理等科目一起归入“社会科学学习领域”。尽管我们也赞同德育课应包含在社会课程的范畴中,但因德育课在我国被赋予极其重要的地位,而品德与社会课程的名称中也把“品德”与“社会”并列,所以,本书将品德与社会课程视作兼具德育课程和社会课程性质的课程。

图 1-1

中国小学德育—社会类课程发展历程

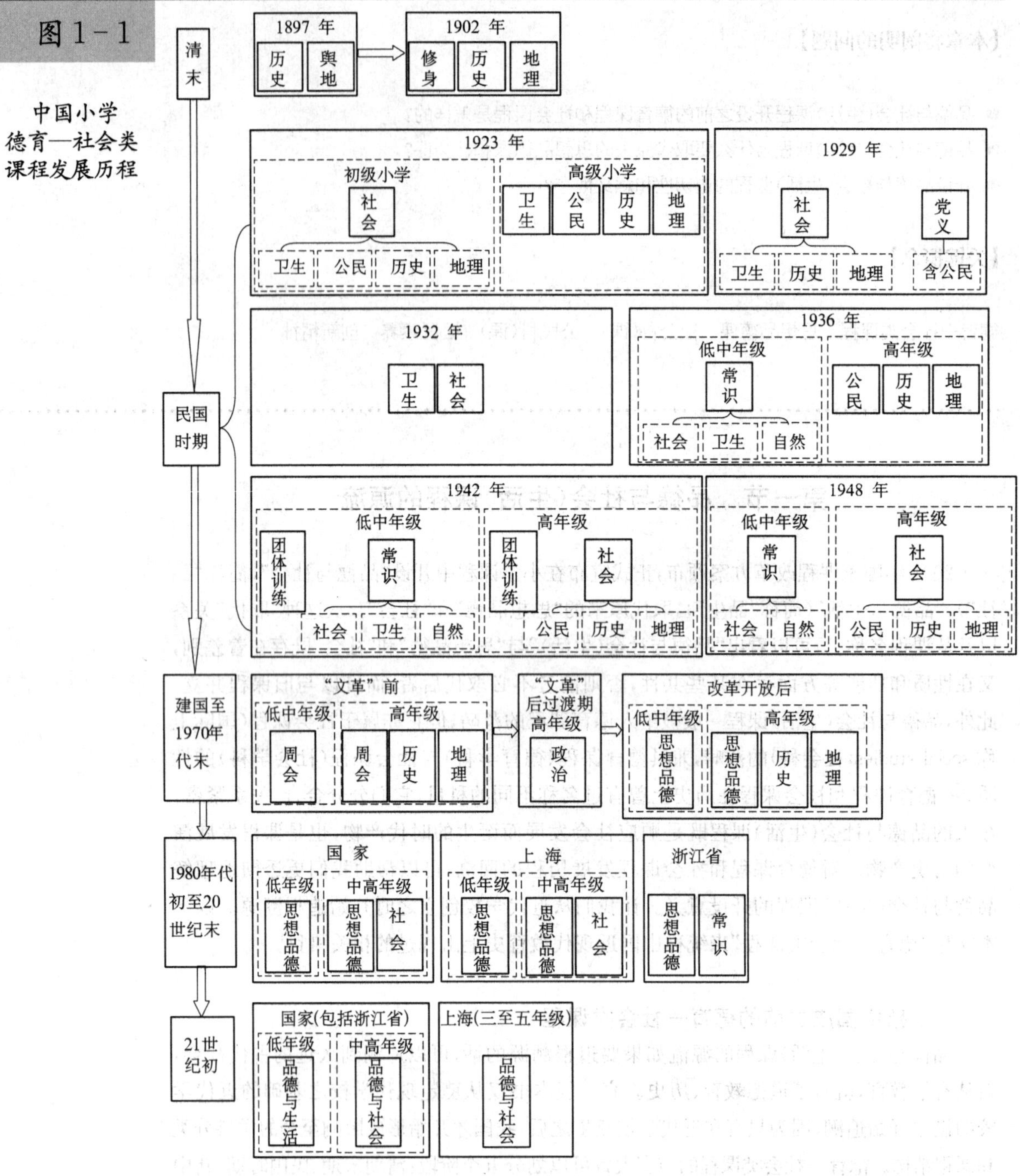

注:① 1942 年的"团体训练",包括训育。

② "周会"从 1957 年开始设置,包括思想品德教育。

③ 1936 年和 1942 年常识科中的"卫生"只包括其知识部分(卫生习惯部分纳入到"团体训练"中)。

④ 1932 年,社会、卫生、自然可依地方情形,在低年级合并为"常识"一科。

(本图根据以下文献制作:(1)课程教材研究所. 20 世纪中国中小学课程标准、教学大纲汇编:自然、社会、常识、卫生卷[M]. 北京:人民教育出版社,2001. (2)课程教材研究所. 20 世纪中国中小学课程标准、教学大纲汇编:思想政治卷[M]. 北京:人民教育出版社,2001.)

年至今，德育—社会类课程的发展脉络，以及这些学科(课程)之间的关系。①

1. 清朝末期

19世纪末，在维新派的推动下，近代学校在中国诞生。与此同时，由国文、算术、英文、舆地(相当于地理)、史学和体操等学科构成的新式课程也开始与以“四书五经”为主的私塾课程分庭抗礼。

1897年资本家盛宣怀创办南洋公学师范院，随后设外院(即后来的南洋公学附属小学)，开设了国文、算文、英文、舆地、史学和体操六门学科，这是我国近代学校开设史、地学科之始。1899年陆基在苏州创办了崇辨蒙学，分甲、乙两班，设国文、算学、历史、地理学科以教甲班。第一次出现了“历史”、“地理”的学科名称。②

为了规范各地新式学堂的课程，1902年清政府颁发了我国历史上第一个关于学校课程的政府文件，即《钦定学堂章程》。该文件正式确立了修身、历史、舆地三门科目在小学课程中的位置。其中“修身”相当于今天的道德课。但《钦定学堂章程》没有真正实施。1904年中央政府颁发了《奏定学堂章程》，有关小学堂的章程规定初等小学堂以五年为限，高等小学堂为四年制。初等小学堂设八个科目:修身、读经讲经、中国文字、算术、历史、地理、格致、体操。高等小学堂开设九门科目:修身、读经讲经、中国文学、算术、中国历史、地理、格致、图画和体操。

2. 民国时期

1912年中华民国成立，蔡元培任教育总长，试图对旧朝代的教育进行彻底变革。民国政府同年9月公布《小学校令》，规定初等小学校修业四年，高等小学校修业三年。初小的科日是修身、国文、算术、手工、图画、唱歌、体操等，高小的科目是修身.国文.算术、中国历史、地理、理科、手工、图画等，取消了读经课。然而，辛亥革命的果实被袁世凯篡夺，所有革新计划均遭破坏。直至袁世凯复辟帝制之梦覆灭后，才重启改革。

1916年10月民国政府发布《国民学校令施行细则》和《高等小学施行细则》，对各门学科的要旨、内容和开设时间做了明确规定。

1919年“五四”运动爆发，在“民主”与“科学”两面旗帜下，中国教育开始了一场重大变革。与此同时，1919年4月至1921年7月杜威来中国讲学，停留两年零两个月，宣传他的新教育理论。他的教育思想通过其中国弟子胡适、陶行知等人的传播，影响了民国时期的教育。1922年国民政府颁布“六三三”新学制，1923年发布新学制课程标准纲要。名为“社会”的综合学科就在这一年诞生，它包含了卫生、公民、历史、地理等科目(领域)。此后，小学课程不再单设修身。修身的内容主要渗透在“公民”以及后来的“党义”中。

社会科自诞生后，其课程范畴不断发生着变化，且小学各年段的变化也不尽相同。

① 清末和民国时期，人们用“＊＊科”来称呼学校的科目，如历史科、修身科、社会科等。1949年以后，人们用“＊＊课”来称呼学校各科目，如历史课、政治课、社会课。2001年以后，我国常用“＊＊课程”来称呼学校开设的科目，如“历史课程”、“德育课程”、“社会课程”。本章论及各时期的科目时，使用当时的称呼。这样可区分诸如社会科、社会课、思想品德课、品德与社会课程为不同时期的同类科目。

② 盛朗西.小学课程沿革[M].北京:中华书局，1934:129—130.

有时含卫生、公民、历史和地理四个领域(1923),有时含历史、地理和卫生三个领域(1929),有时又含历史、地理、公民三个领域(1936、1942、1948)。1936年以后小学低中年级以常识科的形式出现,将社会和自然整合为一门课程。高级小学则在1923年以后经历了合—分—合反复的过程。

民国时期,由于战乱频繁,社会不稳定,课程也随之多变,课程大纲颁布之后往往得不到落实,有关社会科的理论研究成果也寥寥无几。但是,这一时期人们对社会科内容范畴的探索对我们今天构建和完善社会课程仍然具有启发意义。至少我们可以看到在中国,公民教育和综合性课程早在90年前就已经存在了。社会科的内容在分与合之间频繁地重组,意味着德育—社会类课程的综合化一直是民国教育的追求,而这一追求始终没有达到理想的效果。这些反复重组的课程方案应该成为我们今天研究品德与社会(生活)课程值得吸取的经验。

二、1949年后的德育—社会类课程

1. 1949年至20世纪70年代末

1949年,中华人民共和国成立,不久,人民政府便开始有计划、有步骤地改造旧时代的教育制度和教育内容。民国政府设立的公民、社会、党义等学科被彻底清除出社会主义学校,小学只保留了历史、地理学科。直至1966年,小学没有开设独立的德育课程,德育通过大量的劳动实践活动进行。1966年"文化大革命"爆发,学校教育的一切都被要求围绕阶级斗争展开。这个时期没有出台过课程计划,小学至高中都围绕阶级斗争的需要展开教学活动,几乎所有课程都被赋予政治教育的责任,道德教育更是完全被政治教化所取代。

1976年"文化大革命"结束,假大空的"极左"教育遭到了严厉批判。"许多地方着手扭转小学德育跟形势、运动式(大轰大嗡,紧跟政治运动)、'三化(一般化、简单化、成人化)两不(不联系学生实际、不讲究实效)一个样(大、中、小学一个样)'的局面。"①1978年发布的课程计划规定小学高年级开设政治课。不久,北京、上海、广东、天津等地开始研究制订中小学德育大纲。上海市自1980年开始尝试在部分学校开设道德课(思想品德课的前身),集中对学生进行以"五爱"为主要内容的共产主义道德教育。

2. 20世纪80年代初至20世纪末

1978年12月中共十一届三中全会确立了对内改革、对外开放的政策,从此中国进入史无前例的社会转型期,既是社会主义计划经济向市场经济的转型,也是单一价值观向多元价值观的转型。教育领域的改革虽然滞后于经济改革,但也缓慢地拉开了改革的序幕。德育课程的改革也如"摸着石头过河",在摸索中缓步前进。1981年,第一个思想品德教学大纲颁布,在之后的20年间,我国政府先后颁布了六个教学大纲或课程标准,显然,改革开放带来的急速的社会变化迫使思想品德课对课程性质、目标、内容和方法做出及时的调整和改变。可以说这20年是我国谋求德育课程转型的探索时期。

---

① 吴慧珠.新中国小学德育课程的演变[J].课程·教材·教法,2006(2).

(1) 遵循教育规律的调整——对德育课程系统化、科学化和规范化的尝试

1980 年上海市首先在部分学校尝试开设道德课，1981 年教育部颁发《全日制五年制小学教学计划(修订草案)》，宣布取消“文化大革命”中在小学开设的政治课，规定从 1982 年秋季开始，小学各年级普遍设立思想品德课，每周 1 课时。1982 年，第一个小学思想品德课教学大纲，即《全日制五年制小学思想品德课教学大纲(试行草案)》诞生。该教学大纲对思想品德课的性质和目的做了如下阐释：“思想品德课是建设社会主义精神文明，全面贯彻党的教育方针，用共产主义思想向小学生进行思想品德教育的一门重要课程。它的教学目的是使小学生初步具有共产主义道德品质和良好的行为习惯，立志做有理想、有道德、有文化、守纪律的劳动者，为把他们培养成为共产主义事业的接班人打下思想基础。”课程的这一定位显然脱离了我国正处于社会主义初级阶段的发展实际，不符合儿童身心发展的基本规律；而不切实际的、过高的教学目的根本没有实现的可能。

关于教学内容，该大纲指出以“五爱”为基本内容，进行对社会主义国家公民应有的道德品质和行为规范的教育。具体内容则列出 14 个德目，然后又针对每个年级提出教学要点。可以说“这是建国以后小学德育课程力求做到系统化、科学化、规范化的开始。”①

文献选摘

1982 年《全日制五年制小学思想品德课教学大纲(试行草案)》

【教学内容】

以“五爱”(爱祖国、爱人民、爱劳动、爱科学、爱社会主义)为基本内容，结合贯彻《小学生守则》，向小学生进行社会主义国家公民应有的道德品质和行为规范的教育，着重在小学生中培养爱国主义精神、集体主义精神和主人翁精神。具体内容是：“热爱人民、热爱祖国、热爱中国共产党、热爱劳动、热爱科学、热爱社会主义、勤奋学习、热爱集体、爱护公共财物、遵守纪律、文明、礼貌、诚实谦虚、勇敢活泼、艰苦朴素。”

(2) 教学目的的重新界定——从培养“共产主义接班人”转向培养“社会主义建设人才”

1986 年《义务教育法》颁布后，国家启动了改革开放后的第一次基础教育课程教材改革。同年国家教委颁布了修订版《全日制小学思想品德课教学大纲》，该大纲对思想品德课的性质和教学目的作了如下修改：“思想品德课是比较系统地向小学生进行共产主义思想品德教育的一门课程。它是我国社会主义性质学校教育的一个重要标志，在小学教育中居于重要地位。它对引导学生从小开始逐步形成良好的思想品德，促进学生德育、智育、体育、美育等方面全面发展，具有十分重要的作用。”性质上的规定虽仍有

---

① 吴慧珠.新中国小学德育课程的演变[J].课程·教材·教法，2006(2).

一些高于我国社会发展历史阶段的提法,但教学目的将培养"共产主义接班人"改为培养"社会主义建设的各类人才",可以说从"天上"回到了"人间"。在教学内容方面,原先14个方面(德目)简化为8个方面,按低、中、高三个年段阐述教学要点,并在中年段首次提出"进行必要的社会生活常识和社会公德的教育,也要进行一些浅显的法律常识教育"。显然,在教学目的和内容上,该大纲比1982年的"试行草案"更符合小学生的特点和接受能力,也反映了当时国家谋求高素质建设人才以加快经济建设步伐的需求。

此后1992年、1997年教育部又分别颁布了一系列有关思想品德课的文件,不断地调整思想品德课的培养目标和课程内容,逐步地纠正脱离现实的、成人化的思想教育模式,追求德育与生活的紧密联系与德育的实效性。

(3) 教学目的的再次转换和教育方法的充实——关注学生的思想品德实际和社会实际

至20世纪90年代初,改革开放十多年引发了社会和教育系统的新情况、新问题,改革开放以后出生和成长的少年儿童出现了一些新的特点,国际上有关儿童心理发展的理论也被介绍到国内。教育界对于思想品德教育须适应社会的新情况和新问题、适应小学生的心理发展基本规律达成了共识,对思想品德课程的性质、地位、作用再次进行了探讨。1992年国家教委颁布了重新修订的《九年义务教育全日制小学思想品德课教学大纲(试用)》。课程性质方面没有很大变化,但教学目的发生了不小变化,即原来的社会主义建设人才所需要的基本素质是"有理想、有道德、有文化、有纪律"(简称"四有"),被改为"社会主义现代化建设"所需要的道德品质、行为习惯和辨别是非的能力,这些道德品质是:关心他人、关心集体、认真负责、诚实、勇敢、勤劳、节俭;行为习惯是:文明礼貌、遵守纪律。显然,这个教学目的比1986年的大纲更具体而实际,是所有普通公民应具有的且可以通过教育达到的目的,即民间所说的"更接地气"。

教学内容上仍然延续1982年以后确定的以"五爱"为基本内容,分为九个方面:①热爱祖国的教育;②热爱中国共产党的教育;③热爱人民的教育;④热爱集体的教育;⑤文明礼貌、遵纪守法的教育;⑥努力学习、热爱科学的教育;⑦热爱劳动、艰苦奋斗的教育;⑧良好品格的教育;⑨辩证唯物主义观点的启蒙教育。该大纲对这九方面内容的阐述方式与以往不同,过去的阐述非常抽象而概念化,重在情感和态度的形成,而1992年大纲却从知识、情感态度、行为等角度阐述得更为具体、明晰,具有可操作性。

在教学原则方面,1992年大纲首次提到"教学要联系学生的思想品德实际和社会实际"、"坚持启发式"、"引导学生独立思考"等。

文献选摘

1986年教学大纲与1992年教学大纲对比

【1986版教学内容列举】

第三条对学生进行文明礼貌的教育。培养他们尊敬师长、尊老爱幼、礼貌待人、遵守秩序、讲究卫生等良好的品德和行为习惯。

第六条　对学生进行社会主义民主和法治观念的启蒙教育。引导他们从小学习过民主生活，平等待人，有事大家商量，懂得少数服从多数的道理，逐步树立遵纪守法观念。

【1992版教学内容列举】

第五条　文明礼貌、遵纪守法

教育学生对人热情有礼貌，会用礼貌用语，懂得日常生活中待人接物的礼节，尊重他人的民族习惯。在学校要遵守纪律，在社会上要遵守公共秩序，遵纪守法。要讲究个人卫生，保持环境卫生，爱护花草树木。

(4) 新型品德课的建设——“共产主义思想品德教育”开始向“公民品德教育”转型

1997年国家教委再次颁布《九年义务教育小学思想品德课和初中思想政治课课程标准(试行)》，首次将小学、初中思想品德教育作整体规划，以克服小学与中学德育脱节问题，同时与其他学科一样，“课程标准”一词取代“教学大纲”一词。如同有学者所说的，使用“课程标准”这一概念意味它需更多考虑“这个标准、依据的确立是否符合德育自身发展的逻辑以及能否促进教育对象思想品德的健康发展”。① 该课程标准共分序论、教学内容和基本要求、课时计划和教学安排、教学原则、学习评价、教材编写和选用六个部分，最后两部分是以往教学大纲所没有的。其他各部分都比过去的教学大纲阐述得更详尽。除了教学内容部分是将小学和初中分开阐述之外，其他部分皆将小学思想品德课程与初中思想政治课作为一个整体来阐述。其中序论部分阐述了两门课共同的课程性质和课程目标。与1992年的教学大纲相比，该课程标准对小学思想品德课的性质、目标和内容等的规定主要存在以下变化：

① 关于课程性质。“进行公民的品德教育……的必修课程”取代了“进行共产主义思想品德教育的一门课程”，第一次使用了“公民”这一概念。这一变化意味着思想品德课的一个重要转型，即从培养道德高尚的“圣人(共产主义者)”向培养坚守道德底线的“平民”转型，从追求先进性向追求普适性转型。这一转型使品德与社会课完全符合社会主义初级阶段的社会特性。

② 关于课程的基本任务和目标。第一次将毛泽东思想和邓小平建设有中国特色社会主义理论与马列主义并列作为指导思想，课程的基本任务和目标比过去更加广泛，包含了从个人生活到公共生活、国家民族生活等各个层面的道德规范教育，并将心理品质、法律常识、社会发展常识和基本国情等方面的教育也纳入到思想品德课程中。

③ 关于教学内容。不再像以前那样先阐述贯穿所有年级的基本内容，然后分年段提出教学要点，而是直接分年段列出若干德目，每个年段的德目在内容和数量上有所不同。对于每条教学内容，则从认知和行为两方面来表述教学要求，表述方式更加具体、详细，体现了“标准”的特色。

① 班建武，檀传宝. 改革开放30年中小学德育课程的变迁与发展[J]. 思想理论教育：新德育，2008(12).

文献选摘

1997版《九年义务教育小学思想品德课和初中思想政治课课程标准(试行)》摘录

【课程性质】

九年义务教育小学思想品德课和初中思想政治课是对学生系统进行公民的品德教育和初步的马克思主义常识教育,以及有关社会科学常识教育的必修课程,是学校德育工作的主要途径,是我国学校教育社会主义性质的重要标志之一。它对学生确立正确的政治方向,培养良好的道德品质,养成文明的行为习惯和形成正确的世界观、人生观,起着重要的指导作用。

【课程任务和目标】

小学思想品德课和初中思想政治课的教学,以马列主义、毛泽东思想和邓小平建设有中国特色社会主义理论为指导,紧密联系实际,生动具体地对学生进行个人生活、家庭生活、学校生活、社会公共生活、国家民族生活中的基本道德规范教育,进行思想方法、心理品质、法律意识、社会发展常识和基本国情的教育;逐步培养学生爱祖国、爱人民、爱劳动、爱科学、爱社会主义的思想情感,文明礼貌、遵纪守法的行为习惯;初步使学生在基本的思想观点与道德观念上具有辨别是非的能力,在了解唯物史观的基础上树立崇高理想和参加社会主义现代化建设的社会责任感。

一至二年级的10个德目:热爱祖国、孝亲敬长、团结友爱、文明礼貌、遵守纪律、好好学习、勤劳节俭、遵守公德、诚实勇敢、热爱生活;

三至五年级的14个德目:热爱祖国、孝亲敬长、团结友爱、关心集体、文明礼貌、遵纪守法、勤奋学习、热爱科学、勤劳节俭、遵守公德、诚实守信、勇敢坚毅、自尊自爱、热爱生命;

六年级(五—四制学校初一)的德目领域:个人生活中的道德规范、家庭生活中的道德规范、学校生活中的道德规范、公共生活中的道德规范。(各领域内容略)

1997年版课程标准是一个面向21世纪的课程标准,意味着我国德育课程开始发生重要转型,即向公民课程迈进了一步。它为几年后思想品德课向品德与社会课的转型做了铺垫。

该课程标准在部分地区试行后又进行了一次修订,以“修订”代替“试行”之名于2001年重新颁布。修订主要体现在以下五个方面:①调整和充实教学内容,优化课程结构,更加贴近学生生活实际;②删除“繁、难、偏、旧”的内容,减轻学生负担;③强调发挥学生的主体作用,突出创新精神与实践能力的培养;④改进教学方法,增强教育的针对性;⑤较大幅度增加实践活动的要求,以加强实践教学。此次修订是在倡导素质教育的基础教育课程改革的大背景下进行的,因此,修订中融入了新的课程理念和德育研究的成果,突出了创新精神和实践能力的培养,对提高德育工作的针对性、实效性和主动性方面提出了新的导向和具体要求。事实上,这一修订版课程标准发布之时,基础教育课程改革纲要已经决定将小学思想品德与小学生活课、小学社会课整合为品德与生活课程、品德与社会课程。生活课程标准研制组、社会课程标准研制组分别与思想品德课程标准研制组部分成员重新组成两个新的课程标准研制组。1997 年版思想品德课程标准的精神被融入了 2002 年颁布的品德与生活课程标准、品德与社会课程标准中。

回顾小学思想品德课走过的 20 年，可以清楚地发现思想品德课的变革与十一届三中全会以来我国社会发生的迅速而巨大的变化相一致，体现了邓小平提出的“解放思想、实事求是”的要求，并顺应了德育课程自身发展的内在需求，逐步向科学化、人本化、民主化的方向发展。

(5) 综合课的新尝试——小学社会课的重生

1986 年启动的课程改革还有一个显著的成果就是推动小学社会课的重生。1988 年，国家教育委员会组织制订了《九年义务教育全日制小学社会教学大纲(初审稿)》，1992 年《九年义务教育全日制小学社会教学大纲(试用)》正式颁布，经过部分地区的实验，又于 1994 年发布了该大纲的调整意见，并于 1996 年在全国各地的小学全面实施社会课，正式取代了原来中高年级的历史课和地理课。五年制学校自三年级开设，六年制小学自四年级开设。与此同时，“一纲一本”的课程体制被打破，上海市和浙江省分别推出地方版课程计划和教材。上海的课程计划与国家课程一样在小学三至五年级开设社会课，而浙江省则开设常识课，涵盖“历史”、“地理”、“自然”，自小学一年级开设至六年级。社会课的教学内容根据儿童认识社会由近及远的“同心圆扩大”方式编排，按年级阐述。

文献选摘

1992 年版《小学社会课教学大纲(试行)》(摘录)

【教学目的】

社会课的教学目的是使学生认识一些常见的社会事物和现象，初步了解一些家乡的、祖国的、世界的社会常识，从小培养他们正确认识社会、适应社会生活的初步能力；进行爱国主义教育以及法治观念的启蒙教育，培养他们对社会的责任感。

【教学内容要点】

(一) 认识周围社会：共 12 条

(含有关家庭、学校、区域社会、各种与生活密切相关的社会活动的常识。)

(二) 认识祖国：共 15 条

(含有关地球、中国地理、中国历史、政府机构、社会主义新中国的成就、国情与国策、自然环境与生活、名胜古迹等常识。)

(三) 认识世界：共 8 条

(含有关世界地理、人口与人种、主要国家的状况、中国的外交政策、古代文明、世界上重要的历史事件与历史发展、世界性的问题等常识。)

对于将小学的历史课、地理课和有关的社会常识综合为一门社会课的理由，1992 年人民教育出版社出版的《九年义务教育课程计划(试行)学习指导》作出了如下解释：

(1) 可以使学生开阔社会生活的视野,增长社会常识。原来分科设置历史课和地理课,有一些常见的社会常识包括不进去,例如,有关家庭生活、学校生活、自己所在社区的社会生活环境,以及与学生生活密切相关的商业、工业、农业、交通运输、通信、储蓄保险、民俗等方面的社会常识。这些社会常识是现代社会每个公民应该具备的最基本的社会常识,而现在分设的历史课和地理课却包容不了这些内容,这也是导致目前小学生社会常识贫乏、社会生活能力较弱的原因之一。现在改设社会课,有助于弥补这一不足。

(2) 开设社会课,减少了小学的学科门类,减少了小学和初中历史、地理知识不必要的重复,有利于减轻小学生的课业负担。

(3) 按综合课开设社会课,有助于提高小学生学习社会常识的兴趣;有助于培养小学生适应社会生活的能力。一般地说,分科课程的优点就在于,它有比较完整的学科知识体系,比较有利于循序渐进地传授系统的基础知识和训练基本技能;综合课程的优点却在于,它不强调知识的系统性,便于联系生活实际,有利于引起儿童的学习兴趣、有利于培养学生综合运用所学知识于实际生活的能力。所以,当代世界各国小学的语文课、数学课,大都按分科课程设置;而自然学科的常识和社会学科的常识,却越来越多的国家按综合课程设置。

(4) 开设综合课"社会",不分设"历史"和"地理",同样可以加强近、现代史教育和国情教育,而且由于社会课不强调完整的学科知识体系,因此更加便于根据"两史一情教育"的需要和各地历史、地理、社会状况的实际,选择教学内容,进行有针对性的、密切联系当地社会生活实际的"两史一情教育"。

社会课与其他学科相比虽起步较晚、很不成熟,但经过几年的实践,已取得初步成效。

首先,社会课推进了教育与生活的密切联系。我国在建国后第一次将小学的课程内容扩展至商业、工业、农业、交通运输、通信、储蓄保险、民俗等与学生生活密切联系的社会生活,拉近了教育与儿童生活的联系。

其次,社会课的设立推进了我国综合课程的建设和发展。社会课力图统整人与自我、人与他人、人与社会、人与环境互动关系中所产生的各种知识和经验,探索了综合历史、地理、政治、法律、经济、伦理等人文社会科学各领域知识的方法,虽然这种方法还存在缺陷和不足,但为后来品德课与社会课的进一步综合奠定了基础。

再次,社会课促进了课堂教学方法的变革。社会课教学比其他课程更多地采用体验、调查、讨论、模拟、探究等方法,为学习方式的变革积累了一定的经验。而且由于社会课的学习是随着学生生活领域的扩大逐步展开的,因此,比较贴近学生实际,容易引发学生的学习兴趣,成为学生最喜欢的课程之一。

3. 21世纪初的课程改革

1998年12月,教育部发表了《面向21世纪教育振兴行动计划》,构想了"跨世纪素质教育工程”。作为这一工程的一环，1999 年 12 月国家教育部启动了基础教育的课程改革。

2001 年 7 月，教育部公布了《基础教育课程改革纲要（试行）》以及《义务教育各科课程标准（实验稿）》，根据上述文件，小学一至二年级开设“品德与生活”取代“思想品德”与“自然”等学科，三至六年级开设“品德与社会”取代“思想品德”与“社会”。2002 年品德与社会课程首先在课程改革实验区实施，2005 年开始在全国全面实施。与此同时，独立开展课程改革的上海推出一套不同于全国的学制和课程标准，品德与社会课程自小学一年级开始实施，不设品德与生活课程。

实际上，开设品德与社会课程的想法最先由上海提出。上海先于教育部启动“二期”课改，于 1999 年发表了《面向 21 世纪中小学新课程方案及各学科教育改革行动纲领（讨论稿）》（以下简称《行动纲领》）。《行动纲领》提出将小学思想品德课与社会课及一至二年级的生活与劳动课综合为品德与社会课，一至二年级每周 2 课时，三至五年级每周 3 课时。

教育部颁布的国家课程方案与上海的课程方案存在以下两处不同：一是，国家课程将小学学制设定为 6 年，上海则为 5 年。二是，国家课程在小学低年级设“品德与生活”，涵盖自然（或科学）课程，自三年级才开设“品德与社会”；而上海的课程方案中没有“品德与生活”，即小学自一年级分别开设科学课程和品德与社会课程。即上海的品德与社会课程开设于一至五年级，国家为三至六年级，两者的课程内容和要求也存在一些差异。

国家课程中的“品德与生活”、“品德与社会”虽为两门课程，且前者的综合程度比后者更高，包含科学学习内容。但两者在年段上相衔接，在目标和内容上具有诸多共性，尤其是两门课程都以培养良好品德为宗旨，因此两者一般被作为相互衔接的同样性质的德育课程而放在一起探讨。

新课程在经历五年实验后，2007 年教育部启动了义务教育阶段课程标准的修订。这次修订一方面是教育与时俱进的必然要求，另一方面也是巩固改革成果、解决实验中的问题、深化课程改革的要求。[①] 品德与社会（生活）课程标准依据教育部提出的修订要求和新课程实验情况调研报告，对课程标准进行了修订，并于 2011 年完成修订。修订后的课程标准延续了实验稿的基本理念和课程设计思路，主要对课程目标、课程性质、课程内容、课程实施建议做了更明晰而具体的阐述，对内容做了适当删减和增添，增强了内容的连贯性和层次性。

回溯历史，可以看到德育—社会类课程自清末发展至今，经历了分—合—分—合的螺旋式发展过程，综合程度、课程范畴不断地发生着变化。这个过程可以说明：

① “道德（品德、修身、政治、公民）”与“社会（历史、地理）”这两门课程存在的共通

---

① 教育部基础教育课程教材专家工作委员会. 坚持与时俱进，巩固发展课程改革成果——关于义务教育课程标准修订与审议工作的说明[M]//高峡，义务教育课程标准解读丛书 · 义务教育品德与社会课程标准（2011 年版）解读. 北京：高等教育出版社，2012：1.

性早就为人们所认同,谋求它们的融合是几代教育者的愿望;

② 两门课程以及相关的科目之间又存在着各自的特性,存在难以替代、难以融合的地方;作为一个自古崇尚以德治国的国家,我国的学校道德教育被赋予了不同于其他国家的教化功能,所含内容也超越了道德教育的范畴,其中部分内容与社会课确实存在难以融合的地方。因此,谋求两者的有机融合并使两者固有的价值得到更大程度的体现,是一个历史性课题。

③ 为解决两者整合的难题,民国时期的教育家们探索了很多种模式,为我们提供了丰富的经验教训,今天我们在重新探索品德与社会(生活)课程的内容构成时,应在总结历史经验的基础上,进行更有超越性的探索,避免走回头路。

第二节　当代德育—社会类课程转型的迫切性

品德与社会、品德与生活课程的开设既是社会急剧变化带来的挑战使然,也是我国德育—社会类课程深化改革、实现转型的必然趋势。为了理解两门课程开设的必要性和意义,我们首先来分析一下社会变化对小学教育提出了怎样的要求,思想品德课与社会课又面临怎样的课题亟待解决。

一、社会的挑战

1. 经济体制转型的挑战

自 1978 年,我国实行改革开放政策,实现社会主义市场经济体制以后,我国社会发生了翻天覆地的变化。作为改革开放的成果,中国的 GDP 获得了急速增长,中国人民的总体生活水平获得了极大的改善,思想也变得活跃而开放。然而,一些始料不及的新问题也伴随改革开放的成果涌现出来。商业文明的发展和西方文化的渗入,冲击了中国传统的价值观,而与社会主义市场经济相适应的价值体系和法制又没有及时建立起来,于是拜金主义、功利主义、享乐主义、极端个人主义等乘虚而入,控制了急于摆脱贫困的人们的身心,整个社会陷入道德滑坡的危机中,道德教育陷入前所未有的窘境。正如中共中央 2001 年发布的《公民道德建设实施纲要》所言,"社会的一些领域和一些地方道德失范,是非、善恶、美丑界限混淆,拜金主义、享乐主义、极端个人主义有所滋长,见利忘义、损公肥私行为时有发生,不讲信用、欺骗欺诈成为社会公害,以权谋私、腐化堕落现象严重存在"。面对这样的挑战,建立社会主义核心价值体系和与社会主义市场经济相适应的道德教育体系,"如何引导人们在新的经济秩序中,坚守道德情操,处理好义—利、公—私、他—我等多重关系,建立合理的道德关系"①成为经济体制转型后我国道德教育必须解决的问题。

2. 信息化社会的挑战

信息技术的发展,尤其是互联网的普及使人们的生活方式、工作方式和学习方式发

① 吴安春.回归道德智慧[M].北京:教育科学出版社,2004:87.

生着巨大的变化，尤其是获取和传递信息的方式、人与人的交往方式有了新的特征。一方面，信息化给人们的活动提供了广阔的空间，人们有了更加便利而自由地获取信息、发表言论、参与社会的机会；另一方面，信息化也给人类带来新的困扰：侵犯隐私和知识产权、发布和转发谣言或不实信息、网络诈骗，以及网瘾和"低头族"现象成为严重的社会问题。信息化社会对人的素养，尤其是道德品质提出了更新更高的要求。如何提升对信息的真伪判断能力和选择能力、对不良信息的抵抗力和免疫力，以及运用网络传递优良信息、参与社会活动的能力成为当代学校教育不可回避的问题，而品德课和社会课理应在这方面担负起更重要的责任。

3. 知识经济的挑战

人类社会已经进入知识经济占主导地位的时代，经济增长日益以知识创新、科技创新为基础。创新能力已成为国际竞争中的决定性力量，成为衡量综合国力的重要标志之一。早在20世纪90年代，党和国家领导人就已经意识到这一点。在1995年的全国科学技术大会上，江泽民同志就指出过"创新是一个民族进步的灵魂，是一个国家兴旺发达的不竭动力"。在2012年的全国科技创新大会上，胡锦涛更进一步指出"到2020年中国要成为创新型国家"。在2012年党的十八大报告里，"创新"这个词成为出现频率最高的词语之一。我国已经将树立全民族创新意识，建立国家创新体系，增强企业的创新能力，推进科技进步和创新作为国家的战略目标，我国的经济建设要转到靠科技进步和提高劳动者创新素养的轨道上来。教育必然要顺应这一知识经济的要求，将培养创新性人才和提高全民的创新意识作为教育发展的战略目标。正如《义务教育品德与生活课程标准(2011年版)解读》所言："为了进一步培养加大培养创新型人才的力度，我国教育应以培养学生创造性思维和创新能力为核心，尽可能挖掘学生的潜能，唤醒学生的创造意识，珍视学生的创造性精神，鼓励学生发挥创造才能。"德育—社会类课程同所有课程一样，也要从培养创新精神的角度重新构建课程内容，改变教学方法。

二、德育—社会类课程存在的问题

1. 思想品德课存在的问题

1982年小学思想品德课的设立以及之后的改革反映出国家对小学生思想品德教育的重视，顺应了改革开放后中国社会发展的需求，也尊重了儿童身心的发展规律。但是，建国后，尤其是文化大革命的"极左"思想对德育课程的破坏性影响非数年时间可以消除。思想品德教育在理论和实践上所存在的问题、其目标和内容滞后于社会变革的步伐是不能忽视的，它存在的问题可以概括为以下两个方面：

(1) 简化复杂的生活

道德教育的一个重要任务是，培养学生对社会现象和社会事物做出是与非、善与恶、美与丑及公正与否等等价值判断的能力，以及依据这种判断做出合乎道德规范的行为抉择的能力。而正确的价值判断和行为决策必须基于两个方面的认识。第一，理解所处社会的普遍价值、道德规范，如友爱、诚信、公正、宽容、爱国等的含义和意义，这些有关价值规范的知识可以称为价值性知识，它们是一个人做出价值判断和行为选择的依据。第二,对眼前特定的社会现象所包含的各种事实以及事实之间的关系——事实的情状——予以充分的认识和把握,从而对眼前特定的社会现象和社会事物做出正确的价值判断和行为决策,我们可以把这种知识称为事实性知识。对上述两种知识产生不同的认识,就会形成不同的态度、立场和行为方式。

我们所生活的世界是复杂而多变的,反映世界的知识也是复杂的。新的知识论告诉我们,知识的意义依赖于具体的情境而成立,它的运用规则也依情境而有不同。但是,思想品德的课堂教学却忽视了生活世界复杂而多变的性质,无视了知识尤其是价值性知识的多意性。课堂教学停留于以讲故事的方式传授道德规范,每个故事都是一个"德目"的具体化,故事多选自领袖、伟人、英雄等事迹。这些故事展现的是简化或纯化了的理想社会生活,塑造的是"高大全"的形象,严重脱离复杂的社会现实,甚至失去了生活的真实性。所以仅凭这类故事,学生是无法真正理解那些普遍价值和道德规范的深意,更难以运用它们去解答或解决新环境中的问题。因此当学生面临复杂的环境、复杂的问题时,往往变得不知所措,甚至对思想品德课所教的道德规范产生怀疑。

(2) 割裂德与知、善与真的联系

正确的价值判断和行为选择不仅取决于正确的价值观和道德观,还有赖于对事物本质特性和发展趋向的洞察、分析和思考。具体地说,就是能够理解事物间的关系,分析社会现象形成的原因,弄清事物的真相,并预测事物可能的发展方向或结果。价值判断和行为选择必须基于对事实、过程的充分认识和把握,并尽量地逼近事物的本质,否则就无法做出"是"或"非"、"应该"或"不应该"的价值判断和行为决策。一个人即使拥有正确的道德观念和品性,但是如果缺乏洞察事实真相、把握社会现象内部复杂关系的能力,就可能产生错误的判断和决定。我们可以把上述能力统称为社会认知。

长期以来,思想品德课程始终停留于用简化了的情境和道德故事去灌输道德知识,用强制的他律方式训练学生的行为。教师虽然也会出一些思考题或判断题,但大部分都是无需深入思考和分析就可以回答的伪问题、假问题。几乎没有给学生提问、质疑、辩论的机会,即便学生表现出困惑不解,也往往被教师忽略或无视。学生的社会认知得不到发展,却学会了揣摩老师的正确答案和喜好,根据教师的标准来判断正确与否。一旦离开了老师和家长,遇到新的情境,新的难题,就无法做出正确的价值判断和行为选择。当然,在把生活简化了的课堂上,价值判断是不需要洞察和判别事实真相、追问事物本质的能力的。然而,生活世界是复杂的,经常是真假、伪善难辨。拥有弄清事实(真相、本质、关系等)并据此进行价值判断和行为决策的态度和能力必须成为当代公民应有的素养。为此,德育课程应包含如何揭示社会事物之关系以及探明事物真相之方法的学习内容,将道德观念的培育与社会认知的发展融为一体,使学生成为拥有道德智慧的人。

2. 社会课存在的问题

20 世纪 90 年代社会课开设之初,我国对于这门课程的研究几乎是空白,存在很多未探明的问题,课程内容、教学方法和教学评价都很不成熟,加上师资力量不足,开展社会调查等学习活动的客观条件缺乏,社会课的理念和目标没有得到落实,社会课的价值没有获得广泛的认知。主要问题可概括为以下三点：

（1）缺乏一个有机联系、逻辑清晰的课程内容构架。社会课以“板块组合”的方式构建课程内容，依然存在明显的分科痕迹。社会生活常识虽涉及多个领域、多个方面，但彼此缺乏联系，教材中各单元、各课彼此独立，对知识进行有机综合的学习主题很少。社会课与其他科目的内容亦多有重复，尤其与思想品德课相近的内容有一半以上。

（2）教学目标侧重于知识的获得，情感态度目标比较空泛，能力培养未受到重视。

（3）成人化倾向严重。社会课的宗旨是加强教育与学生生活的联系，但仍有一些教学内容和教学材料存在成人化和脱离儿童生活的倾向。如关于历史和地理知识、政府机构、社会主义新中国的成就等内容，说教痕迹严重。即使是与生活密切相关的社会活动常识，如储蓄保险、商业和购物、工农业生产等方面的知识，在教材上也多为枯燥而抽象的解释，如果没有教师到课外搜集、补充大量的图文资料，学生从教材中根本学不到真正有用的社会生活常识。

（4）社会课的教学评价研究严重滞后，缺乏评价的社会课无法验证其教学效果及其价值，在应试教育的大环境中，社会课一直被置于课程的边缘。

上述问题在很大程度上影响和妨碍了社会课的有效实施和功能的发挥。社会课的改革与思想品德课的改革必须一同摆到课程改革的桌面上进行综合考量。

三、创立品德与社会（生活）课程的意义

2001年我国开设品德与生活课程、品德与社会课程，可以说这是我国德育课程的一次质的飞跃，也是对社会课程的一次新的突破，在我国基础教育发展史上具有划时代的意义。其突出意义可概括为以下三点。

1. 实现德育向生活的回归

品德与生活、品德与社会课程标准研制组组长鲁洁曾在2002年《人民教育》增刊撰文，阐述了品德与生活、品德与社会课程标准研制的基本思想。她指出开设品德与生活、品德与社会课程的最主要意义就是：“通过课程的综合，为小学生开辟一条通向他们生活的渠道，使他们在生活的内在联系中获得整体的发展，特别是有利于他们的品德与社会性发展。”①

自古以来，我国就重视道德教育。新中国成立后，我国建立了一套完备的社会主义道德教育体系，配备了相当的师资力量和研究力量推动德育工作。然而，学校德育缺乏实效性的问题越来越突出。究其原因，主要在于德育脱离学生的现实生活，坐而论道，空洞说教。品德课中许多学习内容小学生在生活中都感受不到，体验不到，而且被传授的做人做事的规则规范也不能在生活中践行。学生感受不到上品德课的意义，自然会对品德课感到索然无味，产生厌倦甚至对立情绪。

品德与生活、品德与社会这两门新课程则建立了品德教育与生活的内在联系，将“道德存在于儿童的生活中”、“学生的品德与社会性发展源于他们对生活的认识、体验

---

① 鲁洁. 品德与生活、品德与社会课程标准研制的基本思想[J]. 人民教育，2002（增刊）.

和感悟”作为课程的基本理念，并“以学生的生活为基础”构建课程内容。也就是说，从课程性质、课程理念、课程内容到教学都紧密围绕学生的生活。例如：

品德与生活课程标准直接将“生活性”作为该课程的首要特性，明确指出“本课程遵循儿童生活的逻辑，以儿童生活中的需要和问题为出发点，以儿童的现实生活为课程内容的主要源泉；以用正确的价值观引导儿童在生活中发展、在发展中生活为课程的基本追求”。课程基本理念紧紧围绕生活阐述，强调要“引导儿童热爱生活”、“珍视童年生活”、“道德存在于儿童的生活中”、“让教与学根植于儿童的生活”；课程内容则从“健康、安全地生活”、“愉快、积极地生活”、“负责、有爱心地生活”、“动手动脑、有创意地生活”四个方面进行建构。

品德与社会课程标准则在“课程基本理念”中指出“学生的生活及其社会化需求是课程的基础”，强调“学生的生活对本课程的构建具有重要价值。课程必须贴近他们的生活，反映他们的需要，让他们从自己的世界出发，用自己的眼睛观察社会，用自己的心灵感受社会，用自己的方式探究社会，并以此为基础，提升学生的生活”。然后，以学生的生活发展为主线，通过将家庭、学校、社区、国家、世界这些不断扩展的生活领域与社会环境、社会活动、社会关系这几个社会生活的主要因素相结合构建课程内容。

总之，新课程力图使学习对学生自身而言是有意义的，是有助于他们现在和将来的生活的。

文献选摘

道德与生活

道德存在于人的整个生活中，不会有脱离生活的道德。人们是为了生活(社会生活)而改善、提升社会的道德，培养、发展个体的品德，并不是为了道德而道德，同样，社会道德和个体品德的提高与发展也只有通过他们自己的生活才能完成。脱离生活的道德和品德必将使这种道德抽象化、客体化，脱离了生活去培养人的品德也将使这种培养因为失去了生活的依托和确证而流于形式。总之，品德的培养所遵循的应当是一种生活的逻辑，而不是一种纯学科的逻辑。品德课与社会课的综合就意味着人的品德与人的生活(社会生活)的内在联系。因为生活本身是综合的，综合课程的设置也就是要使学生在课程学习中找一条通向生活(社会生活)的道路。

(摘自鲁洁：品德与生活、品德与社会课程标准研制的基本思想[J]. 人民教育 2002(增刊))

2. 推进课程的综合化

为了实现德育向生活的回归，课程必然是要走向综合，因为生活本身就是综合的。急剧变化、新问题层出不穷的社会又需要人们具有综合运用各领域知识解决问题的能力。

实际上，“教育要以学生生活为基础”、“教育要与生活密切联系”，在国内外早已不是一个陌生的理念，课程的综合化也有100多年的探索历程。20世纪90年代开设的社会课本身就是为追求教育与生活的联系、培养学生的生活实践能力而设立的综合课程。它综合了历史、地理以及社会生活各领域的常识，但是由于它缺乏清晰的逻辑和内容要素，拼盘特征明显，而且不少内容与思想品德课交叉重复，同时又有不少学习内容限于知识传授而未挖掘和体现育人价值。如今，经过我国专家学者和教育实践者们对世界各国综合课程理论与实践的多年研究以及对改革开放后国内综合课程实验的反思，终于探索出了理念和逻辑清晰的综合课程内容架构，尽管这个逻辑及其内容框架还可能存在缺陷有待进一步完善。新课程的设计着力“使儿童能置身于他们生活中所能遇到的各种自然、社会、文化因素之中，引导他们在各种环境因素、社会关系、社会生活的相互作用中形成和发展各种良好的品质”。“让原本具有丰富、多样关联的儿童，原本综合在一起的生活，不为自成体系的课程所分裂，尝试去营造和展示一种与生活本身一致的综合课程形态。”①

品德与生活课程是以“儿童与自我”、“儿童与社会”、“儿童与自然”这三条主线和“健康、安全地生活”、“愉快、积极地生活”、“负责、有爱心地生活”、“动手动脑、有创意地生活”这四个方面构成课程的基本框架。其中，“健康、安全地生活”是儿童生活的前提和基础；“愉快、积极地生活”是儿童生活的主调；“负责、有爱心地生活”是儿童自身的道德需求，也是社会的要求；“动手动脑、有创意地生活”是儿童个性发展的内在需要。

品德与社会课程是以“一条主线，点面结合，综合交叉，螺旋上升”作为构建课程内容框架的基本思路。“‘一条主线’即以学生的生活发展为主线；‘点面结合’的‘点’是社会生活的几个主要因素，‘面’是学生逐步扩展的生活领域，在面上选点，组织教学内容；‘综合交叉，螺旋上升’指的是每一个生活领域所包含的社会要素是综合的，在不同年段层次不同，螺旋上升。”如此，品德与社会课程“将品德、行为规范、法制、爱国主义、集体主义、社会主义、国情、历史与文化、地理环境等教育有机融合。这种教育的综合既是生活中的各种自然、社会因素内在的综合，同时，也是儿童与这种种因素的内在联结。”②

由此可以看到，“品德”与“生活”、“品德”与“社会”不是内容的简单合并，而是一种融合。这种融合不只是拓展了课程内容的范围，更是优化了小学德育课程。品德教育的内容因与丰富的社会知识融合而变得生动而丰满，历史、地理以及其他社会知识因与品德教育融合而拥有更明确和丰富的价值意义。它促进德育向生活的回归，使品德形成寓于社会性发展中。社会性发展拥有了明确的价值目标，由此学生才有可能学会做一个拥有宽广视野、理性思维和心灵丰富的人，一个拥有道德智慧的人。

虽然日本和中国台湾比中国大陆早开设“生活”，美国和日本等很多国家都早有“社会”，德国有更综合的“常识”等课程，但这些课程并不以品德教育为主旨。因此品德与生活、品德与社会两门课程不仅是中国课程发展史的首创，在国际上也是独一无二的，可以说这两门课程的综合模式为世界综合课程的发展贡献了一份案例。

---

① 鲁洁.品德与生活、品德与社会课程标准研制的基本思想[J].人民教育，2002(增刊).
② 鲁洁.品德与生活、品德与社会课程标准研制的基本思想[J].人民教育，2002(增刊).

3. 确立儿童作为道德主体的地位

儿童德性的完善必须以充分发挥儿童的主体性为前提，也就是说，儿童须积极主动地参与生活，自由地提出疑问，表达真实想法，在与环境互动交流中建构自身的德性。然而长期以来，我国的品德教育建立在错误的儿童观之下而采取了错误的方式。中国传统文化中儿童被看作成人的附属、私有，是可以随便嘲弄、不予理睬的乳臭未干的小儿，或者视为“矮小的成人”，需拿“圣经贤传”去灌输，儿童的愿望和权利得不到丝毫尊重。这种传统儿童观至今影响着成人对儿童的态度和教育方法。后来，中国人又受到西方传统儿童观的影响，或如洛克所言将儿童视为一块“白板”，任由成人用知识和道德观念去填满；或如赫尔巴特所认为的，儿童生来无意志，有的只是一种不服从的烈性，在这种烈性和欲望中成长起来的儿童很容易产生反社会倾向，也是儿童“不守秩序的根源”，是“必须克服的”。[①] 在上述儿童观的指导下，品德教育强调教师的主导作用，令儿童被动地接受教师的灌输、选择和判断，被动地遵循教师提出的纪律，而不给学生提问和表达自己想法的机会，更不允许学生为自己申辩。久而久之，学生的个性被压抑，失去了思考、提问和表达的愿望和能力，学会察言观色，投教师所好，形成教师在场一个样、教师不在又一个样的狡猾的两面性。

新课程对学生在教育中的主体性予以了充分的重视。课程标准在学习内容和教学建议部分都特意安排了讨论、交流、参观访问、操作实践、调查研究等多样化的学习活动，让学生在这些主动参与的活动中建构对社会生活的认识，体悟做人的道理。例如，品德与生活课程标准在“教学建议”部分强调“把了解儿童作为教学的基础”。“通过引导儿童主动参与各类活动进行教学，是本课程教学的一大特点。”要求“教学的每一个环节都需要在儿童的实际生活和发展状况，掌握每个儿童的特点和各不相同的需要，了解其所在的家庭和社区的状况等基础上进行”。

学生自主体验、观察、探究和反思的机会，在品社、品生课堂上，我们经常可以看到，学生热烈讨论、激烈辩论的情形；也可以看到一些教师能够积极回应学生的疑问，根据学生的反应来调整教学策略和教学进度；开展学业评价时，也能努力尊重学生的个性和能力差异，尝试用多元尺度评价学生在原有水平上的富有个性的发展。这些都是新课程着力维护儿童作为道德主体地位的表现。

4. 突出创新精神的培养，推行以探究为主的学习方式

如前所述，创新能力已经成为衡量综合国力的重要标志之一，培养创新性人才和提高全民的创新意识是我国教育发展的战略目标。创新能力不仅是时代发展的需要，也是个体成长和发展的普遍需要。当代心理学研究已经证明创造性是人类所共有的一种潜能。如马斯洛认为人的创造性是一般人类遗传的一部分。它是一种共同的和普遍的东西，但它却又是“任何儿童都具有而大多数人长大以后又会失去的”。[②] 心理学研究成果为教育促进所有人创造潜能的发展提供了科学依据。创新精神包括开拓进取精

---

① 赫尔巴特.普通教育学纲要·教育学讲授纲要[M].李其龙，译.北京：人民教育出版社，1989：23.

② 马斯洛.人性能达的境界[M].林芳，译.昆明：云南人民出版社，1987：87.

神、求真精神、探索精神、挑战精神、冒险精神、负责精神、献身精神，也包含了人类社会长期崇尚的百折不挠、持之以恒、知难而进等坚强的意志品质，此外还应包含为人类谋求幸福的价值追求。显然，在培养创新精神方面，德育课程有着不可取代的责任，而且有着自己的优势。

创新意识和创新精神的培养，要求学校必须转变教和学的方式，抛弃压制学生想象力、创造力的灌输式教学方法，开展自主的探究学习，让学生在真实的情境中，在丰富多样的社会活动中，积累观察、思考、解决问题的经历，逐步发展观察能力、思考能力、反思能力和综合应用知识解决问题的能力，同时磨练挑战困难的耐力、坚忍不拔的意志。

品德与生活、品德与社会课程充分体现了这个时代要求，将"创新"和"探究"作为重要的关键词写入了课程标准，对"创新"和"探究"的强调在品德与生活课程标准中表现特别突出。其课程理念第一条便是"引导儿童热爱生活、学会关心，积极探究是课程的核心"，指出课程要引导学生"在与自然以及周围环境的互动中，主动探究，发展创新意识和实践能力"。其课程内容的四个方面之一是"动手动脑，有创意地生活"，指出这是"儿童个性发展的内在需要，也是时代提出的要求"。"它旨在引导儿童学会学习，发展认知能力、动手能力和创造性，利用自己的知识和聪明才智去探究或解决问题，让生活更丰富更美好，并在此过程中充分展现并提升自己的智慧，享受创造带来的快乐。"（着重号为作者所加）

品德与社会课程标准将"实践性"作为课程性质之一，指出"本课程学习是知行相统一的过程，注重学生在体验、探究和问题解决的过程中，形成良好道德品质，实现社会性发展。课程设计与实施注重联系学生的生活实际，引导学生在实践中发现和提出问题，在亲身参与丰富多样的社会活动中，逐步形成探究意识和创新精神"。能力目标的第4条提出"从不同的角度观察社会事物和现象，对生活中遇到的道德问题做出正确的判断，尝试合理地、有创意地探究和解决生活中的问题，力所能及地参与社会公益活动"。（着重号为作者所加）。

上述有关创新和探究的表述在以往的德育—社会类课程标准中是没有的，因此可以说推行探究学习、培养创新精神是新课程有别于旧课程的一大重要标志。

【本章小结】

- 品德与社会（生活）课程作为一门综合课程，是由过去的政治、思想品德、修身等德育课程与历史、地理、社会等社会课程发展而来，它既是德育课程，也属于社会课程（国际上称 social studies，社会科）。其源流可以追溯到19世纪末兴起的近代学校课程中的历史、舆地（地理）和修身。
- 1902年清政府确立了修身、历史、舆地在小学课程中的位置，1923年国民政府发布的新学制课程标准纲要，宣布小学设立社会科，涵盖卫生、公民、历史、地理等科目。此后，小学课程不再单设修身科，修身课的内容主要渗透在"公民"、"党义"或"团体训练"中。可以看到德育—社会类课程的综合化以及公民科的开设早在90年前我国就已经存在。而社会科的内容范畴在分与合之间频繁重组，意味德育—社会类课程的综合化一直是民国教育的追求，而这一追求始终没有达到理想的效果。这些反复重组的课程方案应该成为我们今天研究品德与社会课程值得吸取的经验。

- 1949 年建国初期，小学德育—社会类课程仅有历史、地理两科，直至 1966 年，小学没有开设独立的德育课程，德育通过大量的劳动实践活动进行。1966 年“文化大革命”爆发，小学至高中都开设政治课，道德教育完全被政治教化所取代。
- 改革开放后，德育开启了缓慢的变革步伐，1981 年教育部宣布开设小学思想品德课，此后 20 年思想品德课教学大纲(课程标准)接连进行了多次修订，不断地调整培养目标和课程内容，力图纠正脱离现实的、成人化的德育模式，追求德育与生活的紧密联系与德育的实效性。同时，社会课时隔 40 年，于 1992 年开始重新取代分科的历史课和地理课，进入小学课程，开始了德育—社会类课程的综合化之路。
- 品德与社会(生活)课程的开设顺应了经济体制转型、信息化、知识经济等的挑战，也应对了德育—社会类课程破解自身问题的迫切需要。它的开设有助于实现德育向生活的回归，推进课程的综合化，确立儿童作为道德主体的地位、推行以探究为主的学习方式，落实创新精神的培养，是我国德育课程的一次质的飞跃，在我国基础教育发展史上具有划时代的意义。

【思考与练习】

1. 我国的德育—社会类课程经历了怎样的发展和演变过程？出现过哪些名称的科目？根据其演变，你对这类课程在学校课程中的地位、任务及其课程应包含的内容范畴有怎样的看法？

2. 品德与社会(生活)课程的开设有什么意义？除了本章列举的意义之外，你认为还有怎样的意义？

【主要参考文献】

1. 课程教材研究所. 20 世纪中国中小学课程标准、教学大纲汇编：自然・社会・常识・卫生卷[M]. 北京：人民教育出版社，2001.
2. 课程教材研究所. 20 世纪中国中小学课程标准、教学大纲汇编：思想政治卷[M]. 北京：人民教育出版社，2001.
3. 盛朗西. 小学课程沿革[M]. 北京：中华书局，1934.
4. 高峡. 小学社会课研究与实验[M]. 北京：北京师范大学出版社，2004.
5. 沈晓敏. 社会课程与教学论[M]. 杭州：浙江教育出版社，2003.
6. 李稚勇，方明生. 社会科教育展望[M]. 上海：华东师范大学出版社，2001.
7. 约翰・杜威. 学校与社会・明日之学校[M]. 赵祥麟，等，译. 北京：人民教育出版社，1994.
8. 赫尔巴特. 普通教育学纲要・教育学讲授纲要[M]. 李其龙，译. 北京：人民教育出版社，1989.

9. 马斯洛.人性能达的境界[M].林芳,译.昆明:云南人民出版社,1987.
10. 吴安春.回归道德智慧[M].北京:教育科学出版社,2004.
11. 吴慧珠.新中国小学德育课程的演变[J].课程·教材·教法,2006(2).
12. 鲁洁.品德与生活、品德与社会课程标准研制的基本思想[J].人民教育,2002(增刊).
13. 班建武,檀传宝.改革开放30年中小学德育课程的变迁与发展[J].思想理论教育:新德育,2008(12).

第二章

品德与社会(生活)课程的特性和价值

本章重点从品德形成、生活性、综合性三个方面,阐释了品德与社会(生活)课程的独有价值,阐释了反映该价值的课程理念和目标的内涵,强调品德与社会(生活)课程不仅仅是一门德育课程,也是一门实施公民教育的课程,要为学生成为智慧公民奠定基础。

通过本章的学习,你可以了解开设道德教育专门课程的利与弊,理解品德与社会(生活)课程的开设是解决德育专门课程问题的良策;可以了解品德形成与社会性发展的关系,道德教育与公民教育的异同,从而对本课程"以品德形成为核心"这句话的内涵产生更透彻的理解。

本章还探讨了真实世界的生活所具有的复杂性特点,阐述了课程与生活的关系、生活性与综合性的关系,这些将有助于你思考和选择典型的社会生活事件或问题,开发提升小学生认识和经验的学习主题和教学材料,组织多样而有深度的教学活动,更好地实现课程价值,体现课程的生活性、综合性和实践性。

【本章将阐明的问题】

- 品德与社会(生活)课程独特价值显示在哪些方面?
- “以品德形成为核心”的含义是什么?与社会性发展存在什么关系?
- 品德与社会(生活)课程为何特别强调以学生(儿童)生活为基础?该课程如何体现生活性?
- 品德与社会(生活)课程为何强调综合性?怎样的综合才是有意义的综合?

【关键概念】

课程核心　学会做人　生活性　综合性　实践性　活动性　开放性

品德与社会(生活)课程在基础教育课程中拥有其他课程不能取代的价值和地位,这可以从其独特的课程性质、理念和目标中清晰地反映出来。

《品德与生活课程标准》将该课程定性为:一门以小学低年级儿童的生活为基础,以培养具有良好品德与行为习惯、乐于探究、热爱生活为目标的活动型综合课程。其基本特征是:生活性,活动性,综合性,开放性。

《品德与社会课程标准》将该课程定性为:在小学中高年级开设的一门以学生生活为基础、以学生良好品德形成为核心、促进学生社会性发展的综合课程。其基本特征是:综合性、实践性、开放性。

上述有关课程性质的阐述,表明了这两门课程特有的教育使命(任务)和特性。首先,“培养良好品德”可以视为这两门课程最首要的任务和最主要的特点,表明它是一门专门实施德育的课程。此外,品德与社会课程还有促进学生社会性发展的任务。其次,两者都是综合课程,且都具有开放性。

这两门课程另一个显著特点就是强调课程以学生(儿童)生活为基础。虽然《品德与社会课程标准》未直接像《品德与生活课程标准》那样将“生活性”列为课程性质之一,但在“课程理念”和“教学建议”中也强调了学生生活的价值,指出“学生的生活经验是良好品德形成和社会性发展的基础”,课程要以学生的生活为基础。这与“品生”强调的“社会性”基本相同。因此“品社”与“品生”一样也具有生活性。

此外,“品生”虽强调活动性,“品社”强调实践性,但“活动性”和“实践性”的含义有很多相近、相同之处(后文将详细阐述),即重视观察、调查、讨论、参观、访问、制作等等实践活动。而“活动性”和“实践性”是课程实现“生活性”和“综合性”的必然诉求。

上述特性彼此关联。本章重点从品德形成、生活性、综合性三个方面,阐释品德与社会(生活)课程的独特价值以及反映该价值的课程理念和目标。

第一节 以品德形成为核心

品德与生活课程、品德与社会课程被定性为德育课程。然而这两门德育课程与之前的德育课程有着极其不同的特性,这个特性表现在“以品德形成为核心”。这句话意味品德与社会(生活)是德育课程,而又不仅仅是德育课程,它还具有促进学生参与社会、适应社会等社会性发展的任务。“品德形成”是寓于社会性发展之核心的。为理解品德与社会(生活)这一特性,我们首先要了解学校开设德育专门课程的利弊之争,从而理解品德与社会(生活)课程作为德育专门课程的意味。

一、为何“以品德形成为核心”

1. 对德育专门课程的质疑

世界各国开展学校道德教育的途径大致有三种:开设专门的道德教育学科(课程)、通过宗教活动开展道德教育、在社会科或公民科等课程中开展道德教育。对于是否要通过开设专门的学科(课程)来实施道德教育,国内外一直存在着争议。

反对的理由大致可概括如下:

(1) 德育专门学科(课程)的设置容易使德育陷入道德知识的灌输,而忽略道德情感、道德行为能力的培养。

(2) 设置专门的德育学科(课程)容易导致违背德育本质的教学行为。比如,像一般课程那样进行知识教学和学业考试,而道德教育以态度和行为的改变为主要目的,学生的品德难以通过考试成绩进行评定。

(3) 难以找到真正合格的教师担负道德教育的任务。

(4) 淡化其他学科的道德教育义务。因为学生的道德品质需要通过学校所有的学科、整个学校教育活动、甚至校内外的全部生活来培育。

(5) 道德专门课程的教育效果无从证明。美国心理学家哈桑(H. Hartshrne)和梅(M. A. MAY)等人曾于20世纪20年代用五年时间对11 000名8至16岁青少年进行了研究,结果表明:道德学科所进行的道德规范的传授与儿童的实际行为几乎无关。[①] 有些教育学家甚至认为“正是道德教学把孩子教坏了”。[②] 我国也有一些质疑德育课的声音,认为我国长期开设德育课(政治课),但并没有使我国学生的道德水平高于没有开设德育课的国家的学生。主张通过开设“公民课”或“社会课”来实施道德教育,将道德教育内含于人文教育、社会学科教育和公民教育之中。

2. 开设德育专门课程的理由

尽管开设专门德育课程的效果并非尽如人意,但依然有不少人支持德育专门课程的设立,西方教育界也在经历一段时间的反思之后,重新认识道德课程的必要性,并创

---

① 李伯黍.品德心理研究[M].上海:华东化工学院出版社,1992:5.

② Neil, A. S. The Problem Child [M]. New York: Robert Ncbride, 1927:17.

造了一些德育专门课程的模式。主张开设德育专门课程的理由概括起来有以下几点：

(1) 道德教育有其特定的教育目的、教育内容、教育方法，而心理学研究的成果揭示了儿童道德心理的发展机制，意味道德教育需要更专业的方法。所以，需要专业的老师、专门的学科(课程)来实施专门的道德教育。

(2) 如果没有专门的学科(课程)实施道德教育，开展道德教育的必要时间将得不到保障，道德教育可能被弱化。因为各门学科(课程)都有自己特定的目标和任务，学科课程之外的其他教育活动，如少先队活动、班会活动、节庆活动等虽然也可实施道德教育，但这些活动往往没有标准和评价，难以保证正常而有效地开展。所以学校很难完全通过这二者进行系统而有计划的道德教育，因此有必要开设专门的德育课程。德育专门课程是道德教育的主阵地，没有这块阵地，道德教育便容易被边缘化。

(3) 德育专门课程存在的问题，不能作为废除德育专门课程的理由。的确，道德教育不能局限于道德规范、道德观念等道德知识的传授，而要注重态度和行为的转变，而态度和行为的转变受多种因素的影响，难以根据标准化的学业测评来判断教育教学的效果。但是，不能就此认为道德知识的教授没必要。道德知识的教授是培养学生的道德理性、道德情感和道德行为能力的必要前提。而且，道德测评任务如果设计良好，能够在一定程度上有效检测部分道德品质的发展状况。

3. 解决德育专门课程问题的良策

不可否认，反对开设德育专门课程的人所指出的问题确实存在。但是，我们赞同道德教育研究专家檀传宝所言："道德教育应当作为一个专门的学科课程去设置，但同时道德教育专门课程设置应当与各科教学结合起来进行；道德课程教与学的方式必须符合道德教育的特殊实际；必须充分注意研究和处理间接道德教育和隐性课程方面的问题。"[①]那么如何来实现这个主张呢？"品德"与"生活"结合、"品德"与"社会"结合而形成的"品德与生活"、"品德与社会"这两门综合课程的开设正是对这一主张的一次大胆探索，它保障了小学教育拥有一个开展道德教育的主阵地。同时，因将道德教育与历史、地理、经济、政治、文化等社会生活各个领域结合，甚至与自然探究活动结合，而"有益于学生在复杂的背景之下理解道德理论和实践的问题"，避免道德知识的灌输和知行的分离，并"有利于节约教学时间，节省学生的学习精力"[②]，提高道德教育的实效性。这两门课程通过崭新的课程理念和课程结构，探索了一条我国学校德育专门课程的新路：寓品德形成于社会性发展之核心。

二、"品德形成"的内涵

1. 回归"做人"

品德与社会(生活)课程不仅仅通过课程的综合来实现德育课程的变革，从而保障德育专门课程在课程中应有的地位，更显著的变化在于课程目标和课程理念的变革。

---

① 檀传宝.学校道德教育原理[M].北京：教育科学出版社，2000：126.

② 檀传宝.学校道德教育原理[M].北京：教育科学出版社，2000：30.

品德与社会课程的总目标是:“培养学生的良好品德、促进学生的社会性发展,为学生认识社会、参与社会、适应社会,成为具有爱心、责任心、良好行为习惯和个性品质的公民奠定基础。”

课程理念的第一条是:

帮助学生参与社会、学会做人是课程的核心。本课程特别关注每一个学生的成长。以社会主义核心价值体系引导学生的道德发展,丰富学生的社会认识和内心世界,健全学生的人格,使他们能够以积极的生活态度参与社会,成为有爱心、有责任心、有良好行为习惯和个性品质的人。

品德与生活的课程总目是:“培养具有良好品德和行为习惯、乐于探究、热爱生活的儿童。”

将上述总目标和课程理念与以往小学德育课的目标相比较,我们可以发现品德与社会(生活)课程的培养目标,即所追求的“品德形成”的内涵发生了实质性的变化。

改革开放后,我国学者对多年来的德育专门课程“政治课”(含思想品德)进行了猛烈的批判,强烈呼吁取消或改革政治课。批判者所揭示的政治课的弊病包括以下几方面:

(1) 道德教育依附于思想政治教育。我国的德育包括思想品质、政治品质和道德品质三方面的教育,而非专指英语“Moral Education”所表达的狭义的道德教育。政治教育的目标和内容因政治与意识形态的多变而不稳定,导致道德教育缺乏稳定性和科学性。此外,道德教育和政治思想教育的目标与功能是大不相同的。道德教育重在教学生做人,政治教育重在教学生如何做一类特殊的人,例如“共产主义接班人”。后者本来应以前者为基础,但在德育实践中却本末倒置。

(2) 德育目标建立在理想人格基础上,以“成人”的道德理想作为教育目标,培养的是“道德圣人”。“这种‘圣人教育’把绝对高尚的境界作为普遍的规范,培养的是特殊的公民,比如‘共产主义接班人’,而平民教育则强调以全体公民为基础,设定道德底线,将基本规范作为普遍的道德要求。”①

从第一章我国德育课程的演变中,我们可以看到1949年到今天,我国德育课程的目标从培养“共产主义事业的接班人”、“有理想、有道德、有文化、守纪律的劳动者”到“社会主义建设的各类人才”、“社会主义现代化建设所需要的道德品质、行为习惯和辨别是非的能力”,再到如今的“有爱心、有责任心、有良好行为习惯和个性品质的人”,德育课程的目标已经从“天上”降到“人间”,从“圣人教育”回归“平民教育”,即“公民教育”。也就是说,小学阶段德育课程所要求的品德是坚守人之为人应有的道德底线,而不是以往那种只会唱高调、只能献身“伟大事业”,却在人际交往中缺乏同情心和对人的尊重、在公共生活中不守公共规则、不拘文明小节、不愿担负责任的人。虽然品德与社会课程还不能把学生直接培养成为公民,只是为学生成为“公民”奠定基础。但是,培育公民却是品德与社会课程追求的目标。

正如很多学者所指出的,教育就是育人,也就是把人从自然人变成社会人,把原始

---

① 李萍,钟明华.公民教育——传统德育的历史性转型[J].教育研究,2002(9).

人向文明人的方向推进。这样的人区别于臣民、奴隶，是拥有独立人格，拥有作为人的基本权利，同时又拥有社会责任、履行社会义务、尊重并遵守公约和法律的人。这样的人，我们称为“公民”。课程标准所阐述的“认识社会、参与社会、适应社会，成为具有爱心、责任心和良好行为习惯和个性品质的公民”这句话，正反映了该课程担负公民教育的职责定位。为此，这门课程必须实现态度价值观、行为习惯、知识和技能培养的内在联系，尤其要关注正确态度和价值观的形成、公共生活中行为规范的养成，使学生既学会做事，更学会做人。这些目标与构建富强、民主、文明、和谐、自由、平等、公正、法治社会的目标相一致，是每个学生必须努力达到并且能够通过努力而接近的目标。

2. 置品德形成于社会性发展之核心

“以品德形成为核心”，这句话意味着品德形成是品德与社会课程（生活）最重要的目标，其他目标和内容都要围绕这一核心进行。但同时，这句话也意味着，这门课程不仅仅限于品德形成，还包括促进学生的社会性发展，为学生“成为认识社会、参与社会、适应社会，成为有爱心、责任心、良好行为习惯和个性品质的公民奠定基础”。品德形成是社会性发展的核心，而不是课程目标的全部。社会性发展包含了品德形成，比品德形成内涵更宽广。“社会性发展”“公民”这两个概念在课程标准中的出现，意味品德与社会课程不仅仅是一门德育课程，也是一门实施公民教育的课程，具有公民课程的性质，除了要培养公民的德性，还要形成公民的社会认识，使他们能参与社会、适应社会，甚至能推进社会——我们将之称为公民的知性。德性和知性合一就是智慧。也就是说，这门课程要为学生成为德性和知性统一的智慧公民奠定基础。

20 世纪 90 年代起，我国很多学者开始倡导公民教育，并将公民教育与传统德育进行了比较。除了上述“圣人教育”与“平民教育”之说，还有学者认为：“思想品德教育强调个人对国家、社会的服从和责任，公民教育则以公民的权利和义务相统一为基础，去理解个体与国家、社会的关系；思想品德教育包括了执政党的政治倾向、主张和价值取向，公民教育则以公民社会的要求为基本取向；思想道德教育是以应然的道德性为本，公民教育则以实然的合理性为本。以公民道德为例，思想道德教育追求先进性的完美道德，公民教育则要求公民应当遵循最基本的道德。总之，公民教育以合法性、合理性为基础，是一种面向所有人的更为普遍适应的教育。”①这种观点肯定了思想品德教育的价值，认为它追求先进性，而公民教育追求普适性，两者都有存在的必要，为此谋求在思想政治课之外，另外开设公民课。

还有人将道德教育中的公德教育区分于公民教育中的公民伦理教育。认为“公民教育包括公民伦理教育和公民权责教育，加强公民伦理教育的目的是要实现熟人社会道德向陌生人社会道德的转化”。② 支持这一派的观点认为，传统道德教育重视基于亲缘关系的私德甚于重视公德，公民教育中的道德更侧重陌生人社会的公共道德。

我们认为，德育与公民教育的差别不只表现在重先进性与重普适性、培养圣人与培

① 杨东平. 新公民读本—序言[M]. 北京：北京大学出版社，2005.
② 王颖. 当代中国公民教育的历史性复兴和现实反思[J]. 教育理论与实践，2003(3).

养平民、培养服从性与培养主体性、重视熟人社会的伦理秩序与重视陌生人社会的伦理秩序之差别,也不仅仅是偏重义务还是重视权利和义务统一上的差异,除此之外还有一个重要的差别,它们对于知性的重视程度存在差异,以及在认识和解决问题的视角和方法上存在差异。传统德育侧重人的德性的形成,主要从伦理学、正统的思想观念、政治立场出发评判人物或事物的价值,而公民教育则重视公民在德性与知性两方面的发展。对于德,公民教育重视公共生活中的德(即前述的陌生人社会道德)甚于基于血缘关系或熟人关系的私德,这个方面已有学者阐述。而所谓知性,不仅仅基于感情也是基于理性对待社会现象和事物,即能运用多学科的知识多角度地考察社会,追问事物的本质和问题产生的原因,在坚持表达自身诉求的同时,也能正视其他人、其他阶层或团体的不同诉求,从而寻求用更合理、更妥当的方法去解决问题和冲突。在充满矛盾冲突的复杂社会中生活,每一个公民要想能妥当地处理维护权利与履行义务的关系。这种能力包含洞察力、判断力和抉择力等要素。而这些能力很大程度上有赖于学校教育的系统培育。

例如,针对一处新公共绿地建成不久就遭踩踏、损坏的现象,德育课是将任意踩踏公共绿地的行为视作破坏公物的不道德行为,引导学生对这种行为作出否定的道德判断。德育课教师首先会教学生洁身自好,不去做这种不道德的事情,进而指导学生通过劝说或写标语、制作宣传牌来劝导周围的人也要爱护公共绿地。然而,公民教育不止这些。公民课上,教师会引导学生调查绿地被严重踩踏的实际状况,如:绿地哪一处被踩得最多?每天有哪些人和多少人从绿地上穿行?他们从哪里走向哪里?通过观察和采访,综合分析发生绿地被踩踏的原因。这时学生可能会发现除了人们缺乏保护绿化的意识之外,还发现绿地的规划存在不合理现象,妨碍了很多人的通行,于是就要思考改进的方法。而为了提出一个可行的改进方案,学生需要学习和运用诸如地理学和社会学的方法观察和分析绿地与周边道路、车站、居民区、机关和企业等等之间的位置关系,调查和分析行人的身份构成及其行为习惯,并与其他地区进行比较,从而设计数个改进绿地的方案,通过与老师、同学和专家的讨论,与不同观点者的协商,最后选定一个相对更合理的改进方案。再进一步的话,学生们还可以将自己的改进方案递交有关部门,促进绿地的改进。

也就是说,公民教育所培养的不仅仅是遵守社会基本规范的公民,更要培养能参与改进社会规范和制度、以最善的方式解决社会公共问题的智慧公民。一个社会只有存在更多有智慧的公民,才能产生更善的社会治理方式,降低社会治理的成本,达到社会的和谐状态。为此,未来公民必须拥有有关社会运行和社会发展方面的知识,掌握多角度考察和分析社会现象的方法和技能,以此增长社会理解力、思考力、判断力和问题解决能力,同时还要了解和体会不同个体和社会群体的需求和处境,包括感受一部分群体的不幸遭遇,认同人类普遍的价值观和民族文化传统,对是与非、善与恶做出正确的价值判断。未来公民将在理性和同情心的共同作用下,发现自己作为一个社会一员的价值和在社会中的位置,以对自己来说更恰当的方式作用于社会。可以说,品德与社会(生活)课程的理念、目标和内容具有实施这样一种公民教育的倾向。

第二节　以学生生活为基础

"生活性"在《品德与生活课程标准》中被列为课程的首要性质，该课程标准在解释"生活性"时指出："本课程视儿童的生活为宝贵的课程资源。课程学习本身是儿童生活的组成部分，是儿童在教师指导下真实体验生活、主动参与生活、创造生活的过程。"而且《品德与生活课程标准》的 4 条基本理念中，有 3 条是围绕"生活性"阐述的："珍视童年的生活的价值，尊重儿童的权利"、"道德存在于儿童的生活中，德育离不开儿童的生活"、"让教与学植根于儿童的生活"。

《品德与社会课程标准》将"学生的生活及其社会化需求是课程的基础"作为课程理念的第二条，并解释道："本课程注重学生生活的价值。学生的品德与社会性发展源于他们对生活的认识、体验和感悟，学生的生活对于本课程的构建具有重要价值。课程必须贴近他们的生活，反映他们的需要，让他们从自己的世界出发，用自己的眼睛观察社会，用自己的心灵感受社会，用自己的方式探究社会，并以此为基础，提升学生的生活。"

这两门课程为什么如此强调儿童(学生)生活的价值？生活世界宽广无边，纷繁多样，而儿童所生活的时间和空间都有局限，不可能在学校教育阶段经历生活的方方面面，那么教材应选取、呈现怎样的生活图景？教学应组织怎样的体验、观察、探究生活的活动？回答这几个问题，首先要弄明白生活世界与书本中的世界有什么不同，儿童的生活有什么特点、儿童怎样建构对生活、对社会的认识，然后才能谈论如何体现"生活性"。

一、为何以儿童的生活为基础

1. 儿童对生活拥有自己的经验和认识

当代认知科学和学习理论已经揭示，儿童在受教育之前，已经对生活有了自己的经验和感悟，建构了自己对生活的认识(知识)，这些已有的经验和认识影响了他对新现象和新事物的理解，以及他之后的认知发展。其次，儿童对生活、对社会的认识是通过他与环境的交互作用建构的，而不是来自于外部强加于他的知识，外部知识只有在被儿童用于解决环境交互作用时遇到的问题时，才能被他内化，帮助他形成新的经验和认识。再次，儿童对生活有自己独特的认识方法，尤其是年龄较小的儿童，以形象思维为主，抽象思维能力较弱，只能对形象而具体的事物敏感，因此他们对生活的感受和认识与成人有很大不同。成人与他们交流时，必须采用儿童能理解的方式、联系他们所熟悉的生活现象。

从杜威、皮亚杰、维果茨基到当代建构主义者都认为，知识是人对于客观事物的主观反映，是认知主体积极建构的，个人创造有关世界的意义而不是发现源于现实的意义。而且知识的意义是与其形成的情境脉络紧密相连，离开具体的情境或关系就没有意义。他人总结的知识(如书本上专家总结归纳的知识)只有有助于解决具体情境中的问题或者提供有关经验世界的一致性解释时才具有意义，具有解决问题、改变生活的"生存力"。关于儿童的认知发展的机制，皮亚杰提出了著名的"同化—顺应—平衡说"，他认为不是环境塑造了儿童，而是儿童主动寻求了解环境，在与环境的相互作用过程中,认知逐渐成熟起来。这个相互作用的过程,可以这么来解释:学习者遇到无法用已有的知识去解决新的问题,产生困惑,即认知冲突,而这个困惑又必须去解决时,学习就发生了。此时,学习者置身于促进他们同化与顺应的既有知识和经验之中,主动地、努力地建构起他自己对世界的理解。

上述理论告诉我们,脱离儿童的经验和认识、脱离包含问题的真实环境,仅仅让儿童去记忆文本上的知识(包括道德知识),是不能让学生真正获得对生活、对社会的认识的。儿童只有通过积极地与真实的生活环境相互作用,才能建构有助于其解决问题的认识(知识)。而且,只有包含源自于真实世界的矛盾和冲突的学习材料才能激发他们的认知冲突或情感冲突,唤起他们的好奇和探究兴趣,从而引发他们为解决问题而学习。

文献选摘

建构主义论知识的建构性

客观与建构是知识的一个重要维度。处于知识连续统一端的客观主义有关知识的假设是:知识是对外部客观世界的被动反映,有关世界的知识是可靠的,因此,教学的目的就是使学生通过教学获得这样的现实映象。这种知识观最大的问题在于它忽略了世界的无限复杂性以及作为认识主体的人所具有的巨大的能动性。

20世纪80年代末在西方兴起的建构主义思潮试图从"新认识论"的视角对仍然误导着教育的这种客观主义的认识论作了深刻的反思。它们不再将知识看作是有关绝对现实的知识,而认为知识主要是个人对知识的建构,即个人创造有关世界的意义而不是发现源于现实的意义。所有的建构主义,尤其是其中的激进建构主义宣称,知识是由认知主体积极建构的,建构是通过新旧经验的互动实现的;认知的功能是适应,它应有助于主体对经验世界的组织。由此,"学习是知识建构"的学习隐喻才得以真正确立。这一隐喻的确立表明人类首次参照人脑的机制构建学习模型,是真正意义上对人的学习研究的开端。由此,能提供认知工具,蕴含丰富资源,鼓励学习者通过与环境的互动去建构个人意义的"学习环境的创设"成为与"学习是知识建构"的学习隐喻相对应的教学隐喻。

(摘自高文.《21世纪人类学习的革命》译丛总序[M].上海:华东师范大学出版社,2002)

2. 生活世界充满矛盾和冲突

生活世界远比书本世界复杂,充满各种矛盾和冲突。生活中的矛盾和冲突大致包含以下三个方面:社会需要(意愿)与个人需要(意愿)的矛盾和冲突、社会中不同个体或不同集团之间的矛盾和冲突、人与自然之间的矛盾和冲突。社会正是在解决各种矛盾和冲突的过程中寻找更合理的制度、结构,从而推动社会的进步。个体也正是在解决矛盾和冲突的过程中寻找自己更合理的生存方式,体验自己的存在和生命的意义,从而不断成长、成熟。即使是幼小的儿童,也同样如此。

然而,以往的品德课和社会课忽视了生活世界的复杂性,给学生展现的是一个简化和纯化的世界,用一些抽去了生活细节的故事讲述做人的道理,这些道理也许能适用于一个简单的理想世界,却无法帮助学生面对复杂而多变的真实世界。这种简单化的德育方式因脱离儿童所处的复杂的现实生活而缺乏实效性。

因此,要让儿童获得对生活世界的正确认识,就要让他们感受生活中实际存在的矛盾和冲突,认识其产生的原因,并了解古今中外人们(包括自己周围的普通人)为解决矛盾和冲突所创造的方法,感受和认识人们在创造新生活的过程中表现出来的精神品质等等。所谓品德的培养,就是要让教育对象向那些积极面对矛盾和冲突、勇于开拓新生活的人们学习,以积极的、乐观的、负责的态度和执著、坚强的意志,去克服困难,解决问题,突破困境,改善生活环境。学生只有认识到社会的复杂性,并学习解决矛盾和冲突的方法,才能不断提升应对矛盾和冲突的知性与德性。

二、课程怎样体现生活性

1. 教学从儿童生活经验出发

如前所述,儿童对生活拥有自己独特的经验和认识,这些经验和认识影响了他对新现象和新事物的理解,以及他的认知发展。据此,教学材料和教学活动都必须同儿童的生活建立联系,教学目标也要根据儿童实际的问题和发展需要来设定,使学习成为儿童发自内心的意愿,学习的内容是儿童能动用其所有的感官和心灵触摸、感觉到的。即便是了解遥远的时代或其他国家和民族的生活,也要发掘其与儿童现实生活的联系,更确切地说要让儿童感受到那些事物与自己的联系,学习这些知识是他们成长的内在需要——消除疑惑、解决困难、满足好奇心、体验自我价值等等。

对于教材编写者来说,就是要呈现儿童熟悉或半熟悉的典型的生活现象、社会现象,特别是存在于儿童周围但可能未被他们留意的事物。而且这些现象和事物中应包含他们曾经遇到的或即将遇到的问题,这些问题以他们既有的经验和能力无法完全解答或解决,需要通过进一步的学习去解答或解决。这些事物一旦呈现在他们面前,就能唤起他们的经验,重新令他们关注起未曾留意的事物,产生探索问题的迫切愿望。教育者希望学生学习、掌握的知识和方法(包括事实性知识和价值性知识),应嵌入在教材设计的生活情境中,成为学生探索问题必需的工具,或成为他们探索问题的线索和支架。

对于教师来说,则要开发、选择和呈现能将班上学生的经验和愿望与教学目标、教学内容相连接的教学材料,这些材料可能表现为一个班级事件或一个家庭事件、一个热点社会问题、一部动漫剧、一篇小说、一首歌曲、一份绘画作品等,但它们都包含了学生熟悉或半熟悉的现象、事物、事件或问题,那些普遍存在于学生周围而又被他们熟视无睹的东西,包含激发他们探究欲望的实际问题。

"品生"、"品社"两门课程的教材都以由近及远——从学生熟悉的学校生活、家庭生活,扩展至社区(家乡)、祖国和世界——为逻辑编排主题和教学内容。这种内容编排方式本身就体现了从儿童生活出发的思想。毋庸置疑,关于班级和学校生活、家庭生活的教学内容,容易与学生的生活密切联系。而有关社区(家乡)、祖国和世界的内容,尤其是涉及远离现实的历史和远离学生生活环境的他乡他国的学习内容,又如何与学生生活建立联系呢? 实际上,有价值的学习内容都应在小学生的现实生活中找到对应物,如果找不到,那么这样的学习内容就应该被舍弃。例如,历史上的人和事虽然远离学生的现实生活,但是历史总是会在现实社会中留下印记,找到学生熟悉的印记,就找到了连接历史和学生生活的教学材料。历史上留下来的建筑、器具、书籍等都可以拉近学生与历史的距离。再如,来自南方的食物可以增加北方的孩子对南方的亲近感,拉近南方的自然环境、生活方式与北方孩子的距离。

再如,政治似乎离学生生活更远,但日本小学社会科在政治单元,通过引导学生探究公民馆、社区中心、育儿援助设施等学生身边的公共设施的作用以及建设缘由和建设过程,将政治与人们的生活、与每个人的愿望和幸福建立起联系,让学生了解了地方政治和国家政治帮助人们实现愿望的主要方式,感受到政治与自己生活的密切联系,从而开始关心政治,亲近政治。

2. 直面生活中的矛盾和冲突

由于真实的生活具有复杂性,充满矛盾和冲突。因此,课程反映生活时,应以生活中的矛盾和冲突为焦点。教材和教师都要从学生的生活中精选包含矛盾和冲突的典型问题与事件以及矛盾冲突得以解决的事例。就教材编写者来说,要挖掘、提炼和呈现学生在具体生活领域中可能遭遇的典型问题,而不能停留于展现生活的表象。如果仅仅用一两个抽去生活细节的事例,告诉学生解决问题的方法,那么即便学生记住甚至复述教材所呈现的知识,但因他们记忆的知识不是他们探索而来的,他们仍然不会应用这些知识去解决现实问题。教师作为离学生最近的教育工作者,要深入他们内心,发现学生未表露在外的内心困惑,发现他们从现有的水平出发到达成期望目标之间存在什么困难等等,而不能满足于学生外在的"正确"言行。

无论是品德与生活,还是品德与社会,任何主题和学习内容都可以发现学生所遇到的困惑、难题。如果有些主题真的无法找到与学生生活相连接的可能性,那么这样的主题就不该纳入"品生"或"品社"的课程内容中。例如,关于"按时作息,生活有规律"的学习主题,学生要达到这个要求,实际上会存在各种困难,如果教材或者教师仅仅通过几个故事说明按时作息的道理,并告诉学生怎么做才能达到要求,那么学生表面上可能会理解按时作息的重要性,并且也会表达按时作息的决心,甚至在教师和家长的督促和指导下,坚持一二周做到按时作息。而实际上,学生要坚持做到按时作息,会遇到不少困难,如回家作业太多,或家人都睡得很晚,所以自己无法做按时作息。如果教师不引导学生直面这些问题,去思考按时作息的问题,那么学生不会真正学会按时作息。该单元学习一结束,他又会回到原来不按时作息的生活状态中。

再如,有关垃圾分类和回收的主题。教材或教师会呈现垃圾日益增多、危害人类生存环境之类的景象和数据资料,这些也许可以让学生认识到垃圾分类的重要性,并产生垃圾分类的意愿。但是,现实生活中学生在实施垃圾分类时,却会遭遇各种难题:垃圾分类很麻烦,家人不愿意分,周围人大多不分类垃圾,自己居住的地方没有分类垃圾桶,等等,产生分了也白分的想法,从而又回到垃圾不分类的生活状况中。因此,教学不能停留于让学生认识到垃圾分类的必要性，还要让学生充分表达垃圾分类的困难和问题，然后引导学生思考这些困难和问题如果不解决会导致怎样的后果，再引导他们探索解决问题的方法，那么学生就不会仅仅停留于对垃圾分类必要性的表面认识，而是成为垃圾分类的积极推动者。

3. 开发和精选有价值的教学主题和教学材料

我们强调课程要以学生生活为基础，尊重学生生活的价值，但这并不等于说课程可以翻版学生的生活。课程要尊重儿童的经验和需要，绝不是对儿童听之任之。

倡导"教育即生活"的杜威虽然认为："教育是生活的过程，而不是将来生活的准备。"但他并未否定未来生活，割裂现实生活与未来生活的联系。他只是针对脱离生活的传统教育，强调教育与生活要保持一致性。教育既要加强与现实生活的联系，重视现实生活的固有的价值，同时还要帮助学生克服现实生活中存在的种种弊端，引导学生去创造一种高于现实生活的更加美好的新生活。为此，学生的经验需要不断改造、提升，从而积累起改造现实生活、创造美好生活的力量。所以杜威又提出一个著名观点："教育就是经验的改造或改组。"这种改造或改组，既能增加现时经验的意义，又能提高后来经验生长的能力。而"以经验为基础的教育，其中心问题是从各种现时经验中精选那种在后来的经验中能够丰满而具有创造性的生活的经验"。①

正如鲁洁在解释课程标准研制思想时所指出的："教育者在引导儿童方面富有道义上的责任，尊重儿童必定内在地包含了对儿童的引导。本课程所涉及的儿童与自然、儿童与社会、儿童与自我等诸多关系，都需要通过正确引导而达到对自然的认识、对社会的准确理解，对自我的合理把握；他们各方面的情感与态度、行为与习惯、知识与技能，也需要按一定的目标去积极引导。"②

由此，课程设计者、教材编写者和一线教师都要发挥积极引导的作用，让学生通过课程学习，过更有意义的生活。为此精选和开发有价值的教学主题和教学材料是教育者义不容辞的责任，精选的依据就是看它们对于改进、丰富学生的现实生活以及对于他们长远的发展是否具有意义。有意义的教学内容、主题和材料至少应符合以下任何一种情况。

第一，学生在现实生活中与自然、与社会、与他人交互作用时遇到的普遍性的困惑、难题。这些困惑或难题未必学生自己意识到，或者自己还未遇到，但教育者将这些问题抛给他们时，他们同样会产生解决困惑或难题的愿望。如刚入学的孩子不适应学校生活或缺少朋友而产生困惑；家庭生活中与父母的意见发生不一致而与父母发生冲突等。围绕这些问题，引导学生思考、学习，探索解决问题的方法，可以使学生对学校生活、家庭生活以及这些环境中的人有更多了解，提高他们适应社会生活的能力、与人交往的能力和解决问题的能力。

第二，能让学生感受到快乐和温暖的事物。如同学间的友谊、家庭的亲情，完成一件给别人带来快乐、感动的事情等，这些事物和活动会令学生更加热爱生活，善待他人，

---

① 约翰·杜威.我们怎样思维·经验与教育[M].姜文闵，译.北京：人民教育出版社，2005：250.

② 鲁洁.品德与生活、品德与社会课程标准研制的基本思想[J].人民教育 2002(增刊).

丰富他们的情感。

第三,能使学生获得成功的满足感、发现自身价值的事情,同时所做的事情对他人、对集体和社会也都是有益的。如参与解决班级和学校布置的任务、参与社区公益活动,参与解决集体生活中的问题,完成了一件别人和自己以为不可能做到的事情,提出了一个令人信服的建议等。这类事情既能使学生对自己产生信心,拥有愉快的生活体验,也能发展他们作为未来社会公民所必需的能力。

第四,满足学生求知欲、探索欲和创造欲,同时又丰富其社会认识、发展其社会参与能力的事物。这些事物最初未必引起学生的注意,但是一旦摆在学生面前,会令他们好奇或惊讶,感到不可思议,想探究原委。同时,通过与这些事物的交互作用,学生的观察力、思考力和创造力等得到发展,对生活和社会的认识更加丰富,有助于他们成为一名合格的公民。

除此之外,教师要对学生进行正确的价值引导,并对观察、调查、讨论、交流、表达、实践等认识和探究社会的方法进行耐心细致的指导,提升学生的道德判断能力、行为选择能力和问题解决能力。

4. 开展多样而有深度的活动和实践

"活动性"和"实践性"分别是品德与生活课程、品德与社会课程的又一特性。

品德与生活课程标准对"活动性"做如下解释:

> 本课程超越单一的书本知识的传递和接受,以活动为教和学的基本形式。课程的呈现形态主要是儿童直接参与的各种主题活动、游戏或其他实践活动;课程目标主要通过儿童在教师指导下的活动过程中的体验、感悟和主动建构来实现。

在"教学建议"中,课程标准指出,品德与生活课程"以活动为教与学的基本形式",这些活动包括观察、调查、讨论、参观、访问、制作、种植、饲养、交流等等。

品德与社会课程标准对实践性做了如下解释:

> 本课程学习是知行相统一的过程,注重学生在体验、探究和问题解决的过程中,形成良好道德品质,实现社会性发展。课程设计与实施注重联系学生的生活实际,引导学生在实践中发现和提出问题,在亲身参与丰富多样的社会活动中,逐步形成探究意识和创新精神。

在"教学建议"中,课程标准指出"品社"课程的教学活动包含阅读、讨论、辩论、参观、调查、访问、游戏、角色扮演、模拟活动、两难问题辨析、撰写报告书、制作图表等。

杜威曾说:"使儿童认识到他的社会遗产的唯一方法是让他去实践,使他从事那些使文明成为文明的主要的典型的活动。"①他在芝加哥实验学校将各种生产劳动和社会

---

① 约翰·杜威.学校与社会·明日之学校[M].赵祥麟,等,译.北京:人民教育出版社,2005:9.

活动引入到课程中。当代活动理论揭示复杂的社会性活动是知识获得和心理发展的动力。苏联心理学家列昂捷夫强调,“人的心理发展是在他完成某种活动的过程中实现的,人在活动过程中拥有的社会历史文化经验促进了人的发展”。活动理论早期的重要倡导者之一达维多夫则强调,“教育与教学总的目的在于形成儿童一定的完整的活动类型和相应的活动能力,以保证儿童的个性得到完整的发展”①。

通俗的说,儿童的经验和认识都有一定的局限性,他们所能看到的事物极其有限,即便这些事物就存在于他们周围,他们也未必留意,多停留于事物的表面现象,不了解事物内部的关系。而由于生活经验的缺乏和认知能力未发展成熟,他们难以真正理解书本上的知识。为了促进他们的品德形成和社会性发展,教育者必须去扩展学生的社会生活经验范围和认识视野,并教授他们观察和了解事物的方法,让他们通过自己亲身的体验和探究,理解真实生活中发生的事情,并建构知识的意义,同时提高他们认识和参与社会的能力。让他们看见他们之前看不见的事物,发现之前没有理清的社会事物间的复杂关系,从而深化他们对社会生活的感悟和认识。

为此,品德与社会(生活)课程希望教师超越书本知识的传授,设计开展多样化的体验、调查、讨论和创作等活动,引导学生参与社会实践。活动应该以学生为主体,并且是在平等与信赖的关系中相互合作进行的,同时教师应给予积极的指导。建议教师着重研究和实践以下几种活动的组织和指导。

第一,设计使学生感兴趣的观察或调查周围事物的活动,并教授学生观察和调查的方法,如提示观察的角度,做观察记录,对比前后观察结果等等,从而使他们发现原本熟悉的事物还有不为他们所知的另一面。如观察妈妈周日在家一天的活动,并做记录,学生会发现妈妈一天要做很多家务,做家务时要留心很多方面的事情,还可能发现妈妈的爱好或烦恼。由此对妈妈产生新的认识和新的情感,感受妈妈对家的责任和爱,体会妈妈的辛苦,并学会体谅妈妈。

第二,组织开展交流和讨论活动,建立学习共同体。因时间、精力和能力的限制,每个学生所经验的事物、对社会生活的认识都是有限的,这种局限可以通过与他人(老师、同学、家长、专家等)的交流和讨论,通过阅读书籍等等予以弥补。学生通过与他人分享各自不同的经验和认识,甚至通过与不同观点的辩论,发现自己经验和认识的不足,从而修正、补充自己的经验和认识。例如,在学习购物主题时,学生们已在平时积累了一些购物经验,再去对超市做一番调查,所关注和发现的情况也会不同,对商店的促销方法、商品价格的差异、判断商品品质的方法一定会形成各种不同的认识,而这些认识可能具有片面性。因此,开展交流购物经验的活动,讨论做聪明的消费者的方法,甚至围绕对立的观点进行辩论,可以丰富学生对商业活动、商品价格和商品质量、消费者与商家相互依赖关系等问题的理解,从而有助于改进他们的购物行为。

第三,引导学生对学习进行反思。反思,有时又称反省。我国古人很早就有反思意识,“思之不缜,行当失当”、“行有不得,反求诸己”等至理名言,意在说明反思的重要性。通过反思,发现并修正自己的思想和行为上的偏差,才能避免今后再犯错误。倡导儿童

---

① 转引自高文.教学模式论[M].上海:上海教育出版社,2002:482.

中心主义的杜威将反省思维作为教育的目的，从哲学和心理学层面阐述了反省思维的价值和训练反省思维能力的必要性。现代认知心理学则用“元认知”这一概念替代了“反省思维”，揭示了反省思维的特质，并指出这是人的高级思维能力。以发展反省思维或元认知为目的教育模式自20世纪90年代就被我国教育界从国外引入，掀起过研究的小高潮。遗憾的是，在德育—社会类课程领域，反省思维鲜有研究和议论。

要想让新一代能成为一个有良好品德、乐于探究和创造的人，成为一个能够认识社会、参与社会并推进社会进步的未来公民，就必须培养他们的反思精神和反省思维能力。拥有了反思精神和反省思维能力，学生才能逐步摆脱受感觉和欲望支配的生活方式，学会在行动前确立明确的目的，进行系统的准备，开展有计划的创造活动，并能预见行为的结果。唯此，他们才能适应社会、参与社会，过健康、快乐的生活，才能创造更美好的生活。

为了培养反思精神和反省思维能力，教材编写者要在教材上提示反思的过程和方法，设计促进反思的任务或问题。教学时，教师要通过追问和质疑，推进学生的深度思维。还要设计回顾预设行为结果、分析行为结果产生原因的学习任务，让学生回顾学习过程，记录并比较过去和现在的想法和做法存在什么变化、自己与同伴对某件事的想法和做法有什么不同。讨论、辩论、作业或作品展示都是促进学生反思的有效手段。

文献选摘

杜威论：为什么必须以反省思维作为教育的目的？

一、思维的价值

1. 它使合理的行动具有自觉的目的；
2. 它可能进行有系统的准备和发明；
3. 它使事物的意义更充实。

二、训练思维的两个理由

以上提到的三种价值，累积起来，形成了真正人类的理性的生活同感觉和欲望支配的其他动物的生活方式之间的区别。这种价值远远超过由生活需要引起的某种狭窄的范围，然而，这种价值本身却不能自动成为现实。思维需要细心而周到的教育的指导，才能充分地实现其机能。不仅如此，思维还可能沿着错误的途径，导引出虚假的和有害的信念。思维系统的训练之所以必要，不仅在于担心思维有缺乏发展的危险，更为重要的是担心思维的错误的发展。

(摘自约翰·杜威.我们怎样思维·经验与教育[M].姜文闵译.北京：人民教育出版社，2005：23—27)

第三节 高度综合化

“品生”、“品社”两门课程都将综合性列为课程的特性之一。“品德”为什么要与原本就具综合性的“生活”和“社会”进一步整合为更综合的课程？第一章已经简要介绍了新课程诞生的背景，本节再从世界课程发展的趋势、儿童身心发展的特点、综合课程的特性和功能分析德育—社会类课程综合化的必要性，在此基础上，阐述综合化的实现方式。

一、为何要综合？

1. 课程综合化的世界趋势

关于课程综合化的主张和实践大约出现于18世纪。19末至20世纪初，欧美各国以及日本等国倡导“新教育”的教育改革家们第一次将课程综合化运动推向了高潮。他们从儿童的切身经验或乡土生活出发，编制出使学科知识统一于儿童活动之中的综合性课程。杜威的实用主义哲学为这种课程综合化提供了主要的理论支撑。50年代后期，在“回到基础”的口号下，建立在经验主义基础上的综合课程被学科主义课程取代。

但是70年代以后，综合课程又以新的姿态出现在学校课程中。并且，国际教育组织和各国政府将课程综合化作为一项教育改革的政策，写入教育文件。

仅在1970年，世界教科文组织就至少有三次重要的专门会议讨论学科的融合问题；70年代初，教科文组织开展了一些综合科学项目的研究；《教育展望》杂志在80年代前后发表了数篇关于这一论题的研究论文。国际教育大会在80年代以后连续对课程综合化问题展开了讨论。

在日本，文部省于1976年指定若干中小学开始综合学习的实验研究。1989年的课程标准废除了小学低年级的理科和社会科，代之以更综合的“生活科”。1996年中央教育审议会提交的教育改革咨询报告进一步将实施综合性学习作为培养“生存力”的一项重要措施，并于1998年发布新课程标准，宣布自2002年开始在小学三年级至高中三年级平均每周开设2课时的“综合学习时间”。“综合学习时间”的学习内容包括：国际理解教育、信息教育、环境教育和人权福利等现代社会课题以及学生感兴趣的、学校和地区社会的课题。小学低年级则继续开设生活科。随后中国台湾也借鉴日本的“生活科”，于21世纪初在小学一、二年级开设生活科。

美国自1916年就首创了综合历史、地理、经济、政治、法律、文化等多领域的社会科(Social Studies)，之后加拿大、日本、韩国、新加坡、澳大利亚等很多国家仿效开设社会科。20世纪70年代至90年代美国又相继出现了STS(科学—技术—社会)、“全语言”(Whole Language)等综合课程。德国是开设综合课程的先驱，很早就设有综合性的乡土科，之后又发展为“事实科”，以生物、地理、历史、物理、化学为核心领域，同时包括技术教育、性教育、交通教育等在内的统合学科。在英格兰，2010年起“个人、社会与健康教育(PSHE)”成为英格兰所有中小学的必修课。到2010年，英格兰所有中小学生，都将接受高质量的健康生活方式教育，内容从急救措施、个人理财、性关系到预防毒品无所不包。

国内自90年代初掀起了综合课程的研究热潮，上海市和浙江省率先于全国开始了综合课程的实验。

对于80年代后掀起课程综合化浪潮的缘由,国内外学者做出了各种解释,综合起来可以概括如下几点:

(1) 环境、人际关系、医学伦理等新出现的社会问题难以依靠单一学科解决,为解决这些新的社会问题,学术界已经产生了诸多跨学科的新领域和跨学科研究组织。人们认为这些跨学科领域的研究成果和研究方法也应该引入中小学课程,以培养学生综合运用知识的能力,更好地适应社会,并参与解决社会问题。

(2) 脑科学、学习科学研究成果揭示,在某种关联中进行知识或信息的处理和整合更适合脑的运作和知识的建构。

(3) 信息技术的发展和互联网的普及使海量信息的存取处理变得更加容易,这使人们难以分辨或决定某个信息究竟属于哪一门被分化了的学科。信息的分类变得多样化,突破了原来的学科划分。

(4) 企业界越来越青睐于复合型人才,更支持应用知识的学习和培养解决问题能力的学习,反对单纯记忆和积累知识的学习。

(5) 学校希望学生的学习内容越来越多,科目也不断增加,增加了学生的学习负担。课程综合化是精简课程并将相关科目的内容联系起来的有效方法。

2. 小学生心智发展的特点

世界上许多国家的小学课程都有鲜明的综合性,日本和韩国在低年级开设生活科,德国小学开设含"社会"、"自然"、"生活"三个领域的事实科或乡土科,美国和加拿大等诸多国家的小学社会科都比中学的社会科更具有综合性。而事实科和社会科中都包含了道德教育的内容。

小学课程的综合化符合小学生的认知、行为、情感等各方面的发展特点。根据皮亚杰的儿童发展阶段的理论,六到八岁的学生处于"前运算阶段"向"具体运算阶段"过渡时期,此时儿童开始出现了逻辑思维和零散的可逆运算,但一般只能对具体事物或形象进行运算,对事物的认识仍然要通过具体的活动。而学生可感知的具体事物或具体形象必然是综合的,而不能是分化为有关伦理道德的事物或形象、有关历史的事物或形象、有关地理的事物或形象、有关经济的事物或形象,或有关物理的事物或形象。具体的活动也必然是儿童与综合了生活各方面要素的环境进行的交互作用。

同时,小学低年段是儿童从幼儿生活迈向小学生生活的过渡期,这个过渡期的学习方式应与幼儿园的生活相衔接,要适当地延续幼儿园的学习方式。幼儿园多以游戏为基本活动形式,而游戏活动综合了社会、科学、艺术和品德教育的目标和内容,体现了完整的生活。小学开设的品德与生活课融合了品德教育、科学教育、社会常识教育和生活劳动教育,可以开展儿童喜欢的游戏活动,让他们以自己熟悉的方式学习,以自己的兴趣爱好、问题困惑为学习内容,"这将帮助儿童更快、更顺利地完成从幼儿园到小学的阶段性过渡,逐步适应并喜欢学校生活,从而向热爱生活的目标迈进"①。具体来说,开设品德与生活课程对低年级学生的发展具有四点有利之处:

---

① 义务教育品德与生活课程标准(2011年版)解读[M].北京:高等教育出版社,2012:18.

有利于开辟更多的儿童自主参与自身生活、对自己的生活进行整理、反思和拓展的途径;有利于儿童获得多方面的新鲜活泼的直接经验和体验,发展解决实际问题的能力;有利于更多地发现和利用潜伏在儿童生活中的、对其现实和未来的发展均有重要意义的教育资源;有利于把学科课程中不便大量使用的教育手段、方法、形式等,特别是儿童的游戏活动等,充分地利用起来。①

3. 德育生活化对课程形态的诉求

前文已经阐明德育生活化的必要性,德育生活化必然要求德育课程的综合化,因为生活是一个整体,德育课程的综合化是实现德育生活化的前提,是开展生活德育必然的课程形态。正如《品德与生活课程标准解读》所阐述的:

小到家务劳动和柴米油盐,大到保护环境与建楼开矿,几乎没有哪一件事情是可以从始至终由一个人独立解决的,都需要与他人和社会的密切合作,而且涉及的知识、能力也是多领域、多学科的。只有在这种真实的、复杂的生活问题解决中,个体才能培养起生命健康意识、环境保护意识、团队协作意识、责任权利意识,进而养成良好的生活态度、思维方式与行为习惯。生活本身内容的整体性、综合性要求我们的学校德育必须以生活为基础,参照生活的特性,从综合性的问题情境创设出发引导儿童发展品德。②

如前所述,真实的生活是复杂的,包含各种矛盾和冲突,人在成长过程中会遇到很多道德难题,而人的成长、人生的价值以及幸福的生活就是在解决各种难题、战胜各种困难的过程中实现的。在这些过程中,人要面临各种道德判断和行为选择,而正确的道德判断和行为选择建立在对社会事物的准确把握之基础上。这就需要拥有对事物间错综复杂的关系、事件发生的缘由和发展趋势——具体情境——有充分的认知和辨识能力,还要对道德原则在具体情境中的意义和运用方式形成合乎逻辑的理解。也就是说要具有道德理性。道德理性与道德情感一样是品德形成的基础。

中西方思想界自古以来在道德以情感为基础还是以理性为基础这一问题上存在争议,但是在西方思想界,“道德基于理性正是西方思想界自苏格拉底一直到黑格尔的主流性看法”③。休谟是西方思想家中强调情感作用的著名代表,他认为“理性”不足以独立地产生任何道德谴责或道德赞同,因而理性本身并不提供任何足以使人行动的理由。但是休谟又承认:“在判断品质或行为的有害的或有用的倾向方面,一种充分指导我们的‘非常确切的判断力’毫无疑问常常是必不可少的。”④

在中国,自古以来思想家们多强调道德情感的培养,忽视理性精神。但是也有朱熹等思想家重视对道德之理的认知。而当代伦理学家和道德教育学家更是针对道德理性

① 义务教育品德与生活课程标准(2011年版)解读[M].北京:高等教育出版社,2012:18.
② 义务教育品德与生活课程标准(2011年版)解读[M].北京:高等教育出版社.2012:19.
③ 张曙光.个体生命与现代历史[M].济南:山东人民出版社,2007:165.
④ 西季威克.伦理学史纲[M].南京:江苏人民出版社,2008:177.

培育不足的问题,倡导加强道德理性的培育。如张曙光就明确指出:“当代中国社会的道德重建应当从培植、拓展理性入手。”①

一个人缺乏对社会生活的足够认知和对道德原则的充分理解,缺乏辨识真假、是非和善恶的能力,就无法根据具体的情境做出正确的道德判断和行为选择。避免这种情况的发生,就有必要学习反映有关社会生活的历史、地理、政治、经济、文化等等方面的知识,以及探究和认识社会的方法。而品德课与社会课的整合为发展学生对社会生活的认知和社会探究能力、培养其道德理性提供了可能。同时,社会知识和社会探究方法因与道德判断、与行为选择能力以及与情感态度价值观的培养建立联系,从而具有了丰富的价值意义。借助于生活化的综合课程,道德情感和道德理性才有可能相互促进,和谐发展。

文献摘录

道德理性论

- 亚里士多德:“美德与罗格斯是相连的。”(西季威克.伦理学史纲.[M].熊敏,译.南京:江苏人民出版社,2008:29)
- 霍尔、戴维斯:道德教育方面所需要做的事情是,教会青年人和我们自己比较仔细地思考道德难题直到得出结论。(霍尔,戴维斯.道德教育的理论与实践[M].陆有铨,魏贤超,译.杭州:浙江教育出版社,2000:39)
- 彼得斯:我是一个坚定支持理智地掌握并且明智地运用道德准则的人。(彼得斯.道德发展与道德教育[M].邬冬星,译.杭州:浙江教育出版社,2000:46)
- 鲁洁、王逢贤:人的道德行为不是人的本能性的适应活动,他必须以一定道德认识为基础。(鲁洁,王逢贤.德育新论[M].南京:江苏教育出版社,2000:94)

二、综合的涵义

1. 综合的范围

一门课程包含哪些领域,综合程度有多广,不仅取决于课程性质、理念和目标,也取决于整个学校课程的结构和科目分类,取决于它在学校课程中的位置,以及与上下年段课程之间的关系。即便是综合课程,也并非无所不包。比如,国家课程方案决定小学低年级开设品德与生活课程,而不开设科学课程,这就意味品德与生活课程必须担负科学教育的任务。新课程实施若干年之后,又有科学教育专家呼吁从低年级开始加强科学教育,于是新课程实施若干年后,小学低年级又出现了科学课程,与品德与生活课程并立。这样,品德与生活课程必然要减少科学教育方面的内容,否则将与科学课程在内容上产生重叠。品德与生活课程关涉人与自然的关系,必然包含有关自然的探究和学习

① 张曙光.个体生命与现代历史[M].济南:山东人民出版社,2007:165.

内容，并且它依然也可以担负科学教育的任务，但既然课程中另外存在一门科学课程，那么在进行科学教育时它与科学课程相就要有不同的侧重点，即它更多地关注人与自然的关系，即自然对人生活的影响，以及人的行为和整个生活方式对自然的影响，并根据对这种关系的理解，思考人与自然和谐相处的行为和生活方式，更多地从人文角度探究自然现象。而有关自然现象的本质、自然科学各领域对自然的探索成果，即自然科学知识和自然探究方法等，就不是品德与生活课程的主要学习内容。品德与生活课的教学要运用科学课的教学成果开展，并加深理解科学课上所学的知识所具有的价值意义，促进科学知识在社会生活中的正确运用。

因此，我们在谈论品德与社会(生活)课程的综合范围和综合程度时，要兼顾它与其他课程的关系，要站在整个基础教育的层面去思考本课程特有的课程价值、所应担负和能够担负的教育使命。否则课程的外延过大，就会失去课程自身的特色，弱化其独特的教育功能。从课程标准的以下规定，我们可了解两门课程包含的基本内容。

【品德与生活课程】

综合性的基本含义是：

课程设计体现儿童与自然、儿童与社会、儿童与自我的内在整合；

课程内容体现品德教育和生活教育有机融合；

教学活动体现儿童的生活体验与道德体验，知识学习与社会参与、问题探究等彼此渗透、相互促进，实现生活、教学、发展的三位一体。

根据上述基本含义，“品生”课程标准设计了四个学习领域：健康、安全地生活，愉快、积极地生活，负责任、有爱心地生活，动手动脑、有创意地生活。这四方面内容中均融贯穿儿童与自我、儿童与社会、儿童与自然三条轴线，融入品德教育和生活教育。

【品德与社会课程】

综合性的基本含义是：

课程设计体现社会环境、社会活动和社会关系的内在整合；

课程内容有机融合品德和规则教育，爱国主义、集体主义和社会主义教育，历史与文化、国情教育，地理和环境教育，生命与安全教育，民族团结教育等；

教学活动体现学生生活经验、知识学习与社会参与的彼此渗透、相互促进，从多角度、多层面引导学生去理解、认识自我、他人和社会，以此为基础形成基本的道德品质。

根据上述基本含义，“品社”课程标准设计了六个学习领域：我的健康成长、我的家庭生活、我们的学校生活、我们的社区生活、我们的国家、我们共同的世界。这六个学习领域要贯穿社会环境、社会活动和社会关系这三个社会生活的要素，并融入品德和规则教育，爱国主义、集体主义和社会主义教育，历史与文化、国情教育，地理和环境教育，生命与安全教育，民族团结教育。

“品生”、“品社”两门课程所涉及的内容有诸多相同之处。首先,两者都以品德教育为核心,因此,“品生”课程标准虽然没有明确品德教育具体指什么,但从其四个内容领域的条目来看,与“品社”非常接近,同样包含品德和规则教育,爱国主义、集体主义和社会主义教育,历史与文化、地理和环境教育,生命与安全教育。其次,都涉及自我、家庭生活、学校生活、社区生活等社会生活,以及关于祖国的内容。也就是说,这两门课程的内容以社会生活为主,与历史学、地理学、伦理学、政治学、经济学、法学、社会学、文化学和哲学等人文和社会科学的研究领域相关联。这是这两门课程有别于其他课程的共同特点。此外,探究和参与社会生活的方法和技能,例如运用地图、图表、年表(时间表)等认知工具来探究社会现象及表达自己探究结果的方法和技能、与人交流和沟通的方法和技能等等,也是这两门课程必含内容。

图 2-1

品德与生活课程、品德与社会课程与相关课程的关系(根据2011年课程标准)

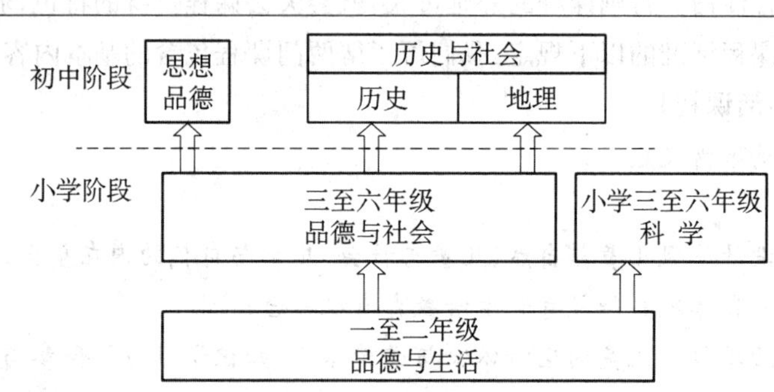

两门课程的不同之处在于,涉及上述内容时,内容量、深浅度和侧重面有所不同。这是由于两门课程面向的年段不同,而且“品生”强调“生活”,“品社”强调“社会”,“品生”上接“科学”,“品社”上接初中的“思想品德”、“历史”和“地理”(或“历史与社会”)。因此,“品社”比“品生”在历史与文化教育、地理和环境教育方面有更多、更深、更广的内容,爱国主义和社会主义教育的内容也占有更多分量。比如,在历史和文化教育方面,“品生”重在儿童的自我成长史,略涉及学校和社区的历史与文化传统;“品社”则重点学习地域、中国的历史和文化传统。但两门课程要保持相互衔接、螺旋上升的逻辑关系。此外,品生课程还有一些观察、探究自然的学习内容,以及设计与制作小物品(玩具、礼物、道具、模型等)之类的学习活动,而这这些内容在品社课程中是没有的。

课程标准虽然表明了课程内容的大致范围、领域(主题)、要素等,但是从课程标准设计的内容到教科书要呈现的具体内容,再到课堂中学生需要学习的内容,还需要教科书编写者和教师解决很多问题,进行富有创意的设计和编排。虽然,“品生”、“品社”两门课程不依某一门学科的逻辑体系设计课程,但是每个领域的知识都有其自身的逻辑,存在上位概念和下位概念,一些知识、方法和技能的学习需建立在另一些知识、方法和技能的学习之后。因此哪个年级、哪个单元主题应学习哪些知识、方法和技能,不仅要考虑学生的需要,还要根据单元主题或生活课题所涉及的相关现象和知识,把有关联的内容纳入学习内容中。如何兼顾单元主题、学生发展水平以及知识自身的逻辑来编排每个年级、单元和课节的内容,是教材编写者和教师要挑战的问题。

2. 综合的原则

(1) 以生活课题取代德目作为单元主题整合知识、能力与情感态度

道德观念和道德判断能力的形成基于对社会事实的准确把握，而正确把握社会事实，必然要学习反映和解释社会生活的历史、地理、政治、经济、文化等等方面的知识，以及探究和认识社会的方法和技能。反过来说，学习上述知识，把握社会事实的目的归根结底是为了形成正确的道德观念和道德判断能力，否则知识的学习就没有意义。

如前文所言，道德观念和道德判断力不能离开真实的生活情境来培养，离开生活，德育就变得苍白无力。“生活为儿童的德性成长开出了一个巨大的空间，只有在生活里，儿童的道德体验才是最鲜活的、最有生命力的、最能打动人心的，而这样的生活，应是一种真实的儿童生活，是一种经验和体验的生活。”①真实的生活世界是复杂的，充满矛盾冲突，存在各种难题需要每一个人去解决，人只有直面生活的复杂性，应用所学的各种知识和方法积极地解决难题，其道德观念、道德判断能力和社会实践能力才能得以发展。

因此，“品生”、“品社”课程不可能像以往的思想品德课那样，以若干德目作为单元主题来组织学习内容，而是要选择典型的社会生活事件或问题，作为单元的主题，而这些事件或问题应内含必要的道德观念。以“诚信”为例，“诚信”这一道德观念离开了具体的情境，就缺乏具体意义。而涉及“诚信”的生活情境又是多样的，家庭生活需要诚信，学校生活、社会公共生活都要讲诚信，表现诚信的具体行为方式依不同情境而不同的。那么，什么样的情境需要讲诚信？怎样的行为是诚信的？在周围人都不讲诚信的环境里，自己应该怎么办？如何构建诚信社会？这些绝对不是通过一个以“诚信”为主题的单元学习可以让学生把握的。此外，社会生活的复杂性还表现为，多数社会生活问题无法从一个角度去分析其产生的原因，无法依靠一种方法得以解决，任何社会问题都不仅仅是道德问题。诸如同学关系、食品安全、维护知识产权等问题与“诚信”都有关联，但又不仅是靠“诚信”就能够解决问题的。不过，“诚信”本身的意义却可以通过对这些问题的多角度探索，变得越来越清晰。

再如，看地图和画地图是一个人认识和参与社会所必需的技能，而地图知识比较复杂，学会看地图和用地图需要花一定时间进行系统训练。单纯的地图知识和技能的学习会令学生感到枯燥乏味，感受不到学习的意义。如果将地图的学习与生活问题、生活事件结合起来，就会使地图知识和技能的学习变得有意义、有趣味。比如，低年级开展一个请同学来我家(或，去同学家做客)的活动，学生自然需要用到地图，这时学画简易的路线图、学看路线图，就变成很自然的学习活动。地图学习与“邀请”和“访问”这种人际交往活动有机结合，画地图和看地图就成为有意义的社会性活动。到中年级，需要学习更复杂一点的地图，如果开展一个“夸夸家乡”或“为家乡当导游”、“我为家乡代言”的活动，那么就可以指导学生学看家乡地图、学绘家乡名胜和物产分布图，地图学习与家

① 义务教育品德与社会课程标准(2011年版)解读[M].北京:高等教育出版社,2012:86.

乡的自然、文化、产业相结合,成为一个培育乡土归属感、表达表现爱乡之情的学习活动。

以往德目主义的思想品德教材,也常常运用具体的事例阐述某种道德观念,但是事例总是表现简单的社会关系,回避生活的复杂性,致使德育缺乏说服力和有效性。而以往的社会教材对有关社会知识的德育价值又挖掘不深,尤其是历史和地理知识往往仅体现爱国主义教育的价值。新教材和教学的改革之处就是,要通过具体、细致地展现儿童自身生活、社会生活中发生的事件、出现的问题,以及人们解决问题、创造生活的过程和方法,揭示某种道理,形成儿童正确的道德价值观念,同时发展他们综合运用各方面知识解决问题的能力。其实,任何社会现象、任何反映社会生活的知识都内含丰富的德育价值,需要教材编写者和教师去挖掘。

(2) 综合应作为手段和方法而不能作为目的

教学的时间是有限的,从有限的教学时间来看,要在每一单元、每一课、每一份学习材料都综合多个领域、多个要素,是不可能也是不可取的,否则会出现前后内容的重复,或后学内容比先学内容浅,或因希望能够面面俱到而泛泛而谈、不得要领等。能否把某一领域的知识综合到某一教学单元中,关键取决于这样做是否有意义。只有当各领域知识综合在一起后,使学生更易于理解社会现象、更易帮助他们解决问题,促进他们的学习和发展,这才是有意义的综合。

比如,在高年级有关祖国的教学内容中,因有关祖国的历史、地理方面的知识相对比较复杂、内容比较丰富,因此所占教材篇幅和教学时间比较多,这就会造成一个单元甚至一课时内历史或地理方面的要素比较多,而道德和法制教育、心理健康教育方面的要素比较少。如果各方面的内容要素和教育目标都要包含进去,必然如蜻蜓点水,流于表面,甚至还会牵强附会,削弱了学生对祖国历史和地理状况的认知,进而也影响国家认同感的建立。

综合归根结底是手段而非目的,我们不必追求每个单元、甚至每一课都包罗万象。每一课、每个单元都应围绕共同的主题从不同角度展现社会生活,构成一个内部相互联系的单元。因此,对于具体的某一节课,我们不能要求它具有很强的综合性,而是要看它与前后课是否相互联系,构成一个现象或事物的不同角度、不同侧面。

(3) 知识间的联系必须是自然的

综合不是单纯指将被分割的东西拼凑在一起,不是简单地把各领域知识聚合起来,或在同一个主题下包容所有领域的知识。综合课程其实是指把本来具有内在联系而又人为地被割裂的内容重新整合为一体。这种内在联系是自然的和真实的,而非人为的和勉强的。因此,综合的主旨与其说是建立联系不如说是发现联系,它要求教师不仅要发现不同领域知识所具有的内在关联性或共性,而且还应帮助学生去发现、建构知识间的内在逻辑关系。如果学生没有发现或认识到这种关联,只是被动地接受教师建立的知识关联,那么这种关联对学生来说是勉强的、非自然的。牵强附会的联系只能使课程变成一个大杂烩。为了帮助学生发现、建构知识之间的关联,教师自然要先梳理清楚知识间的关联,然后要设计引导学生思考和探究的问题、包含问题的情境,并在情境中嵌入相关的知识,为学生提供解决问题的认知工具和线索,引导学生借助教师提供的认知工具尝试分析、解决问题，在解决问题的过程中，建构知识间的联系。

"生活化"和"综合化"是相通的概念，生活化的教材必然是综合的，综合化的教材必然是基于生活的，而实现生活化和综合化的关键在于教学材料和教学过程所呈现或揭示的社会现象是真实、生动和具体的，这种真实性、生动性和具体性只有通过在逼真的情境中的活动和实践中才能加以体现。

【本章小结】

- 品德与社会(生活)课程在基础教育课程中拥有其他课程不能取代的价值和地位，其价值和地位是由其独特的课程性质、理念、目标决定的，突出体现在"以品德形成为核心"、"以学生生活为基础"、"高度综合化"这三点上。
- 品德与社会课程是一门以品德形成为核心的德育专门课程，品德形成重在"学会做人"，此"人"是人性丰富而生动的人，是具有独立个性的人。既具有爱心、责任心、良好行为习惯和个性品质，又热爱生活，乐于探究和创造，能够参与社会和适应社会的人。
- 品德形成是品德与社会(生活)课程最重要的目标，但不是唯一目标，是品德形成寓以社会性发展之中。品德与社会课程不仅仅是一门德育课程，也是一门实施公民教育的课程，除了要培养公民的德性，还要培养公民的知性，即培养德性和知性统一的智慧公民。
- 课程以学生(儿童)生活为基础，是品德与社会(生活)课程的另一个特性。学生(儿童)对生活拥有自己的经验和认识，他们的生活有其自身的价值。他们只有通过积极地与真实的生活环境相互作用，才能建构有助于其解决问题的认识(知识)。
- 强调课程要以学生生活为基础，尊重学生生活的价值，并不等于说课程是学生生活的翻版。课程要尊重儿童的经验和需要，但绝不是对儿童听之任之。体现课程以生活为基础并高于学生生活的方式是，教学从儿童生活经验出发，并直面生活中的矛盾冲突，同时精选和开发有价值的教学主题和教学材料，开展多样而有深度的活动和实践。
- 综合性是品德与社会(生活)课程的另一个重要特性。品德课与原本就综合的社会课进一步整合为高度综合化的课程，符合了课程发展综合化的世界趋势、小学生心智发展的特点，也是德育生活化对课程形态的诉求。
- 一个人缺乏对社会生活的足够认知，对道德原则的充分理解，以及辨识真假、是非和善恶的能力，就不能根据具体的情境做出正确的道德判断和行为选择。避免这种情况的发生，就有必要学习反映有关社会生活的历史、地理、政治、经济、文化等等方面的知识，以及探究和认识社会的方法。而品德课与社会课的整合为发展学生对社会生活的认知和社会探究能力、培养其道德理性提供了可能。同时，社会知识和社会探究方法因与道德判断与行为选择能力以及与情感态度价值观的培养建立联系而具有了丰富的价值意义。借助于生活化的综合课程，道德情感和道德理性才有可能相互促进,和谐发展。

- 哪个年级、哪个单元主题应学习哪些知识、方法和技能,不仅要考虑学生的需要,还要根据单元主题或生活课题所涉及的相关现象和知识,把有关联的内容纳入学习内容中。品德与社会(生活)课程的综合化依据三个原则:以生活课题取代德目作为单元主题整合知识、能力与情感态度,综合应作为手段和方法而不能作为目的,知识间的联系必须是自然的。

【思考与练习】

1. 为什么说品德与社会(生活)课程在学校课程中有其独特的价值和地位,你认为其价值体现在哪些方面?

2. 品德与社会课程的目标中"培养学生的良好品德"与"促进学生社会性发展"是什么关系?从其课程性质和课程目标中可以看出品德与社会课程与以往的德育课程有什么显著差别?

3. 课程为什么要以生活为基础?如何体现品德与社会(生活)课程的生活性?

4. 品德与社会(生活)课程的综合化应遵循什么原则?

【主要参考文献】

1. 约翰·杜威. 学校与社会·明日之学校[M]. 赵祥麟,等,译. 北京:人民教育出版社,2005.
2. 约翰·杜威. 我们怎样思维·经验与教育[M]. 姜文闵,译. 北京:人民教育出版社,2005.
3. 柯尔伯格. 道德发展心理学——道德发展的本质与确证[M]. 郭本禹,译. 上海:华东师范大学出版社,2004.
4. 西季威克. 伦理学史纲[M]. 熊敏,译. 南京:江苏人民出版社,2008.
5. 霍尔,戴维斯. 道德教育的理论与实践[M]. 陆有铨,魏贤超,译. 杭州:浙江教育出版社,2000.
6. 彼得斯. 道德发展与道德教育[M]. 邬冬星,译. 杭州:浙江教育出版社,2000:46.
7. 檀传宝. 学校道德教育原理[M]. 北京:教育科学出版社,2000:176.
8. 鲁洁,王逢贤. 德育新论[M]. 南京:江苏教育出版社,2000.
9. 莱斯利·P·斯特弗,杰里·盖尔. 教育中的建构主义[M]. 高文,等,译. 上海:华东师范大学出版社,2002.
10. 李伯黍. 品德心理研究[M]. 上海:华东化工学院出版社,1992.
11. 张曙光. 个体生命与现代历史[M]. 济南:山东人民出版社,2007.
12. 高文. 教学模式论[M]. 上海:上海教育出版社,2002.
13. 义务教育品德与生活课程标准(2011 年版)解读[M]. 北京:高等教育出版社,2012.
14. 鲁洁. 品德与生活、品德与社会课程标准研制的基本思想[J]. 人民教育,2002

（增刊）.

15. 李萍，钟明华. 公民教育——传统德育的历史性转型[J]. 教育研究，2002(9).
16. 王颖. 当代中国公民教育的历史性复兴和现实反思[J]. 教育理论与实践，2003(3).
17. 郑航. 和谐社会的“好生活”与道德理性的生长[J]. 华东师范大学学报：教育科学版，2006(6).

第三章

同类课程的国际经验

本章介绍了世界其他国家小学课程中与我国品德与社会(生活)课程相近的课程,这些课程在不同国家有不同名称,其中社会科是在世界各国普遍开设的综合课程。在培养公民素养这一基本目标以及课程内容包含历史、地理、政治、经济等社会科学和人文科学诸领域的知识和方法等方面,我国的品德与社会(生活)课程与国外的社会科有相同之处。这种相同使我们有可能借鉴国外社会科的长处。

本章展现了我国和国外同类课程在课程定位、内容构建和能力指标上的差异,你可以从中了解国外社会科是如何重视历史、地理、政治、经济、社会学等人文社会学科各个领域的知识和方法的,重新认识这些领域的知识和方法对于公民素质的形成所具有的意义;还可以从国外社会科基于主题轴的内容架构、螺旋上升的内容梯度以及清晰的能力指标中发现我国品德与社会(生活)课程需要进一步完善的方向。

【本章将阐明的问题】

- 国际上与我国品德与社会(生活)课程在课程性质、任务和内容上相类似的课程(学科)有哪些?是怎样开设的?
- 美国、日本和新加坡的社会科在目标、课程构架、能力指标的建构上,有哪些值得我们借鉴的地方?

【关键概念】

社会科　公民科　公民与道德　美国　日本　新加坡

从德育的角度看,世界各国实施道德教育的方式大致有以下五种,有些国家同时拥有两三种方式。

(1) 开设专门的道德学科实施道德教育,如日本、韩国、新加坡设有道德科;美国、英国设有非必修的德育课程;(2)通过学校或校外的宗教活动实施道德教育,如英国、法国、德国等西欧国家;(3)通过公民科(不含历史、地理领域)实施道德教育,如新加坡、法国、英国等;(4)通过社会科实施道德教育,如美国、加拿大、德国、日本、韩国等;(5)通过其他综合性课程实施道德教育,如日本和中国台湾在低年级开设生活科,英国开设特别课程"道德·社会·健康",德国部分州开设乡土科、事实科等。①

如第二章所言,我国的品德与社会(生活)课程虽然以品德形成为核心,但它不仅仅是一门德育课程,还富有促进学生社会性发展,担负历史和文化教育、地理和环境教育,以及发展探究能力、创新意识和实践能力等功能。因此这门课程与国外的社会科更接近。所不同的是,我国以品德形成为核心,而其他国家仅把道德教育作为社会科的任务之一,历史教育和地理教育占有相当大的分量。中国大陆的品德与生活课程则与日本、中国台湾的生活科比较接近,但日本和中国台湾也未把德育作为课程的核心。日本、韩国、新加坡以及上世纪的中国台湾,都在社会科之外开设一门道德专门科目,以弥补社会科实施道德教育的不足。

社会科(生活科)和道德科比其他课程更易受国家的政治制度、意识形态、文化传统的影响而产生很多差异,但是在培养儿童品德、促进他们的社会性发展方面,人类应该有共同的追求。国外的经验可以为我们改进课程提供借鉴。本章将根据能收集到的资料,选择几个有特色、有典型意义的国家,对与品德与社会课程类似的国外社会科和道德科(下文概称"社会—道德课程")等进行介绍和评析。

① 对于 Social Studies,国内有各种译法,如社会科、社会课、社会研究、社会学习。本文使用"社会科",但在直接引用文献时,遇到该词就尊重原译者的译法。

第一节 社会—德育课程在学校课程中的定位

一、社会—德育课程的开设情况

社会科有狭义和广义之分。狭义的社会科仅指以"社会"为名的综合性学科(课程),有时与道德、公民或与历史、地理等学科并行开设。广义上,凡是以历史、地理、政治、经济、公民、道德为名的学科(课程),即学习和探究人类社会生活的学科(课程),无论综合还是分科,都统称为社会科(Social Studies)。这就如同物理、化学、科学等学科被统称为理科一样。除英法等欧洲国家外,小学阶段的社会科大都是综合型的。

社会科的综合性包含三个层面:一是整合了历史、地理、社会学、政治学、经济学等社会科学和人文科学诸领域的知识和方法。二是整合了历史教育、地理教育、政治教育、公民教育、价值观教育、品格教育、环境教育、人权教育、国际理解教育等多个教育领域,三是整合了认知、态度和价值观、社会实践能力等方面的学习。

世界上大多数国家和地区都在小学开设综合社会科。虽然英国在国家课程中未确立开设综合社会课程,只列有历史、地理学科,但是英国实行地方分权制,国家课程并不限定学校必须按照国家课程开设学科,实际上相当多学校开设社会或人文方面的综合课程。

● 美国

社会科是美国小学的核心课程之一,与语言、数学、科学等课程并重,自幼儿班开始开设,直至高中全部年级。小学阶段社会科的综合范围比较广泛,综合程度较高,因此内容量也相当庞大。1994年颁布的《美国国家社会科课程标准:卓越的期望》将社会科的性质定义为"关于社会科学和人文科学的综合学科","由多种地位同等的而且自成体系的学科领域所组成,这些领域来自于人类学、考古学、经济学、地理学、历史学、法学、哲学、政治学、心理学、宗教学和社会学等学科领域,并提供取自于人文科学、数学和自然科学的适当的内容"①。也就是说,"任何一个科目的内容只要符合下面的两个要求,就可以吸收到学校的社会课中来:(1)关注人类经验,(2)帮助学生成为合格的公民和更好的决策者"②。关于美国社会科的任务或者说目标,包括了公民教育、历史与社会科学教育、反思与问题解决教育三个方面。

在美国,长期以来,"教授价值观和道德观念是一个有争议的领域。"很多人认为价值观是私人化的领域,不属于公立学校的正统领域。而且,如果教授价值观和道德观的话,有人会质疑所教的"是谁的价值观和谁的道德观念"。然而,20世纪90年代后半期所发生的一系列校园暴力事件震惊了全美。很多人认为暴力事件的上升是年轻人缺乏价值观和道德感所造成的,由此,"人们要求制订一个针对这些问题的计划,这些计划中的很大一部分被称为人格教育"。受此影响,1996年,美国社会科教育学会专门成立了

---

① National Council For Tle Sucial. Cuwiculum Standards For Socoal Studies: Expeetatoons of Excellena. 1994:3

② Tom V. Savage, David G. Armstrong. 小学社会科的有效教学[M]. 廖珊,罗静,译. 北京:中国轻工业出版社,2003:7.

一个有关社会科中如何开展人格教育的特别委员会，该委员会发表了一份题为“培养公民美德——社会课中的人格教育”的报告，“详述了公民应具有生存、自由、平等、诚实、追求幸福、促进公共利益等基本价值观，并要求重新委托社会课教师向学生讲授个性和公民美德方面的知识”①。此后，美国社会科开始重视价值观、道德观念和亲社会行为的培养。

社会科之外，20 世纪 70 年代，美国品德教育学院研制了一套道德教育课程，在历时 10 年的实验之后，于 1986 年正式使用。至 1990 年，美国许多公立学校开设了此类课程。一般每周一至二节。②

- **日本**

日本社会科诞生于 1947 年，建立之初深受美国社会科的影响，取代了原来具有浓厚军国主义色彩的修身、地理、历史三门学科，自小学一年级开设，直至高中全部年级，小学社会科每周 3 课时。直至 1950 年代中期，社会科因倡导儿童中心主义、综合性学习和问题解决学习，以及着力培育热爱和平的民主主义思想，而成为战后新教育的引领性课程，被许多地区和学校作为课程的核心。1947 年颁布的第一个社会科教学大纲指出，社会科的任务是“培养青少年理解社会生活，为社会的发展作出贡献的态度和能力”。那么，打开儿童认识社会的眼界的第一步就是要展现现实生活中的各种相互依存关系和各种基于人性化生活需求的社会功能。具体地说，相互依存关系包括：(1)人与人的关系；(2)人与自然环境的关系；(3)人与社会制度及设施的关系。社会功能包括：(1)生命、财产及资源的保护；(2)生产、分配、消费；(3)运输、通信、交通、交际；(4)对审美的及宗教的需求的表现；(5)教育；(6)福利；(7)政治。

日本社会科教学大纲虽然历经多次修改，综合程度和课程的内容范畴应时代的变化而发生了变化，但是战后确立的社会科的任务和基本内容范畴一致延续至今。从上述界定中可以看到社会科所包含的学习领域涉及社会生活的方方面面，极其宽广。

生活科开设于 1989 年，取代了原小学一、二年级的社会科和理科，教学时担任班级全部学科教学的班主任会将生活科与其他学科融合起来开展教学。日本试图通过在小学低年级开设生活科（小学三年级以上开设“综合活动时间”），以改造小学教育。其课程特点是，创设适应社区环境和儿童实际情况的、有特色的学习活动，重视儿童和周围人们的交往，培养儿童对自己居住的社区的爱心，重视儿童的直接体验及表达表现体验的能力。

值得一提的是，20 世纪 50 年代后期，随着日本政治上的独立和经济的复苏，政治上的保守派和企业界开始强调爱国、忠诚、勤劳等方面的品德教育，他们认为社会科在这方面没能发挥作用，因此为了加强道德教育，自 50 年代中期日本中小学增设“道德时间”。小学教学大纲也对道德教育提出了具体目标和内容要求。道德教育内容涉及个人生活、自己与他人的关系、自己与自然和美好之物的关系、自己与集体和社会的关系。

---

① 此段文字中的几处皆引自：Tom V. Savage, David G. Armstrong. 小学社会科的有效教学[M]. 廖珊，罗静，译. 北京：中国轻工业出版社，2003：230. 另，人格教育，同“品格教育”，此处尊重原译者的翻译。

② 檀传宝. 学校道德教育原理[M]. 北京：教育科学出版社，2000：124.

教学大纲明确指出道德教育的目标,除了"道德时间"外,需要通过学校所有学科以及综合学习活动、课外活动的通力协作得以实现。随着校内暴力、问题学生的增多,以及日本保守势力对爱国心的强调,经过长时间的争议,2014 年日本政府正式宣布自 2015 年 4 月新学年开始,小学和初中开设正式的道德科,每周 1 课时。

- **法国和德国**

法国的"觉醒课程"和德国的"常识教学"则是整合社会与自然的综合范围更广的课程。1969 年开设的法国"觉醒课程"综合了多个学科领域和活动,如:道德—公民、历史—地理、观察(自然)、图画—手工、唱歌和其他教育活动。其目标领域从身体平衡、肌肉运动,到历史、地理的方法掌握,以及个人的社会性发展,涉及范围极其广泛。

70 年代出现的德国"常识教学"在不同州有不同内涵,但是基本上涉及物理、化学、生物、地理、历史、经济、家政、政治、社会(社会化、社会学习)等领域,包含了自然和技术方面的问题、现实社会的基本问题、儿童的社会生活问题。其综合程度在各州不一。

- **新加坡**

在新加坡,小学并设"社会"与"公民与道德"两门学科,因此,这两门学科的综合范围相比其他国家就比较小。1999 年新加坡小学社会科课程标准指出"社会科的内容整合了历史、地理和基本的经济学、社会学知识"。这里显然没有包括政治学知识,因为政治教育与道德教育、价值观教育整合到了公民与道德科中。

- **中国台湾与香港**

中国台湾的中小学也长期开设综合社会科和道德科。2000 年台湾"教育部"颁布的课程纲要(暂行),删除了道德科,用"社会领域"这一概念来统整生活、社会、历史、地理、道德等学科。小学一至二年级开设"生活",三至六年级开设综合社会。社会领域包含九个主题:人与时间;人与空间;演化与不变;意义与价值;自我、人际与群己;权力、规则与人权;生产、分配与消费;科学、技术与社会;全球关联。小学的综合社会围绕这九个主题编制课程。

在中国香港,根据 2002 年颁布的《基础教育课程指引》,小学设常识科,整合中学的"个人、社会及人文教育"、"科学教育"、"科技教育"三个学习领域的学习。小学一至二年级的课程以个人与社会教育为焦点,利用生活事件来学习品德及公民教育。三至六年级按照社会及人文教育领域的六个范畴设计和选择不同重点的主题,这六个范畴是:①个人与群性发展,②时间、延续与转变,③文化与承传,④地方与环境,⑤资源与经济活动,⑥社会体系与公民精神。

从世界各国和我国台湾、香港地区的社会—道德课程开设情况来看,小学大多开设综合性的社会科,只是在综合程度和综合方式各有所不同,在同一国家不同年段也有不同程度的综合,越到高年级,历史、地理等学科领域的分量就越重。其次,社会科都要承担道德教育的任务,但又难以完全担负道德教育的任务,因此有些国家在社会科之外另设道德科。社会科以什么原理或逻辑进行综合,怎样有机地处理公民教育、人文社会科学教育、道德和价值观教育之间的关系,是各国都在探索的课题。

二、社会—德育课程的目标

正如有学者所说的,“公民教育是社会课的灵魂”①。社会科脱胎于公民科,是近代工业化和民主政治发展的产物。不过,随着社会的发展变化,公民或公民素质的内涵也在发展,而由于每个国家的国情不同,各国社会科对公民应具有的素质的要求也有所差异。

美国国家社会科课程标准指出,“社会科教育的主要目标是,帮助年轻人提高这样一种能力:作为生存于文化多元的、民主的社会中的公民能在这个相互依存的世界中做出有利于公众利益的、有见地的、明智的抉择”②。

2008年日本颁布了现行的教学大纲。社会科教学大纲延续了1989年发布的教学大纲的目标:“理解社会生活,理解我国的国土和历史并有热爱之情,形成作为生存于国际社会中的和平、民主的国家和社会的建设者所必需的公民素质之基础。”

道德教育大纲则将道德教育的目标确定为:“根据教育基本法和学校教育法的基本精神,将尊重人和敬畏生命的思想落实到家庭、学校和社会各个层面的生活中,使儿童成为拥有丰富的心灵、重视传统和文化、热爱孕育传统和文化的祖国和乡土,并致力于创造个性丰富的文化,同时拥有公共意识、致力于民主社会和国家的发展、尊重其他国家、能为世界和平与环境保护做出贡献的、具有主体人格的日本人。”

新加坡在1999年颁布的小学社会科课程标准中为社会科确定如下目的和目标:“社会科的内容整合了历史、地理和基本的经济学、社会学知识,在小学课程中占有重要的地位。这门课程从很小的年纪开始培养小学生对社区和国家的归属感,对加强社会凝聚力的本能感。社会科课程标准旨在使学生对他们21世纪的社会生活能有一个更好的了解,这将帮助他们更有效地参与他们所生活的这个社会与环境。”

新加坡2007年颁布的公民与道德课程标准在前言中做了如下阐述:“公民与道德课程注重培养学生的品格,让学生学习与掌握能引导他们做出正确抉择的价值观,从而决定对自己、他人与环境所应采取的行为和态度”,“使他们成为正直、有爱心及负责任的个人和公民”。上述内容可以视为对这门课程的性质和目标的概括。

从上述各国的课程目标中可以看到,社会科和道德科所要培养的公民素养首先反映了该国社会发展的需要和文化传统的特点,体现其主流价值观。例如,上述美国社会科课程目标首先将公民定位于生存于文化多元的、民主的社会中的公民。“文化多元”和“民主”正反映了美国这个多民族国家所具有的文化多元的特点,以及美国所奉行的社会理想和主流价值观。此外,“有利于公众利益”、“有见地的、明智的抉择”等表述反映了美国对公民的价值观、认知和技能上的要求。一个人做决定首先要考虑是否有利于公众利益,这是民主主义价值观的反映。“有见地的、明智的抉择”与社会现象的理解力、洞察力、分析能力、判断能力和批判性思考能力等公民素养密切相关,从课程标准的导论和各年段内容标准中,我们可以看到美国社会科对这些素养的培养予以了特别的

① 高峡.小学社会课研究与实验[M].北京:北京师范大学出版社,2004:15.
② National Council For The Social Studies. Expectations of Excellence: Curriculum Standards for Social Studies. 1994:3.

重视。

日本小学社会科教学大纲将公民界定为“和平、民主的社会和国家的建设者”,而建设“和平”与“民主”的社会和国家,正是作为“二战”战败国的日本追求的社会理想。道德教育目标强调“重视传统和文化”和“热爱孕育传统文化的祖国和乡土”,这反映了日本政治上和教育上保守势力的抬头,以及对于年轻人忽视本土传统文化、爱国爱乡之情淡漠、缺乏民族自信而产生的危机感,它还是“文化强国”战略的一个表现。

新加坡的社会科、公民与道德科有一个共同的宗旨和目的,即培养国民的归属感和凝聚力。而归属感和凝聚力正是一个年轻的、由若干民族组成的国家迫切需要的。所不同的是,两门学科分担的任务有不同侧重,或者可以说两者以不同途径来实现上述宗旨和目的。社会科着重于让学生通过学习社区和国家的历史、地理、经济知识和社会发展特点等,来形成民族认同感和自豪感,明确自己对社区和国家的责任。而公民与道德科则通过价值观教育,培养学生的正直、有爱心及负责任的品格,以形成正确的态度和行为。

但是,各国的课程目标又反映了一些共性。首先是各国课程目标的落脚点在于形成公民素养——使学生认同社会主流的、普遍的道德价值观、理解公民的权利和义务,拥有履行公民权利和义务的能力和社会责任感,以及拥有决策能力、社会参与能力、批判性思维能力、问题解决能力。其次,反映了当今世界国与国、人与人之间更加相互依存的关系,美国的“在这个相互依存的世界中”、日本的“生存于国际社会中”等表述,都说明社会—德育课程所要培养的不只是本国的公民,同时也是地球村的公民。

三、社会科中的道德教育

公民素养自然包括公民的道德品质。美国学者汤姆·萨维奇、大卫·阿姆斯特朗在《小学社会课的有效教学》中指出:“在社会课中,关注的焦点是人。除非我们能考虑到人的价值观、信仰和道德观念,否则任何对人的理解都是不完整和曲解的。”例如,我们不能理解大多数历史和现今的事件,是因为我们不能了解其中一些人的价值观和信仰。社会课的一个重要任务就在于要将学生的注意力集中在人类行为的这些重要维度上。他们进而指出:“社会课的教师一方面要促进学生作为个体的发展;另一方面,要寻找某种核心的价值观,这种价值观代表着社会的一种凝聚力,从而将国家中的每一个人都团结在一起。概括来说,这些有助于我们的社会稳定和改良的行为被统称为亲社会行为。”①

1996 年,全美社会科协会下属人格教育特别委员会发表报告书《培养公民美德——社会科中的人格教育》,阐述了公民应具有生存、自由、平等、诚实、追求幸福、促进公共利益等基本价值观,要求社会课教师向学生讲授个性和公民美德方面的知识。这一报告的精神没有来得及在社会科的国家课程标准中反映,但是在各州的社会科课程标准中得到了体现。例如加利福尼亚州的历史与社会课程标准在知识与文化理解目标中关于“伦理素养”的培养提出了以下目标:“认识生命的神圣性和个人的尊严;理解

---

① Tom V. Savage, David G. Armstrong. 小学社会科的有效教学[M]. 廖珊,罗静,译. 北京:中国轻工业出版社,2003:231.

在不同社会中曾试图解决道德问题的方式；明白人们表达的观念影响他们的行动；认识到关注道德和人权不仅是全球性的，而且是所有时空的人们的愿望。”①

日本战后初期在开设社会科的同时，取消了战前担负道德教育任务的修身科，社会科被赋予了开展基于民主主义理念的公民道德教育的任务。从教学大纲的总目标和各年级目标中，我们可以看到有关道德教育的内容。例如：总目标提出要让学生能够“理解我国的国土和历史并有热爱之情”，三至四年级目标提出“培养作为地区社会一员的意识”和“培养对家乡、社区的自豪感和热爱之情”；五年级目标提出“培养热爱国土的情感”；六年级目标提出“珍视日本的历史和传统，培养其爱国的情感”即便后来设立了“道德时间”，2015 年以后又正式开设道德科，但社会科仍然要求被赋予道德教育的任务。

在新加坡，社会科也担负着价值观教育和道德教育的任务。课程标准的总目标和分目标明确指出“培养小学生对社区和国家的归属感”；技能目标提出“有效地与群体内的其他成员一起工作”；态度和价值观目标提出要“明白人们、国家之间合作与相互依赖的需要”。

不过，在重视道德教育的新加坡，公民与道德科比社会科承担更系统的、专门的道德教育任务。2007 年颁布的《公民与道德课程标准》按道德认知、道德情感、道德行为三个方面阐述课程目标。课标在前言指出：“公民与道德课程注重培养学生的品格，让学生学习与掌握能引导他们做出正确抉择的价值观，从而决定对自己、他人与环境所应采取的行为和态度。”“使他们成为正直、有爱心及负责任的个人和公民。”

从各国社会科中的道德教育内容以及一些国家单独开设的道德课来看，社会科的道德教育与道德课的道德教育虽然存在着共通的内容，但是两者存在不同的侧重点。社会科的道德教育偏重于公德，是以社会生活为线索编制课程，以隐性的方式进行道德教育。而道德科一般以谦虚、诚实、正直、勇敢、友善、尊重、勤劳、同情等德目为主题来编制课程。这些德目难以在社会科中进行比较彻底的系统的学习。在注重传统美德、崇尚礼仪的亚洲国家，社会科之外另设实施道德教育的课程或时间也是必然的。“社会”与“道德”分设，在课程设计层面，减少了难度，兼顾了人文社会科学教育和道德教育，但是又容易使这两方面的教育彼此割裂或交叉重复。为避免这种情况，在课程实施层面，学校教师需将社会课与道德课的内容整合起来开展教学。

此外，在欧美国家，宗教课或宗教活动承担了道德教育的大部分内容，所以欧美社会科所开展的道德教育只局限在一部分领域。

四、社会科中的人文社会科学教育

汤姆·萨维奇、大卫·阿姆斯特朗指出，“有效的公民教育是以坚实的知识为基础的。”历史和社会科学为调查研究提供信息和有效的方法，这些学科的知识使我们能够有力地洞察人类的行为，帮助学习者懂得这个世界“是怎样的”以及它“可能会变成怎样”。②

① History-Social Science Curriculum Framework and Criteria Committee. History-Social Science Framework for California Public Schools（Kindergarten Through Grade Twelve）[M]. California Development of Education, 2005：14.

② Tom V. Savage, David G. Armstrong. 小学社会科的有效教学[M]. 廖珊，罗静，译. 北京：中国轻工业出版社，2003：8—9.

因此,人文社会科学教育并不止于让学生理解并接受这些学科提供的关于社会生活的常识或某种正统而权威的见识,更主要的是让学生掌握社会探究的多种视角和方法,让学生理解那些历史的、地理的、社会学的知识是如何产生的,存在哪些不同的观点,又如何去探究那些尚未解明的社会现象之谜。换句话说,人文社会科学教育是以人文社会科学知识为媒介,培养并提升学生的社会认识能力,促进他们建构对社会的认识。

● **美国**

美国各州的社会科课程标准大都设三维课程目标,虽然名称不同,但基本上包含认知、价值观、技能(含方法)三个维度。其中以学习人文社会科学知识为主的认知目标一般都占据首位,且条目比另两个维度要多得多。以加利福尼亚州的《历史与社会科课程标准》(2005)为例,三维目标的名称及排序依次是:知识与文化理解、民主理解与价值、技能达成与社会参与,所占的篇幅分别为 8 页、4 页和 3 页,内含条目分别为 27 条、10 条和 6 条。

知识与文化理解目标包含地理、历史、伦理、经济、政治、法律等六个领域,课程标准规定了具体明确的学习要求,每个领域又有若干更具体的目标。例如:

地理领域强调从小培养地理思维,包括发展空间意识、发展确定地理位置的技能、理解人与环境的相互作用、理解人类迁移、理解世界上的区域以及它们的历史的、文化的、经济的和政治的特征。

历史领域强调从小培养历史思维,包括让学生理解历史时间和年表的含义,理解延续和变化的原因,分析历史事件的因果关系,理解历史上宗教、哲学和其他主要信仰体系的重要性。

经济领域强调从小学一年级就开始学习基本的经济概念和基本的经济推理能力、个人在自由市场经济中的角色、个人的经济决策能力。

这种设计有助于学生获得必要的学科基础知识和多样化的视角,使学生通过学习历史、地理、经济、伦理、政治等领域的知识和方法,发展对社会现象的分析和判断能力,加深对社会生活本质和社会发展规律的认识,而这些又是学生形成正确的价值观和态度的基础。

● **日本**

从小学社会科教学大纲中各年级的目标和内容中可以看到,小学社会科涉及社会中的各种活动和关系。例如:

三至四年级和五年级要求学生理解各种社会活动如何进行、与自己的生活有什么关系、存在什么问题,发展趋势如何。这些活动包括工业、农业、运输业、信息业、商业等方面的活动,以及安全保障、垃圾处理、资源供应等公共事业活动。

三至四年级和六年级要了解历史,包括区域发展史和日本历史,以及推动地区发展或国家变革的历史人物的具体事迹及其作用。整个六年级第一学期都是学习日本史,可见历史内容占有较大比重。

三至四年级和五年级还要认识区域的自然环境、土地利用状况,以及国土的自然特点、国土利用状况。

六年级要认识生活中政治的作用,日本的政府结构、宪法的主要依据等;认识与日本有密切关系的国家，以及日本与这些国家之间的关系。

上述有关社会活动和社会关系的探究与学习都要运用历史、地理、政治、经济、社会学等人文社会学科各个领域的知识和方法。

● **新加坡**

新加坡的社会科的目标也是按知识、技能、态度和价值观三个维度表述的。知识目标包括以下内容：学到关于新加坡历史、地理和经济活动的知识；了解并从新加坡面临的社会问题、挑战和约束中吸取教训；了解基本的历史学、地理学、经济学概念和社会的广义性；具有关于邻国以及新加坡与世界其他国家联系的知识。

在德国、法国、英国等欧洲国家，历史、地理、经济、政治等领域的学习目标和内容更是占据了社会科的重要位置，尤其是英国和法国，课程标准为小学高年级设计了系统学习历史和地理的内容，可见历史和地理的学习被作为公民素养形成的重要基础。

第二节 课程内容的架构

综合课程内含广泛的学科领域和社会生活领域，不按照任何一门学科体系架构课程。那么如何使那么多内容构成一个有机的统一体，并符合学生的认知发展特点，有效实现课程目标呢？开设综合社会科的所有国家和地区面对这个难题，进行了多年探索和尝试。在这个方面，美国社会科专家们开发的社会科课程构建方式成为许多国家借鉴的对象。

一、基于主题轴（领域）构建课程内容

“按照主题轴或是领域构建社会课内容，即是各国社会课普遍采用的组织法则。其基本特征是将儿童的生活、人的行为和多个学科的科学概念有机整合，进而形成适合于不同年级学习的主题。”①

美国的社会科国家课程标准(1994)确立了十大主题轴：

(1) 文化，(2)时间、连续与变迁，(3)人、地域与环境，(4)个人发展与认同，(5)个人、团体与公共机构，(6)权力、权威与管理，(7)生产、分配与消费，(8)科学、技术与社会，(9)全球联系，(10)公民理想与实践。

根据课程标准的解释，这十大主题轴以及据此建立的内容标准和表现期望具有两个特征②：第一，它们相互关联。例如，为了理解文化，学生需要理解时间、连续与变化，人、地域与环境之间的关系，以及公民理想与实践。第二，十个主题轴是在吸纳各学科领域相关内容的基础上形成了内容框架。例如，人、地域和环境这个主题的内容以历史学为基础，生产、分配和消费这一主题的内容来自于经济学。

该课程标准分低、中、高三个年段来设计每个主题在不同年段的具体学习要求。例如：“文化”这一主题轴的学习内容及能力表现期望在三个年段中分别如表 3 - 1：

---

① 高峡．小学社会课研究与实验[M]．北京：北京师范大学出版社，2004：68.

② 美国国家社会科协会．美国国家社会科课程标准：卓越的期望[M]．高峡，等，译．北京：教育科学出版社，2008：12—13.

表 3-1 全美社会科课程标准中主题轴“文化”的内容标准与能力表现期望(部分)[①]

低年级	中年级	高年级
a. 探究和描述各群体、社会及其文化在处理人类共同的需求和所关心的问题时,所采用的方法;(与主题轴2、3、5相关)	a. 比较群体、社会和文化在满足人类需求和利益的方式上的相似之处和不同之处;(与主题轴2、3、5相关)	a. 分析并解释群体、社会和文化处理人类需要和利益的方式。(与主题轴2、3、5相关)
b、c、d、e、f略		

美国各州的社会科课程标准,虽然确立的主题轴或领域有所不同,但是都以主题或领域为贯穿全部年级的内容范畴,再根据内容范畴设计每个年级或年段相应的学习内容和要求。如俄亥俄州的社会科课程标准确立了“历史”、“社会中的人们”、“地理”、“经济”、“政治”、“公民的权利与责任”、“社会科的技能和方法”七个学习领域(scope);印第安纳州确立了“文化、环境”、“时间的持续与变化”、“个人、群体和社会”、“生产、分配和消费”、“制度与公民观念”、“全球联系”六个学习领域。

日本的社会科教学大纲极其简要,只阐述各年级的目标和内容标准,没有阐述社会科的课程架构方式。但是,教科书编写者们却要考虑一套教科书的内容架构问题。他们在编写教科书之前首先根据课程标准的基本要求,设计社会科的主题,并基于这些主题设计每个年级的学习内容,形成一个三至六年级的学习内容系统表,教科书就根据这一学习内容系统来编写的。日本各版教科书的主题有:健康与安全、生产与消费、环境保护、传统与文化、人权与福祉、国际理解与和平等。

我国台湾的社会科和香港的常识科如前文所示,也分别设计了九大主题、五大范畴。

上述这些主题或领域虽然都以历史、地理、经济、政治、伦理、社会学等人文社会学科为基础,或者说这些主题的学习内容来自于这些学科,但是大部分课程标准所呈现的主题并不直接以学科名称命名,而是反映社会生活的典型现象、活动和问题。每个主题都跨越了狭隘的学科界限,与若干学科的知识发生联系,使儿童的社会生活与学科知识实现有机整合。

二、建立有层次和梯度的学习顺序

哪个年级应该学习什么?达到什么程度?所学内容与上下年级存在什么联系?这是社会科的课程设计者、教科书编写和教师必须考虑的问题。这个问题解决得如何,影响社会科教学的有效性。

在美国社会科中,各年级或年段的目标和内容有着清晰的层次、梯度。不少州专门设立了“范畴与顺序”小组,制订某一学科的“范畴与顺序表”(Scope and Sequence),按一定逻辑顺序编排每个年级应学习的内容以及要求达到的水平。

顺序包含两个含义,一是指学习对象(单元主题)的编排顺序,二是指具体学习内容、学习水平的层次。关于学习对象的编排顺序,美国社会科小学阶段在很长一段时间采用的是“视野扩展模式”或叫做“同心圆扩展模式”,即学习对象(具体表现为单元主

① 美国国家社会科协会.美国国家社会科课程标准:卓越的期望[M].高峡,等,译.北京:教育科学出版社,2008:23.

题)以儿童自我为中心,从家庭、学校,扩展到社区、州、国家、世界;初高中则以学习美国和世界的地理、美国和世界的历史为主;最后两年以学习国家的政治、经济为主。后来,小学社会科的“视野扩展模式”逐渐被打破,新模式主张在低年级就引入了关于世界的学习。不过,“视野扩展模式”仍保留在大部分州的小学社会科中,有关家庭生活、学校生活、各行各业等等仍然是小学中低年级的主要学习内容。同时,全球视野也被适度地融入低年级学习内容中。例如在学习家庭生活时,学生通过认识不同国家的家庭来认识世界上的各个民族和不同文化。我们可以从表 3-2 所列的各年级单元主题和学习材料发现这一顺序上的特点。

表 3-2

美国各州社会科课程的内容顺序①

	加利福尼亚州(2005)	俄亥俄州(2002)	阿拉巴马州(2006)
幼儿班	学习并研究现在与过去	时间或空间中的儿童的生活场所	自己和家庭
一	儿童在时空中的位置	家庭的现在和过去,远处与近处	探索我们的社区和州
二	带来不同的人们	共同劳动的人们	探索我们的国家和世界:人们和地方
三	延续与变化	社区:过去和现在,远处与近处	人们、地方和区域:地理学习
四	加利福尼亚州:一个变化着的州	俄亥俄:过去、位置、政治	关于阿拉巴马州的学习
五	美国的历史和地理:成为一个新的国家	北美各地及人们	了解美国:公元 1877 年之前
六	世界历史和地理:古代文明	世界各地及人们	了解美国:从公元 1877 年到现在
七	世界历史和地理:中世纪和早期工业化社会	从公元前 1000 年到 1750 年的世界研究:从古代文明到最初的全球化时代	地理
八	美国历史和地理:成长与冲突	从 1607 年到 1877 年的美国研究:从殖民地时代到重建期	公元 1500 年之前的世界历史
九	历史—社会科学选修课程	从 1750 年到现在的世界研究:从革命的时代到 20 世纪	世界历史:从公元 1500 年到现在
十	世界历史,文化和地理:现代世界	1877 年到现在的美国研究:重建期后到 20 世纪	公元 1877 年之前的美国历史
十一	美国历史和地理:20 世纪的延续与变化	政治的和经济的决策	美国的历史:从公元 1877 年到现在
十二	美国的民主和经济原理	为成为公民作准备	经济

上述顺序的编排各有特定的逻辑。以俄亥俄州的课程标准为例,它根据儿童的社会意识和经验的逐渐扩展来编排学习对象的顺序。具体地说,六年级之前的第一阶段

① 沈晓敏,何平.论社会科课程的一体化——来自美国社会科的启示[J].全球教育展望,2008(3).

是以空间为轴扩大学习对象，从幼儿班认识儿童自我开始，到认识家庭和近邻社会(一至二年级)、社区(三年级)、州(四年级)、国家和邻国(五年级)、世界(六年级)。七至十年级，以时间为轴交替学习世界史和本国史。可以说这个年段的社会科就是以历史为核心的课程。学习历史之后，十一、十二年级开始学习现代社会的政治和经济构造以及解决社会问题的制度和方式，培养学生参与社会、改良社会的能力。

从课程整体结构来说，即初等阶段以地理为轴扩展学习对象，中等前期以历史为轴扩展学习对象，在此基础上中等后期培育未来公民的实践性资质，并且从认识社会事实开始，到认识社会事物的原理、到认识关于社会的哲学思想，再到认识推进社会发展的方式。这种顺序与贯穿全部年级的学习领域结合，使全部年级的社会科课程成为一个联系紧密、步步深入的整体。

那么，每个年级具体的学习内容和要求达到的水平又是如何确定的呢？美国社会科一般都是以主题(领域)作为课程组织的一个向度——范畴，以表 3－2 所呈现的顺序为课程组织的另一个向度——顺序，在它们的交汇点上确定每个年级或年段的学习内容。同时，用表达不同水平的行为动词表述学习要达到的水平，也就是所谓的能力表现标准或能力表现期望，使每个年级或年段的学习内容和学习要求形成螺旋上升的梯度。

值得注意的是，螺旋上升的学习内容不是家庭生活、学校生活、社区、祖国等具体的“学习对象”，而是这些学习对象中共同存在的某些基本要素，即可以贯穿各个年级和各种学习对象的主题轴(内容领域)，如历史要素，家庭中也有历史、学校也有历史，但是根据不同年龄学生的认知水平和经验，有关历史的学习方法、思维方法的学习目标则由浅入深。(参见表 3－3)

表 3－3

俄亥俄州社会科课程标准中的政治领域与技能与方法领域的学习顺序(2002 年)①

范畴＼顺序	幼儿班	一年级	二年级	三年级	四年级	五年级	六年级	七年级	八年级	九年级	十年级	十一年级	十二年级
政治	a. 认同家庭、学校和社区选出的领导人和权威，说明赋予其权威的理由。 b. 理解并说明美国的象征和标志的意义。 c. 说明不同情境中规则的作用、遵守规则的结果和违反规则的结果。			a. 认识联邦政府各部门的责任，说明为什么需要政府。 b. 出示说明美国州政府和联邦政府之组织结构的文献资料，说明这些文献是如何推进民主主义社会中的自治。			a. 说明人们为什么要组建政府，人们如何对政府施加影响，政府之间如何相互作用。 b. 说明独立宣言、美国宪法、权利章典和西北部领地条约是如何保障权利、促进后来的民主主义发展的。 c. 比较民主制、君主制和独裁制的定义。			a. 分析宪法如何通过修订、由最高法院作决定等方式不断加以完善。 b. 分析各种各样的政治形态在决定如何获取和使用权力方面所存在的差异。		a. 就有关美国民主主义制度的调整和有关当今美国社会现状而产生的各种立场，进行评价、阐述和辩护。 b. 说明美国宪法在其哲学基础、修订和法院的解释方面是如何完善的。 c. 分析在美国公民如何参与选举过程。	

① 沈晓敏，何平．论社会科课程的一体化——来自美国社会科的启示[J]．全球教育展望，2008(3)．部分译词略作修改．

续表

范畴＼顺序	幼儿班	一年级	二年级	三年级	四年级	五年级	六年级	七年级	八年级	九年级	十年级	十一年级	十二年级
技能与方法	a. 从口述、视觉形象、印刷物、电子资源中获取信息。 b. 根据事实性信息预测结果。 c. 用口述、视觉形象和文字描述的方式传递信息。 d. 确认问题，以小组方式解决问题			a. 运用资源中的要素，从多种第一手资料和第二手资料获得信息。 b. 组织信息，使用多种资源以推导论点。 c. 运用统计图表，传达社会科的信息。 d. 运用问题解决技能，作出个人或集体的决定。			a. 分析针对一个问题的不同的观点。 b. 用统计图表等组织历史信息，分析信息以引出结论。 c. 表明立场，引用资源中的依据，来支持立场。 d. 小组合作有效开展活动。			a. 评价资源的可信度。 b. 运用数据和证据来支持或者反驳论点。		a. 从有关公共政策问题的公共纪录文本和其他资料中获取信息，并作评价。 b. 对数据和信息进行批判，从而对是否应该支持某种结论作出决定。 c. 为调查对某一个问题的各种见解而制订研究计划，说明解决该问题的方法。 d. 以小组合作的方式开展活动，分析问题，并作出决定。	

日本小学社会科教学大纲虽然没有像美国课程标准那样清楚地列出各年级学习内容或能力表现标准的顺序和梯度，但是还是可以看出学习内容由近及远、由低到高、由浅入深的顺序。各年级的第一、第二条目标显示了三年级到五年级的社会认知水平是按由近及远的顺序发展的：三至四年级认识的是“本地区”——从社区（街区、镇）到县市，五年级认识国家，六年级认识日本的历史和传统以及国际社会。而各年级的第三条目标则规定了技能和方法的学习目标，呈现了由低到高的水平递进顺序。

第三节　能力指标的构建

美国社会科课程标准不仅阐述了每个主题或领域在每个年级或年段的学习内容，还同时用表示不同水平的行为动词表述学习要达到的水平，谓之“能力表现期望”。例如，社会科国家课程标准给每个年段的每个主题列出了水平不同的“能力表现期望”，既包含了学习内容，也包含了学习要达到的水平，而这种学习水平是可观察、可测量的。以“个体，群体与公共机构”主题的“a”为例：

低年段：了解个体在各种群体中——例如作为学生、家庭成员、同伴或俱乐部成员等——的角色行为模式。

中年段：在描述个体和社会群体的相互作用时表明对角色、地位和社会阶层等概念的理解。

高年段：在描述个体、群体与公共机构在社会中的联系和相互作用时，运用诸如角色、地位和社会阶层等概念。①

从低年段的“知道”，到中年段的“描述”、“理解”，再到高年段的“运用”和“描述”，能力水平逐步提高，目标水平非常清晰。

再如，加利福尼亚州历史与社会课程标准(2005)“技能达成与社会参与”领域之“公民参与”条目建立了如下能力指标，显示一定的梯度。

幼儿园：明白成为一个好的公民需要按某些特定的方式行动；

一年级：描述一个公民的权利和责任；

二年级：解释美国和其他国家的政府机构及其活动；

三年级：理解规则和日常法规的作用以及美国政府的基本结构；

四年级：理解美国宪法中规定的地方政府、州政府和联邦政府的结构、功能和权利；

五年级：叙述与美国宪法形成有关的人物和事件，分析作为美利坚合众国基础的宪法的意义。②

从明白、描述、解释，到理解、叙述、分析，体现了具体的能力表现水平的高低。

中国台湾的社会领域课程标准也以主题轴为单位设有分学段的能力指标。第一学习阶段为一至二年级，第二学习阶段为三至四年级，第三学习阶段为五至六年级，第四学习阶段为初中一至三年级。以“人与时间”主题为例，各学段的能力指标如下：

第一学习阶段：了解住家及学校附近环境的历史变迁。描述家族定居与迁徙的经过。

第二学习阶段：了解居住城镇(县市乡镇)的人文环境与经济活动的历史变迁。认识居住城镇(县市乡镇)的古迹或考古发掘，并欣赏地方民俗之美。

第三学习阶段：认识今昔台湾的重要人物与事件。探讨台湾文化的渊源，并欣赏其内涵。了解今昔中国、亚洲和世界的主要文化特色。

第四学习阶段：认识台湾历史(如思想、文化、社会制度、经济活动与政治兴革等)的发展过程。认识中国历史(如思想、文化、社会制度、经济活动与政治兴革等)的发展过程，及其与台湾关系的流变。认识世界历史(如思想、文化、社会制度、经济活动与政治兴革等)的发展过程。了解今昔台湾、中国、亚洲、世界的互动关系。比较人们因时代、处境、角色的不同，所做的历史解释的多元性。了解并描述历史演变的多重因果关系。③

---

① 美国国家社会科协会.美国国家社会科课程标准：卓越的期望[M].高峡，等，译.北京：教育科学出版社，2008：30.

② The California Department of Education (CDE). History-Social Science Content Standards. 2005. http://www.cde.ca.gov

③ 台湾“教育部”.九年一贯课程·社会学习领域.1998.

美国的能力表现标准和台湾的能力指标并不都严格使用可观察的行为动词，不过，结合语境，我们仍然可以判断能力水平的具体表现。使用什么样的动词来表述能力目标，这是社会科领域需要继续探讨的课题。

日本的教学大纲表述简洁，只简要列出各年级的目标和内容，而没有详细列出能力表现水平。但是，日本的国立教育政策研究所课程研究中心自2003年1月开始研究开发了各学科的评价标准和评价方法。经过实验学校的实验和修改，该中心于2004年2月推出最终研究报告《作为制订评价标准和改善评价方法的参考资料——关于评价标准和评价方法等的研究与开发》。该报告根据"绝对评价"原则以及"兴趣和态度"、"思维和判断"、"技能和表征"、"知识和理解"四个评价维度，对照社会科的总目标、年级目标和各年级每条教学内容，构筑了一套社会科的评价要旨和评价标准，并通过具体的评价案例，使基于课程新理念的评价标准具有了可操作性。

课程标准明确不同水平的能力指标，有助于教科书编写者和教师根据学生的特点确立适度的教学目标，选择适宜的教学内容，控制教学内容的难度，也有助于教学质量的测评和监控。

社会科很大程度上体现了一个国家的主流价值观和国家利益，反映一个国家在历史、社会、经济和文化的特点，因此，每个国家的社会科都有不同于其他国家的目标和内容。但是，同存一个地球，任何国家和民族又都存在一些共同的追求，面临共同的问题。因此，各国社会科的目标和内容又有相通的地方。此外，无论课程目标和学习内容有怎样的差异，任何国家的任何课程都要考虑这样一个问题：课程内容如何组织才能既符合学生的认知发展水平，同时又能体现国家和社会对下一代的期望。因此，如何清晰地表述目标、如何架构课程内容框架并有效组织学习内容、如何表述内容标准和能力标准等等有关课程设计的方法和技术是完全可以相互学习和借鉴的。

从这个意义上说，我国的品德与社会一方面要体现我们国家的特定利益和价值观，立足于我们国家的国情，另一方面也要汲取其他国家在社会科方面多年的研究成果和实践经验，如基于主题轴（领域）构建课程内容、建立有层次和梯度的学习顺序、加强历史和地理等社会科学教育，建立能力指标等，以优化品德与社会课程，使其更有效地实现课程价值。

【本章小结】

- 除了日本、韩国、新加坡等国以及20世纪的中国台湾在社会科之外开设一门道德专门科目，欧美国家大都通过社会科、公民科、宗教活动等课程进行道德教育。
- 我国的品德与社会课程与国外的社会科更接近。所不同的是，我国以品德形成为核心，而其他国家是将道德教育作为社会科的任务之一，历史教育和地理教育占有相当大的分量。与我国的品德与生活课程相近的是日本、中国台湾的生活科，但后者也未把德育作为课程的核心。
- 各国的社会—德育课程都以培养公民素养为目标，着重使学生认同社会主流的、普遍的道德价值观、理解公民的权利和义务，拥有履行公民权利和义务的责任感和实践力,以及拥有决策能力、批判性思维能力、问题解决能力等公民参与公共生活所必需的能力。

- 社会科的道德教育与道德科的道德教育之间存在不同的侧重点。社会科的道德教育偏重于公德,是以社会生活为线索编制课程,以隐性的方式进行道德教育。而道德科一般以谦虚、诚实、正直、勇敢、友善、尊重、勤劳、同情等德目为主题来编制课程。"社会"与"道德"的分设,在课程设计层面,节省了课时,减少了难度,兼顾了人文社会科学教育和道德教育,但是又容易使这两方面的教育或彼此割裂或交叉重复。为避免这种情况发生,在课程实施层面,学校教师需将社会科与道德科的内容整合起来开展教学。
- 国外社会科虽然包含道德教育,但更重视开展人文社会科学基础教育,让学生借助历史和社会科学知识,能更深入洞察社会,帮助学习者懂得这个世界"是怎样的"以及它"可能会变成怎样"。这是学生形成正确道德观念、做出恰当道德判断的基础。
- 社会科作为一门包含多领域的综合课程,不按照任何一门学科体系架构课程。基于主题轴(领域)构建课程内容,并建立有层次和梯度的学习顺序是各国社会科普遍采用的课程组织方式。一些国家还建立了社会科的能力指标。
- 社会科很大程度上体现了一个国家的主流价值观和国家利益,反映一个国家在历史文化、社会制度、经济和文化的特点,因此,每个国家的社会科都有不同于其他国家的目标和内容。但是,如何清晰地表述目标、如何架构课程内容框架并有效组织学习内容、如何表述内容标准和能力标准等等有关课程设计的方法和技术是完全可以相互学习和借鉴的。我国的品德与社会一方面要体现我国的特定利益和价值观,立足于我们国家的国情,另一方面也要汲取其他国家在社会科方面多年的研究成果和实践经验,如基于主题轴(领域)构建课程内容、建立有层次和梯度的学习顺序、加强历史和地理等社会科学教育,建立能力指标等,以优化品德与社会课程,使其更有效地实现课程价值。

【思考与练习】

1. 你认为国外社会—道德课程有哪些地方值得我国借鉴,为什么?

2. 选择世界上一个国家或地区的道德科或社会科,结合本书所提供的资料,扩展阅读相关文献,撰写一份介绍和分析该课程的小论文,与其他学员进行交流。

【主要参考文献】

1. Tom V. Savage, David G. Armstrong. 小学社会科的有效教学[M]. 廖珊,罗静,译. 北京:中国轻工业出版社,2003.
2. 美国国家社会科协会. 美国国家社会科课程标准:卓越的期望[M]. 高峡,等,译. 北京:教育科学出版社,2008.
3. 日本文部科学省. 小学学习指导要领. 2008. 文部科学省网站:http://www.mext.go.jp/.

4. 新加坡教育部. 小学社会科课程标准. 1999.
5. 新加坡教育部. 公民与道德. 2007.
6. 高峡. 小学社会课研究与实验[M]. 北京:北京师范大学出版社,2004.
7. 沈晓敏,何平. 论社会科课程的一体化——来自美国社会科的启示[J]. 全球教育展望,2008:(3).
8. National Council For The Social Studies. Expectations of Excellence: Curriculum Standards for Social Studies, 1994.
9. The California Department of Education (CDE). History-Social Science Content Standards. 2005. http://www.cde.ca.gov

第四章

品德与社会(生活)课程的内容

本章围绕“品德与生活”、“品德与社会”的课程设计思路，逐一解释了品德与生活课程的“三条主线、四个方面”和品德与社会课程的“一条主线、点面结合，螺旋上升”等概念的涵义。对于品德与生活课程的设计思路，你将理解“儿童与自我”、“儿童与社会”、“儿童与自然”这三条主线(三对关系)是如何贯穿于“健康、安全地生活”、“愉快、积极地生活”、“负责任、有爱心地生活”、“动手动脑、有创意地生活”这四个方面的生活中的，以及各条内容标准主要反映了哪对关系。对于品德与社会课程，你将了解社会环境、社会活动和社会关系这三个“点”(要素)是如何与家庭、学校、社区(家乡)、祖国、世界五个“面”(生活领域)相结合的，以及各项内容标准主要反映了哪个“点”与哪个“面”的结合，每个“点”的深度又是怎样随年级螺线上升的。这些有助于你在设计教学时判断什么样的材料和活动是有价值的及适切的。

本章还具体阐述了历史与地理的育人价值，尤其是对培育智慧公民的意义，列举了品德与社会(生活)课程中历史和地理的学习要素。这些将有助于你去挖掘和利用史地教学资源，在历史教育和地理教育方面进行更大胆的创造，进一步发挥史地的育人价值，促进学生社会认识能力和价值判断能力的提高。

【本章将阐明的问题】

- 品德与生活课程的设计思路"三条主线和四个方面交织构成儿童生活的基本层面"是什么含义?
- 品德与社会课程容的设计思路"一条主线,点面结合,综合交叉,螺旋上升"是什么含义?
- 品德与社会课程中的历史学习和地理学习对于学生的社会性发展具有什么的意义?历史与地理如何有机融入品德与社会课程中?

【关键概念】

课程设计思路　一条主线　三条主线　四个方面　点面结合　综合交叉　螺旋上升

品德与生活课程和品德与社会课程是以儿童生活为基础的综合课程。而生活的内容如此丰富,学生的学习时间又那么有限,课程不可能把生活各个方面的现象和事物都纳入其中。因此,综合课程的综合范围无论有多么宽广,都需从生活中选择最典型的现象和事物编入课程中。此外,综合课程虽然不依据任何一门学科的体系构建内容,但作为一门学校课程,必须自有一套基于特定逻辑的课程内容框架,作为教师和教材编写者选择和组织教学内容的依据,从而在有限的时间内,通过合理组织的教学内容,来最大限度地反映真实的生活,落实课程理念、性质和目标。本章将阐释这两门课程的内容构成逻辑——课程设计思路,说明依据内容标准选择和组织教学内容的方法。

第一节　品德与生活课程的设计思路

品德与生活课程标准设计了"以儿童生活为基础,以三条主线和四个方面构成课程的基本框架"。三条主线是:儿童与自我、儿童与社会、儿童与自然。四个方面是:健康、安全地生活,愉快、积极地生活,负责任、有爱心地生活,动手动脑、有创意地生活。课程内容标准部分,虽然以四个方面为明线阐述具体的内容要求,但三条轴线在每个内容板块中均作为暗线贯穿其中①。

一、以儿童生活为基础

1. 经验课程

课程设计一般有三种模式:基于学科知识的课程设计、基于社会问题的课程设计和基于学生经验的课程设计。品德与生活课程的首要性质是生活性,这里的生活指的是儿童当下的生活,而不是儿童未来作为成人的生活。传统教育一直是从成人的生活所

① 义务教育品德与生活课程标准(2011年版)解读[M].北京:高等教育出版社,2012:95.

需出发,将教育视作成人生活的准备,据此设定课程目标,选择课程内容,忽略了儿童当下生活的价值,忽略了儿童未来的生活正是由现在的生活逐渐铺就、发展而来的。

> 从儿童的现实生活中发掘、选择课程内容,首先是因为儿童的现实生活中蕴含着丰富的品德教育素材,敏锐地捕捉这些教育素材,并对其展开适当的教育加工后转换为课程内容,能够使课程更加贴近,进而满足儿童的兴趣需要,使儿童更加喜欢课程,更愿意参与课程的实施。其次,儿童现实生活中的品德教育素材往往与儿童在现实生活中遇到的实际问题有关,以此作为课程内容有助于提高儿童的生活能力和问题解决能力,也能够帮助儿童把学习成果转化应用于现实生活中实际问题的解决,从而提高品德教育的实效性。①

因此,品德与生活课程选择了基于儿童经验的设计模式,即从儿童真实的生活中选择内容,反映儿童在现实生活中成长所遇到的课题,以及解决课题所需要的体验、经验和需要学习的知识。如,学会安全生活,使自己免受伤害和不伤害到别人,这是儿童成长中首先要面对的课题。在这方面,儿童自身有很多经验教训,也有很多困惑、难题,他们对危险性和安全性存在认识上的局限,维护自身安全的能力又很不足,因此安全生活必然纳入到品德与生活课程的学习内容中。而以学科知识为基础的课程设计难以将安全生活作为专门的主题纳入到课程中。"基于社会问题"的课程设计虽然也可将安全生活纳入内容范畴中,但它更多地是将安全问题作为社会问题,从社会制度、社会规范等角度来谈论,这显然不适合低年级学生的认知水平。

2. 活动课程

在综合课程发展史上,曾出现过内容组织方式不同的课程类型,其中相关课程、融合课程、广域课程主要是通过对各个学科的内容做不同程度的统整而形成的,属于以学科为中心的综合课程组织方式;而活动课程、核心课程则是以一系列与儿童的兴趣、需要相联系的真实生活情境中的课题、活动为中心设计的。品德与生活课程是面向小学低年级儿童的课程,其教育对象以及生活性和活动性等特性决定了品德与生活课程采用活动课程和核心课程的内容组织方式更合适,即"以与小学低年级儿童的成长发展需要和日常生活情境相关的主题或议题为中心而组织主题活动及相关实践活动。"②

活动课程意味课程内容多以主题活动、游戏以及其他各种实践活动为主要载体来呈现,且内容还包含了活动过程和活动方法。例如:内容标准中"能根据需要动手做简单的道具、小模型、小物品等来开展活动","能积极地出主意、想办法来扩展游戏或推进活动"这两条就叙述了动手制作活动和游戏活动的内容和方式方法。

二、三条主线贯穿

"三条主线"指儿童与自我、儿童与社会、儿童与自然,三者共同构成了儿童的完整

---

① 义务教育品德与生活课程标准(2011 年版)解读[M]. 北京:高等教育出版社,2012:105.
② 义务教育品德与生活课程标准(2011 年版)解读[M]. 北京:高等教育出版社,2012:105—106.

生活。这三对关系各自有其侧重的内涵：

儿童与自我：身体发育、良好习惯、生活自理能力、心理健康等；

儿童与自然：生命意识、环境意识、自觉保护环境的能力等；

儿童与社会：伦理观念、道德观念、集体意识、社会规则意识、合作意识、参与集体活动的能力等。

确立三条主线的依据是，每一个人都在与自我、自然和社会的互动中谋求成长和发展；自我、自然和社会在每一个人身上交织在一起，形成了密不可分的三对关系。这三对关系也是哲学和各门科学永久的探究对象。可以说关于人的哲学研究都从人与自我、人与自然和人与社会展开，人文社会科学和自然科学的各个领域则分别将其中某一、二个方面作为主要研究领域。此外，整个学校课程也是从这三个方面来构筑的。低年级先开设高度综合的品德与生活课程，展现三者交织的完整生活，并让学生投身于其中，不断丰富生活经验。随着年段的递升，课程逐步分化，有些学科侧重探讨人和社会的关系，有些侧重于人与自然的关系。学生随着经验的丰富和思维能力的发展，可以逐步学习不同学科的知识，对三对关系进行分别思考和探究。

三对关系虽然为暗线贯穿于每个内容板块中，但它们并不是虚线，不是可有可无或忽有忽没有的主线，而是实实在在存在的实线。也就是说课程内容必须实实在在地包含这三对关系。“主线”的含义就是指它们贯穿在全部生活领域中，每个领域都暗含了这三对关系。

三、以四个方面为内容范畴

儿童的生活内容极其丰富多样，品德与生活课程不可能包罗万象，只能根据学生成长过程中最主要的课题，以及为解决成长课题需要的经历、经验和知识，选择和编制学习内容。品德与社会课程标准将儿童的生活分为四个方面或称四个领域：健康、安全地生活，愉快、积极地生活，负责任、有爱心地生活，动手动脑、有创意地生活，这四个方面构成了品德与生活课程的内容范畴。

(1) 健康、安全地生活

> 健康、安全地生活是儿童生活的前提和基础，它旨在使儿童从小知道珍爱生命，养成良好的生活习惯，获得基本的健康意识和生活能力，初步了解环境与人的生存的关系，为其一生身心健康地发展打下基础。

这一领域侧重儿童个体生理、情感层面的发展，因为健康和安全是儿童身心发展、生活幸福的前提和基础，故被列于首位。换句话说，如何才能使自己健康、安全地生活，这是儿童首先要面对的最基本的课题，当然也是人的一生都要持续关注和探究的领域。要学会健康、安全地生活，就要做到：“初步养成良好的生活、卫生习惯”、“有初步的自我保护意识和能力”、“适应并喜欢学校生活”，这三条要求分别细化，形成12条内容标准。

(2) 愉快、积极地生活

> 愉快、积极地生活是儿童生活的主调，它旨在使儿童获得对社会、对生活的积

> 极体验,初步懂得和谐的集体生活的重要性,发展主体意识,形成开朗、进取的个性品质,为儿童形成乐观向上的生活态度奠定基础。

该领域主要和儿童心理品质、心理健康有关,并涉及人际交往的态度和方法,具体有三条要求:“愉快、开朗”、“积极向上”、“有应对挑战的信心和勇气”。这个领域其中“愉快、开朗”指向的是儿童与他人交往、与自然交互作用以及处理自己消极情绪时应有的态度表现,是儿童拥有快乐、积极的童年的重要前提。“积极向上”和“应对挑战的信心和勇气”则是使自己不断进步、成就充实而有意义的人生的重要条件。这三条要求细化后形成9条内容标准。

(3) 负责任、有爱心地生活

> 负责任、有爱心地生活是儿童自身的道德需求,也是社会的要求。它旨在使儿童形成对集体和社会生活的正确态度,学会关心,学会爱,学会负责任,养成良好的品德和行为习惯,为其成为爱祖国、爱人民、爱劳动、爱科学、爱社会主义的公民奠定基础。

实现这样的生活,要求儿童“学会做事、学会关心”、“遵守社会道德规范”、“爱集体、爱家乡、爱祖国”,这三条要求共含12条内容标准。这个领域涉及家庭生活、学校生活、公共生活中的规则、规范;既包含与家人、同伴等熟人之间的关系,也包含与社会各行各业陌生人之间的关系;既包含个人与集体的关系,也包含与家乡和祖国的关系。

(4) 动手动脑、有创意地生活

> 动手动脑、有创意地生活是儿童个性发展的内在需要,也是时代提出的要求。它旨在引导儿童学会学习,发展认识能力、动手能力和创造性,利用自己的知识和聪明才智去探究或解决问题,让生活更丰富更美好,并在此过程中充分地展现并提升自己的智慧,享受创造带来的欢乐。

“能够动手动脑、有创意地生活”是提高生活品质的重要保证。实现这种生活,要求儿童“有好奇心和多样的兴趣”,学着“设计与制作”,以及“勤于思考、学习探究”,三条要求共含10条内容标准。这其中,好奇心和兴趣又是动手动脑、有创意地生活的基本动力条件。“设计与制作”不仅可以提高儿童的动手能力,丰富和美化生活,还可以因此使儿童感受到创造的乐趣和自身的价值。“勤于思考,学习探究”包含了6条内容标准,涵盖了探究过程所涉及的要素:观察、比较、调查、交流、资料收集、反思总结等,显示了品德与生活课程对“方法和过程”的重视。

四、三条主线和四个方面交织构成课程基本框架

“三条主线和四个方面交织”构成儿童生活的基本层面,同时也构成了课程的基本框架。这句话的含义就是儿童与自我、儿童与社会、儿童与自然这三对关系贯穿于四个

方面的生活中，也就是说，每个生活领域都包含了三对关系。内容标准就是两者交织的体现，如表 4－1 所示，该表呈现了两者交织而成的内容标准。

例如，“健康、安全地生活”这一领域与“儿童与自我”关系交织构成的的内容标准就有“按时作息、生活有规律；养成良好饮食和卫生习惯”、“生活中自己能做的事情自己做”、“在学校里情绪安定，心情愉快”等。

体现儿童与社会关系的内容标准有“爱护家庭和公共环境卫生么”、“使用玩具、设备进行活动时，遵守规则，注意安全”、“认识常见的交通标志和安全标志，遵守交通规则，不到危险的地方去玩，避免意外伤害”；

体现儿童与自然的关系的内容标准有：“了解天气、季节变化对生活的影响，学会照顾自己”、“了解儿童易发疾病的有关知识，积极参加预防疾病的活动”等。

需要注意的是，有些内容标准主要包含一对关系，而有些则包含两对或三对关系。例如，“动手动脑、有创意的生活”中的各条内容都是三对关系的综合反映，无法将这些内容标准进行归类。再如，“在成人帮助下能较快地化解自己的消极情绪”、“在成人的引导下学会正确对待自己的学习成绩”、“在成人帮助下能定出自己可行的目标，并努力去实现”这几条既包含了儿童与自我的关系，也包含儿童与社会的关系。表 4－1 只呈现每条内容标准突出反映的一对关系。

表 4－1

品德与生活课程“三条线”和“四方面”的交织

	儿童与自我	儿童与社会	儿童与自然
健康、安全地生活	按时作息、生活有规律；养成良好饮食和卫生习惯；生活中自己能做的事情自己做；初步知道保健常识并在生活中运用；在学校里情绪安定，心情愉快；熟悉学校环境，能利用学校中的卫生保健措施。	爱护家庭和公共环境卫生；使用玩具、设备进行活动时，遵守规则，注意安全；认识常见的交通标志和安全标志，遵守交通规则，不到危险的地方去玩，避免意外伤害；	了解天气、季节变化对生活的影响，学会照顾自己；了解儿童易发疾病的有关知识，积极参加预防疾病的活动；了解当地多发的自然灾害的有关知识，知道在紧急情况下的逃生或求助方法。
愉快、积极地生活	能看到自己的成长和进步，并为此而高兴；在成人帮助下能较快地化解自己的消极情绪；在成人的引导下学会正确对待自己的学习成绩；在成人帮助下能定出自己可行的目标，并努力去实现；能欣赏自己和别人的优点与长处，并以此激励自己不断进步；有应对挑战的信心与勇气；学习与生活中遇到问题时愿意想办法解决；敢于尝试有一定难度的任务或活动。	喜欢和同学、老师交往，高兴地学，愉快地玩。	亲近自然，喜欢在大自然中活动，感受自然的美。

续 表

	儿童与自我	儿童与社会	儿童与自然
负责任、有爱心地生活	做事认真负责,有始有终,不拖拉;认真完成自己承担的任务。	爱父母长辈,体贴家人,主动分担力所能及的家务劳动;关心他人,友爱同伴,乐于分享与合作;懂礼貌,守秩序,体会规则的意义,行为文明;能初步分辨是非,做了错事勇于承认和改正,诚实不说谎;尊重社会各行各业的劳动者,爱惜他们的劳动成果;爱护公物,为保护环境做力所能及的事;喜欢集体生活,爱护班级荣誉;了解家乡的风景名胜、主要物产等有关知识,感受家乡的发展变化;尊敬国旗、国徽,学唱国歌。崇敬革命领袖和英雄模范人物,为自己是中国人感到自豪。	爱护动植物,节约资源,保护环境做力所能及的事。
动手动脑、有创意地生活	有好奇心和多样的兴趣;喜欢提问和探寻问题的答案;对周围环境充满兴趣,喜欢接触大自然;喜欢利用身边的材料自制小玩具、小礼物或布置环境等来丰富和美化生活;能根据需要动手做简单的道具、小模型、小物品等来开展活动;勤于思考,学习探究;能积极地出主意、想办法来扩展游戏或推进活动;学习用观察、比较、调查等方法进行简单的生活和社会探究活动;能与同伴交流、分享、反思探究的过程或成果;能对问题提出自己的想法与看法;学习通过图书、电视、网络等多种途径收集需要的资料;在成人的帮助下,能总结、提升获得的经验或信息。		

此外,四个方面的内容标准只是教师选择内容的依据,在实际教学中,教材编写者和教师不仅要依据这些内容标准,更要依据学生的实际需要和问题去选择、确定教学内容。首先是根据学生的生活需要、生活课题确立单元学习主题,然后考虑该主题下设计哪些子课题或活动,可以有机地体现三对关系(三条主线)和四个方面的内容要求,同时帮助学生解决问题,提升其生活经验。综合不能牵强附会,未必要做到每一节课、每个活动、甚至每个单元都包含三对关系,而是先站在一个学期的层面考虑各单元主题的内容重点,继而站在一个单元的层面去考虑每节课的内容、每个活动的侧重点。一个学期通过若干单元主题、一个单元主题通过相互关联的若干子课题或若干活动来实现三对关系之间、各生活领域之间的有机联系。

例如,所有版本的品德与社会教科书都根据儿童上小学,学做一名小学生这个生活事实来设计品德与社会课的第一单元,虽然主题名称各异,如"我上学了"(人教版、教科版)、"认识你真好"(苏教版),但是大都包含观察、熟悉学校的环境、结识新朋友、理解学校生活的规律和规则(如按时到校、按时进教室上课)、学习习惯和学习方法等子课题,有些还会增加上学或放学之类与交通安全相关的子课题。整个单元包含了儿童与自我、儿童与社会两对关系，并涉及四个生活领域的内容标准，但各个子课题的内容则有所侧重。如果在“结识新朋友”这一课题中，将小动物也包含在朋友的范畴中的话，则这个单元也可以包含人与自然的关系。要不要把小动物纳入到结识新朋友的活动中，要根据学校是否有动物饲养的条件来决定。当然，如果将饲养小动物和种植活动（没有条件的学校，学生可以在家饲养小动物，然后到学校来交流）纳入第一学期其他单元中的话，那么第一单元不触及人与自然的关系也是没有问题的。

总之，内容的综合要站在一个学期、甚至一个学年的层面去考虑、去实现，同时兼顾学生的需要、学习条件和课程标准的要求。

第二节　品德与社会课程的内容架构

品德与社会课程内容构建的突出特征是，它是依据课程设计思路、按照综合主题方式呈现的。为体现课程的综合性，我们借鉴并采用了国际上比较成熟的“同心圆扩大”的构建方式，即：以不断扩大的学生生活范畴为主线，把个人—家庭—学校—社区—国家—世界等层面作为主题，沿着学生生活范围不断扩大和成长的路线展开、整合课程内容。在每一条标准中，都尽可能地体现出知识学习、情感态度和行为能力养成融为一体的课程理念，并在每一个主题框架中，都设计了包括社会环境、社会活动和社会关系等要素的学习内容和学习活动。

可以看出，品德与社会课的内容设计不同于品德与生活课，它不是一个同一层面的领域划分，而是在多个层面上学习内容的拓宽和加深。因为与品德与生活课程相比，品德与社会课的课程内容和活动设计更需要注重对学生认识、思考能力的培养和基础知识的积累，更要符合小学中高年级学生从形象思维向逻辑思维转变的年龄特征和接受能力。①

品德与社会课程内容的设计思路被概括为：一条主线，点面结合，综合交叉，螺旋上升。本节试阐述这一设计思路的内涵，以及 52 条内容标准是如何体现这一设计思路的，为教材编写者和教师选择和组织教学内容以实现有机综合提供参考。

一、一条主线：学生的生活发展

品德与社会课的“一条主线”实际上与品德与生活课设计思路中的“以儿童的生活为基础”有着相同内涵，两门课程在这点上是一脉相承的，只是选择生活内容的视点上有所不同。

随着年龄的增长，学生的生活范围不断扩展，在挑战一个个日益复杂的新课题中，生活经验不断丰富，认识能力不断发展。因此，品社课的内容是围绕学生不断扩展的社会生活领域来组织的，让学生随着生活范围的不断扩展，逐步从宽度和深度上提升对社会生活的认识以及适应和参与社会生活的能力，增强社会认同感、归属感和责任感。基

① 义务教育品德与社会课程标准(2011年版)解读[M]. 北京：高等教育出版社，2012：98—99.

于这个思考，并借鉴国外小学社会科多采取的“同心圆扩大”的内容构建方式，确定了六个主题：“我的健康成长”、“我的家庭生活”、“我们的学校生活”、“我们的社区生活”、“我们的国家”、“我们共同的世界”，反映了从个人、家庭、学校、社区，到祖国、世界这一由近及远的生活发展顺序。

但是这条主线并不是单向、封闭的线。因为学生的生活领域不是封闭的空间，而是一个开放而广阔的领域，各领域之间相互联系，彼此又有包含。随着信息技术的发展和全球化的推进，年幼的孩子就可以通过媒体、物品接触其他地域、国家和民族。他们在某一年龄阶段对生活和事物的感知和认识，都不再局限于狭隘的生活范围内。因此，教材编写者和教师要把每一个主题下的学习内容看成是开放的系统，在遵循由近及远的基本顺序选择内容的同时，也要兼顾“近中有远，远中有近”。如三年级以学校生活为主题展开教学时，就可以引入其他地区、其他国家的学校生活。在有关家庭生活的主题中，通过家里的旧物，可以让学生了解社会的发展、世界的变化，在今昔对比中，体会时代的变迁。高年级以祖国和世界为主题选择教学内容时，也可以比较不同自然环境中的家庭生活，从家庭的饮食、住房等感受自然环境对生活方式的影响。还可以通过考察家庭生活用品和食物的来源，展现全球经济的联系。

二、点面结合：面上选点，组织教学内容

品德与社会课程中的“点面结合”与品德与生活课程中三条主线和四个方面的交织具有相同的含义。品社课中的“点”与品生课中的“三条主线”性质相同，品社课中的“面”则与品生课中的“四个方面”性质相同。只是两门课程因课程性质和课程理念的不同而赋予了“点(主线)”和“面”以不同的内涵。

品社课的“面”是学生逐步扩展的生活领域，即个人、家庭、学校、社区、祖国和世界，在多个层面上拓宽和加深学习内容。而品生课的“面”是在同一层面上划分的领域。

品社课的“点”指社会生活的几个主要因素，即社会环境、社会活动和社会关系。这三大要素可以进一步分解为：

社会环境：时间、空间、人文环境、自然环境等；

社会活动：日常生活、文化、经济、政治等活动等；

社会关系：人与人的关系、社会规范、规则、法律、制度等。

我们也可以把它们看成认识社会的三个视点。①

为什么要从面上选点来组织教学内容呢？因为儿童的社会生活既与各生活领域密不可分割，又与各社会要素相互作用。每个生活领域都必然地包含有三大社会因素。以家庭生活为例，就涉及到：

家庭环境：如居住地点和条件，以及家庭内部人员和物品的空间分布；迁居、变化、家人的生老病死等；

家庭活动：如购物、储蓄、理财、做家务、看电视、玩游戏、外出旅游和生产劳动(限个体经济家庭)等经济的或文化的活动；

---

① 义务教育品德与社会课程标准(2011年版)解读[M].北京：高等教育出版社，2012：84.

家庭关系：如亲子关系、兄弟姊妹关系，以及亲属关系、邻里关系。

学生在成长发展中，都会与这些因素相互作用，学生受这些因素的影响，并与这些因素相互作用，而使生活经验和知识变得越来越丰富，并通过教师的指导及与同伴的交流和探究，使感性认识发展为理性认识。

品德与社会课程的内容标准就是这样通过“点面结合”形成的。这样的设计具有更大的包容性，既能基本上涵盖儿童社会生活的方方面面，各自的边界又相对清晰。表4－2列举了家庭、学校、社区（家乡）、祖国、世界五个领域与三大社会要素交织而产生的部分内容标准。

表4－2

品德与社会课程内容中的“点面结合”（部分）

社会要素 / 生活领域	社会环境（时间、空间、人文环境、自然环境等）	社会活动（日常生活、文化、经济、政治等）	社会关系（人与人的关系、社会规范、规则、法律、制度）
家庭	爱护家庭周边环境。	知道家庭经济来源的多种形式，了解家庭生活必要的开支。	知道自己的成长离不开家庭，感受父母长辈的养育之恩，体会家庭成员间的亲情。
学校	知道学校的组织机构，了解学校的发展变化……	通过学校和班级等集体生活，体会民主、平等在学校生活中的现实意义	感受与同学间的友爱之情，学会和同学平等相处、互相帮助。
社区	了解家乡的自然环境和经济特点及其与人们生活的关系。	观察本地交通秩序现状，知道有关的交通常识……	了解家乡的优秀人物，向他们学习。
祖国	知道我国的地理位置、领土面积、海陆疆域、行政区划，台湾是我国不可分割的一部分，祖国的领土神圣不可侵犯。	通过身边的生活用品，探究工业与人们生活的关系，了解工人生产劳动的情况。	遵守网络道德规范，努力增强对各种信息的辨别能力。
世界	初步知道世界的海陆分布及主要地形等基本常识。	通过一些日常生活用品，体会世界经济的发展与联系及其给人们生活带来的影响。	体会和平的美好、战争给人类带来的苦难，热爱和平。

需要注意的是，虽然每个“面”都包含三大社会要素，但并不是每个“面”所包含的要素在内容量上都是均等的，某些生活领域的内容标准主要体现某个或某些社会要素。由于学生在不同年龄发展阶段与社会要素相互作用的深度和广度是不同，所以小学阶段要求学生在不同领域、不同年级学习的内容要根据学生接触社会生活可能有的广度和深度进行选择和组织。比如，家庭生活领域中，自然环境方面的因素并不是最主要的，而且家庭生活方面的内容一般安排在三年级学习，三年级学生对自然环境的理解力有一定局限性。所以，家庭生活领域中有关自然环境的内容量少于其他领域。而“我们的国家”这一领域，就需要学习较多的中国地理方面的知识，这些知识能够帮助学生更

好地理解中国的国情。

三、综合交叉

设计思路中的“综合交叉”中的“综合”从多个侧面反映了品德与社会课程的综合属性。每个生活领域都综合了社会生活的多个要素，而每一条内容标准往往也综合了两个以上社会生活要素。因为在现实生活中，每个要素都不可能是单独出现的。课程标准只是为了分析需要才把这些要素单独抽取出来。

以“我们的社区生活”为例。了解本地区的自然环境和经济特点及其与人们生活的关系；感受本地区的变化和发展；了解对本地区发展有贡献、有影响的人物，萌发对家乡的热爱之情。这一条内容标准既包含了社会环境方面的知识，又包含经济活动等社会活动，还包含社会关系，如自然环境与人们生活的关系、经济与人们生活的关系、家乡的发展与某些人物的关系、学生与家乡人的关系等。

“综合”又意味各生活领域还要整合品德和规则教育、爱国主义、集体主义和社会主义教育，历史与文化、国情教育，地理和环境教育、生命与安全教育，民族团结教育等。不过，这些教育在不同生活领域展开的深度和广度有所不同。

“综合交叉”中的“交叉”则表现为同样的内容出现在不同领域(主题)中，这是课程综合性的特点使然。例如，有关感恩、关爱、尊重的内容，在以下生活领域(主题)中都有体现：

“我的健康成长”——“5. 懂得感恩和基本的礼仪常法；学会欣赏、宽容和尊重他人；

“我的家庭生活”——“1. 知道自己的成长离不开家庭，感受父母长辈的养育之恩，以恰当的方式表达对他们的感激、尊敬和关心，孝敬父母长辈”；

“我们的学校生活”——“4. 体会同学之间真诚相待、互相帮助的友爱之情；学会和同学平等相处。知道同学之间要相互尊重，友好交往”；

“我们的社区生活”——“3. 关心了解周围不同行业的劳动者，感受并感激他们的劳动给人们生活带来的便利，尊重并珍惜他们的劳动成果”；

再如，有关自然环境对人类生活的影响的内容，在以下几个领域中均有体现：

“我们的国家”——“3. 了解我国不同地区自然环境的差异，知道并理解这些差异对人们的生产和生活方式的影响”；

“我们共同的世界”——“2. 比较不同国家、地区、民族不同的生活习俗、传统节日、服饰、建筑、饮食等状况，从不同的角度，尝试探究差异产生的原因，尊重文化的多样性”。

有关环境教育的内容则出现于以下几个领域：

“我们的社区生活”——“9. 了解本地区生态环境，参与力所能及的环境保护活动，增强环保意识”；

“我们共同的世界”——“6. 初步了解全球的环境恶化、人口急剧增长、资源匮乏等状况以及各国采取的相关对策，体会‘人类只有一个地球’的含义。”

一个主题(领域)甚至一条内容标准整合多个社会要素和多领域的知识，并且一个教育内容又包含在不同主题(领域)中,这就是"综合交叉"的含义,它有利于发展学生多角度、多层面认识社会的能力。

四、螺旋上升

螺旋上升指同样的学习内容在不同主题(领域)、不同年级中循环出现,或者同一主题在不同年级中循环出现,但学习要求、学习的难度逐步提高。例如:前文所列举的感恩教育分布在多个主题(领域)内。但是随着年级的增长、生活领域的扩展,学生要学习感恩的对象由身边的熟人发展到陌生人,感恩的范围逐步扩展,对感恩对象的理解逐步加深,感恩的方式逐步多样化,感恩的能力都逐步加强。

再如,有关"经济活动"内容的学习,在"我的家庭生活"中的要求是"了解家庭经济来源和生活必要的开支。学习合理消费、勤俭节约的途径和方法"。而在"我们的社区生活"中要求"学习选购商品的初步知识,文明购物。具备初步的消费者自我保护意识"。到了"我们共同的世界"则要求"初步了解我国与世界各国的经济相互依存关系,及其给人们生活带来的影响"。比较上述不同领域(主题)中的"经济活动",可以发现,它们并没有简单重复,而是由近及远,由窄变宽地加深、扩展,对学生的学习要求也是逐渐提高的。

此外,个人生活虽然离自己最近,但是一个人的生长发展是没有顶点的,一个人对自己认识也是永无止境的。另一方面,外地、外国、几千年前的世界虽然远离学生,但是现代传媒的发展和商品的广泛流通,使得小学生都能时时看到、触摸远处的世界。因此,六大生活领域(主题)的学习顺序虽然以由低年级到高年级为主,但是各主题也可以在不同年级循环出现,学习要求则逐步提高。当然各生活领域(主题)所出现的方式在不同年级要有所不同。例如,三年级可以通过学校这个主题,认识世界上各种学校。五、六高年级在学习"我国颁布的与少年儿童有关的法律、法规"时,又可以结合家庭生活或学校生活展开教学,家庭和学校在不同年段的出现方式不一样。

总之,教材编写者和教师要注意同一个内容可以在不同年级重复出现,但学习要求应该逐步递进,随年级的升高,逐步提高学习的深度和广度,尽力使各个主题、各个内容的教学实现纵向与横向的有机联系。

第三节 品德与社会课程中的历史与地理学习

"所有的社会现象都在时间中存在而有其历史,所有的社会现象和问题也在空间中存在而有其地理特征。所以,历史和地理的知识与视角成为我们了解生活世界的核心。"[①]这句话简明扼要地道出了学习历史和地理的意义,同时也寓意学习历史和地理,不仅仅是学习中国历史和世界历史、中国地理和世界地理,学习用历史和地理的视角去认识社会,才是品德与社会课程中的历史学习和地理学习的要旨。

---

① 美国国家研究院,地学—环境与资源委员会,地球科学与资源局,重新发现地理学委员会.重新发现地理学[M].黄润华,译.北京:学苑出版社,2002:28.

世界上有很多国家从小学中高年级就开设历史课和地理课,美国、日本等一些国家则将历史和地理整合在社会科中,从其课程内容和教科书中可以看到历史和地理要素从起始年级就融入各种主题中。美国的小学虽然不单独开设历史课程和地理课程,却有中小学一体化的历史课程标准和地理课程标准,成为社会科的课程编制者和教师开展史地教学的依据。

我国的史学界和教育界都缺乏对小学阶段史地教育的关注和研究,品社、品生课程的研究者和教师都在实践中摸索史地教育的方法。由于对史地教育意义限于爱国主义教育、国情教育这一层面上的理解,历史和地理的知识的视角始终没有在小学教育中予以重视。我们希望教师通过本节的学习,重新认识品德与社会课中历史和地理的教育价值,挖掘课程中开展史地教学的资源,发挥史地的育人价值,推进社会认识能力的提高。

一、品社课中历史学习的意义和重点

1. 学习历史的意义

为什么要学习历史?大多数教师会回答说,学习历史可以使人明智,可以以史为鉴,可以了解国情,可以帮助我们理解现在的世界,可以培养民族认同感,传承优秀的历史传统。这些回答都没有问题,但是历史何以使人明智,怎样以史为鉴,大多数品德与社会教师并不清楚,历史学习与思维能力、社会认识能力的关系,以及历史学习与公民素养的关系在小学阶段始终未受到重视。

美国国家历史课程标准这样阐述历史学习的意义:“历史知识是政治能力的准备。”“如果一个人不具备历史知识和史实探究的能力,就不可能成为一个知识渊博、有识别力的、积极参与社会事务的公民。”①

《美国国家社会科课程标准:追求卓越》在十大主题轴之一“时间、连续与变化”部分也阐述了学习历史的必要性。

> 社会科课程应该为学生提供研究人类在不同历史阶段审视自身方式的经验。
>
> 人类寻求了解自身的历史根基,并在事件的发展中给自己一个定位。这其中包括知道过去发生了什么,以及事情是怎样发展和变化的;知道如何理解和重构过去,以发展人的历史观,并能回答下列问题:我是谁?过去发生了什么?我与过去存在什么关系?世界是怎样变化的?将来世界会发生什么变化?我们的个体感觉为什么与过去的变化相关联?怎样跨越时间,把我们自己的生活经历看作整个人类历史的一部分?我们自身的经历是怎样反映观念的变化并赋予当代意识和行动的?②

---

① 转引自:Tom V. Savage, David G. Armstrong. 小学社会科的有效教学[M]. 廖珊,罗静,译. 北京:中国轻工业出版社,2003:29.

② 美国国家社会科协会. 美国国家社会科课程标准:卓越的期望[M]. 高峡,等,译. 北京:教育科学出版社,2008:16—17.

美国社会科教育专家沃尔特・C・帕克(Walter・C・Parker)则列出了小学所有学年及成人世界需要学习历史的五个理由:历史可以让人学会判断,有同情心与自知之明,发展想象力,产生力量,拥有远见。这五个理由可归结为一句话:历史增长智慧。

> 学生与遥远的时空接触成为他们作为儿童生活的一部分。这些接触以及学生对它们的理解增加了他们应付新情况和新问题的知识存量。历史有助于把我们从因生活环境而弄得眼花缭乱的境况中摆脱出来,它可以拓展我们的眼界,使我们的时间界限能向前延伸到那些早期的原始村落,往后到达10 000年后,到达世界各地。①

结合我国的国情、教育目的和课程理念,我们可以说,学生学习历史的意义可以概括为以下几点:

(1) 了解国情,形成国家意识和民族归属感。

(2) 拥有理解社会现象(新闻事件)的背景知识,增加对国内和国际事务的兴趣和关注度。

(3) 形成历史眼光和历史思维,从而更好地理解、洞察社会现象、预测未来。

(4) 满足对自我身份、民族起源、人类历史——"我是谁,来自哪里"之类问题的好奇心和求知欲。

(5) 提高对历史的兴趣,掌握一些探究历史的基本方法,为今后的历史学习奠定基础。

2. 历史学习的内容重点

品德与社会课程明确指出"课程内容有机融合品德和规则教育、爱国主义、集体主义和社会主义教育,历史与文化教育、国情教育,地理和环境教育……"显然,"历史教育"是品德与社会课程不可忽略的内容之一。此外,课程标准指出儿童的品德与社会性发展是通过与各种社会生活要素相互作用实现的。作为社会生活主要因素之一的"社会环境"包含了"时间"、"人文环境"这两个环境要素。"人文环境"毋庸置疑包含了历史。历史构成了一个人、一个共同体、一个民族、一个国家成长发展的人文环境。"时间"这一因素指的就是事物或现象产生的时间,不同时间产生的事物或现象具有不同的性质和影响。"时间"这一因素还指事物随时间而变的情况,而历史就是从时间的角度看待人类的事务。

历史学习包括历史知识和历史思维(时间意识)两方面的学习。历史知识不仅仅指乡土历史(区域历史)、国家历史和世界历史。从时间的角度来看待事物,那么所有的事物都有其历史,个人有个人史,家庭有家庭史,学校有学校史,食物有食物史,工业有工业史,任何生产工具、生活用品也都有历史。所有事物的历史构成了人类历史的一部

---

① 沃尔特・C・帕克.美国小学社会与公民教育[M].谢竹艳,译.南京:江苏教育出版社,2006:100.

分,从一个侧面反映了人类的历史。小学生学习历史,就是从自己的历史、从身边事物的历史开始,感受社会的发展,发现过去、现在和未来的联系。也就是说小学生学习的历史主要是生活史,这些知识是他们学习更宏大的历史的基础。此外,学习历史知识必须掌握一些有关时间顺序的概念,如年代、纪元、朝代,这些是理解历史所必须掌握的概念,因此也是小学历史学习的内容之一。

历史思维(时间意识)就是历史探究方法,其核心是按年代顺序进行思维。美国历史课程标准要求小学生"能够辨别过去、现在、未来,比较并计算日历的时期,构建并利用年代表,确定历史故事中的时间结构,也就是要发展学生的时间观念"。[①] 此外,历史思维还包括,关注历史事件的先后联系;比较针对同一事件的不同观点,辨别事实和杜撰;开展历史调查,收集史料;利用各种材料,对历史上的争议、两难问题做出分析和判断等等。美国历史课程标准对这些方面的学习内容都有具体要求。有些要求不适合我国目前的国情,但对于今后品德与社会课程进一步完善历史教育具有参考价值。有条件的地区,教师可以一定程度地突破课程标准要求,在培养学生历史思维方面进行大胆的实验。

在我国的品德与社会课程中,各生活领域(主题)都含有历史要素,有些历史要素是显性的,有些是隐性的,教师们还可以在各生活领域中挖掘更多历史要素。表 4-3 列出了含有历史要素的内容标准,为教师组织教学内容,开展历史教育提供参考。

历史要素可以通过以下概念来表现:

历史思维:过去、从前、时期、朝代、年代、纪元、变化、变迁、成长、变革、传承、今昔对比、历史原因、历史影响、时间顺序、年表、时间表、大事记、史料等。

历史知识:历史事件、历史人物、朝代更替、传统文化、文化遗产等。

表 4-3 品德与社会课程中的历史要素

生活领域	含历史要素的内容标准	显性(A)/隐形(B)
我的家庭生活	1. 知道自己的成长离不开家庭	A. 我的成长史 B. 今昔对比(和爸爸爷爷比童年)、家庭变迁
我与学校生活	1. 了解学校主要部门的工作和发展变化,增强对学校的亲切感,尊敬老师,尊重学校工作人员的劳动	A. 学校发展变化(校史)、大事记
	2. 珍惜时间,学习合理安排时间	A. 时间表(课程表)、时间顺序
我们与社区生活	2. 感受本地区的变化和发展,了解对本地区发展有贡献、有影响的人物,萌发对家乡的热爱	A. 区域变化、发展,乡土历史人物 B. 历史思维
	10. 了解本地区的民风、民俗和文化活动,体会其对人们生活的影响	A. 传统文化

① Tom V. Savage, David G. Armstrong. 小学社会科的有效教学[M]. 廖珊,罗静,译. 北京:中国轻工业出版社,2003:33.

续 表

生活领域	含历史要素的内容标准	显性(A)/隐形(B)
我们的祖国	2. 知道我国是一个统一的多民族国家。了解不同民族的生活习惯和风土人情	A. 传统文化 B. 历史事件、历史人物、史料、年表等
	9. 知道我国是有几千年历史的文明古国，并掌握应有的历史常识。珍爱我国的文化遗产	A. 历史知识 B. 历史思维
	10. 知道近代我国遭受过列强的侵略以及中华民族的抗争史	A. 历史知识 B. 历史思维
	11. 知道中国共产党的成立，知道新中国成立和改革开放以来取得的成就	A. 历史知识 B. 历史思维
	12. 知道人民解放军是保卫祖国、维护和平的重要力量	B. 历史事件、历史人物、史料等
我们共同的世界	2. 比较不同国家、地区、民族不同的生活习俗、传统节日、服饰、建筑、饮食等状况	A. 传统文化 B. 历史事件、历史人物、史料、年表等
	3. 初步了解一些人类的文化遗产，激发对世界历史文化的兴趣。	A. 历史知识 B. 历史思维
	7. 知道我国所加入的一些国际组织，了解这些国际组织的作用	B. 历史事件、历史人物、史料等
	8. 感受和平的美好，了解战争给人类带来的影响	A. 历史知识 B. 历史思维

教师可以依据课程标准的内容和学生的发展水平和发展需要，在历史教育方面进行更大胆的创造性实践，这种实践甚至可以从一年级开始。比如，围绕“我长大”这一单元主题，可以让学生将证明自己成长的物件(照片、玩具、衣物、书籍等等)按照时间顺序进行排列并做讲解，三年级学生可以制作一本自我成长史手册，按时间顺序排列照片，写下成长中的故事。在学校生活这一单元主题中，可以进一步让学生制作校史手册，校史手册要比个人成长手册有更丰富的信息量，时间跨度也更大，触及年代等概念。这些活动有助于培养学生按时间顺序进行思维的能力，这些能力可以迁移到高年级的中国历史和世界历史的学习中。

需要注意的是，品德与社会课程中的历史学习要尽量避免学科化，历史知识和历史思维应与德育内容有机结合，使历史学习成为有价值意义的学习活动的一部分。例如，学生制作个人成长手册的活动与感恩活动结合的话，就有了道德教育、人文教育的价值。

二、品社课中地理学习的意义和重点

1. 学习地理的意义

“历史从时间的角度来看人类的事务，而地理则是从空间角度出发来看待人类事务。”[①]地理研究的是人和环境的关系,关注事物的空间分布特点以及不同现象之间的相互影响。那么学习地理对于品德形成与社会性发展有什么意义呢?关于这一点,美国的两份教育文件,为我们回答这个问题提供了重要启示。

美国国家地理课程标准《生活地理:全美地理》(*Geography for life: National Geography*, 1994)从以下4点阐述了学习地理的意义[②]:

① 全球间的相互联系使地理知识变得十分重要。在全球化的市场,从事商业活动就一定要知道产品在世界范围内的市场、原料来源地和运输路线。

② 帮助我们从理性上超越种族中心主义和地方观念的局限。

③ 对多种多样的人和地方的了解可以帮助每个人形成对多样性的正确评价,并帮助我们在可靠信息的基础上做出更英明的决策。

④ 知道地球还在宇宙中运行,但我们不能确定它还能否提供给我们需要的环境。

《美国国家社会科课程标准:追求卓越》将“人、地域与环境”列为十大主题轴之一,对于为什么要设立这个主题轴,该标准阐述道:

> “社会科课程应该为学生提供研究人、地域与环境的经验,因为对人、地域和环境相互作用的学习可以帮助学生发展空间观和地理观,今天的社会、文化、经济,以及对个人公民素养的要求都提示我们,学生必须具备提出和回答以下问题的知识、技能和理解力:事物位于何处?事物的分类是否反映了一定的模式?什么是地域?地形是怎样变化的?这些变化对人类意味着什么?这个范畴的学习有助于学生对人类与其环境关系的判断更有见地和批判性。”[③]

品德与社会课程的目标是“培养学生的良好品德,促进学生的社会性发展,为学生认识社会、参与社会、适应社会,成为具有爱心、责任心、良好行为习惯和个性品质的公民奠定基础”。这门课程的性质和目标虽然与美国的社会科有所不同,更重视学生良好品德的形成,但是课程和性质决定了地理学习在课程中的价值。其价值可以概括如下:

(1) 帮助学生更好地理解人和自然的关系,从而更懂得爱护自然,珍惜地球资源;

(2) 让学生懂得不同环境的人们为什么有不同的风俗习惯,以及区域之间是如何相互依存的,从而形成对不同地域文化的包容和尊重;

(3) 增强学生的空间意识、方位感,以及识别环境特征的能力,从而增强环境的适应能力以及合理改造生活环境的能力;

(4) 使学生学会运用地图来获取信息,并利用地图表征信息,运用地图更好地解决问题,适应并参与社会生活。

---

① Tom V. Savage, David G. Armstrong. 小学社会科的有效教学[M]. 廖珊,罗静,译. 北京:中国轻工业出版社,2003:40.

② 转引自:Tom V. Savage, David G. Armstrong. 小学社会科的有效教学[M]. 廖珊,罗静,译. 北京:中国轻工业出版社,2003:40—41.

③ 美国国家社会科协会. 美国国家社会科课程标准:卓越的期望[M]. 高峡,等,译. 北京:教育科学出版社,2008:16—17.

2. 地理学习的内容重点

品德与社会课程标准虽然未明确阐述地理学习的意义，但是课程标准给地理教育保留了一席之地。前言部分关于“综合性”的阐述，明确提出“课程设计体现社会环境、社会活动、社会关系的内在整合”，而社会环境就包含了自然地理环境。前言部分还提出“课程内容有机融合品德和规则教育、爱国主义、集体主义和社会主义教育，历史与文化教育、国情教育，地理和环境教育……”可见“地理教育”是被列入品德与社会课程内容中的。那么，地理教育如何融入课程内容，教师如何开发地理教学的资源呢？

前文阐述课程设计思路时，已经指出学生的品德形成和社会性发展是在逐步扩展的生活领域中进行的，是通过与社会环境、社会活动、社会关系各要素的交互作用实现的。社会要素存在于所有生活领域中。因此，每个生活领域必然包含自然环境的要素，涉及人与环境的关系，也就是说每个生活领域都包含了地理要素。

所谓地理要素，就是地理方面的知识、方法和技能，是关于人和环境的关系、人和事物的空间分布和空间移动规律、地球上不同地方的相互影响等等方面的知识，以及获取、利用、表达地理信息的技能和方法。有些地理要素显性地存在于内容标准中，有些地理要素隐含在内容标准中。除此之外，教材编写和教学实践者还可以挖掘更多地理要素。地理要素通过以下概念来表示。

地理技能和方法：地图、地球仪——平面图、路线图、交通图、政区图、地形图、地球仪、经线和纬线、赤道、比例尺、位置、方向、分布。

地理知识：(1) 地形和气候——地形、气候、山脉、河流、大洋、大洲、陆地、平原、高原、沙漠、盆地、海域、环境保护等。

(2) 资源和人口——土地资源、水资源、矿产、森林、渔业资源、旅游资源、人口、民族等。

(3) 生产和生活——产业、物产、饮食、服饰、建筑等。

(4) 交通——运输、公路、铁路、航空、航运、港口等。

(5) 贸易——出口、进口等。

(6) 区域划分——政区、区域等。

表 4 - 4 呈现了课程标准中显性、隐性的地理要素，以及可以有机融入地理学习的内容。

表 4 - 4 品德与社会课程中的地理要素

生活领域	含地理要素的内容标准	显性(A)/隐形(B)
我的家庭生活	3. 爱护家庭周边环境	A. 环境保护 B. 分布
我与学校生活	1. 能看懂学校和学校周边的平面图。能利用简单的图形画出学校平面图以及上学路线图	A. 平面图，路线图，方向，图例
我们与社区生活	1. 能够识读本地区(区、县、市等)、旅游景区等小区域的平面示意图。正确辨认区域地图上的简单图例、方向、比例尺	A. 平面图，区域地图，图例，方向，比例尺 B. 区域，旅游资源

续 表

生活领域	含地理要素的内容标准	显性(A)/隐形(B)
我们与社区生活	2. 了解本地区的自然环境和经济特点及其与人们生活的关系;萌发对家乡的热爱之情	A. 区域、地形、气候、产业
	3. 关心了解周围不同行业的劳动者,感受并感激他们的劳动给人们生活带来的便利,尊重并珍惜他们的劳动成果	A. 产业
	5. 了解本地交通情况	A. 交通地图
	6. 体验公共设施给人们生活带来的便利	B. 公共设施分布图
	10. 了解本地区的民风、民俗和文化活动	A. 民族、区域
	11. 了解本地区生态环境,参与力所能及的环境保护活动,增强环保意识	A. 环境、环境保护
我们的祖国	1. 知道我国的地理位置、领土面积、海陆疆域、行政区划	A. 地形、位置,陆地,海域,政区、地图
	2. 知道我国是一个统一的多民族国家,各民族共同创造了中华民族的历史和文化。了解不同民族的生活习惯和风土人情,理解和尊重不同民族的文化	A. 民族、政区、饮食、服饰
	3. 了解我国不同地区自然环境的差异	A. 地形、气候等
	4. 知道我国是一个地域辽阔、有着许多名山大川和名胜古迹的国家,体验热爱国土的情感	A. 地形、河流、山脉、旅游资源
	6. 初步了解我国的工农业生产,以及工农业生产与人们生活的关系,知道工人、农民付出的辛勤劳动与智慧,尊重他们的劳动	A. 工业、农业、区域、产业分布图
	7. 了解我国的交通发展状况	A. 交通地图
我们共同的世界	1. 知道世界的大洲、大洋的位置,能在地图或地球仪上找到相应的国家或地区	A. 位置、大洋、大洲、地图、地球仪、陆地、海域
	2. 比较不同国家、地区、民族不同的生活习俗、传统节日、服饰、建筑、饮食等状况,从不同的角度,尝试探究差异产生的原因,尊重文化的多样性	A. 区域、饮食、服饰、建筑 B. 世界地图、中国地图
	5. 初步了解科学技术与人们生产、生活及社会发展的关系,认识科技要为人类造福,崇尚科学,反对迷信	B. 产业
	6. 初步了解全球的环境恶化、人口急剧增长、资源匮乏等状况	A. 环境保护、人口、资源 B. 世界地图、资源分布图

无论是显性还是隐性的地理要素,含有地理要素的内容,都可以与学习主题有机结合开展地理学习,并循序渐进增加深度和广度。但是,需要注意的是,品德与社会课程中的地理学习须与生活课题有机结合,不能以单纯学习地理知识和技能为直接目的,而要把地理知识和技能嵌入生活情境中,作为有意义的学习活动(如问题解决)的一部分,

尽可能使地理学习富有价值意义。

【本章小结】

- 品德与生活课程采用“三条主线”和“四个方面”交织的方式构成内容框架。即儿童与自我、儿童与社会、儿童与自然这三对关系贯穿于“健康、安全地生活”、“愉快、积极地生活”、“负责任、有爱心地生活”、“动手动脑、有创意地生活”这四个方面的生活中，每个方面都暗含了三对关系。
- 品德与生活课程的设计思路体现了基于儿童经验的设计模式，即从儿童真实的生活中选择内容，反映儿童在现实生活中成长所遇到的课题，以及解决课题所需要的体验、经验和需要学习的知识。同时，由于品德与生活课程是面向小学低年级儿童的课程，其教育对象以及生活性和活动性等特性决定了品德与生活课程采用活动课程和核心课程的内容组织方式更合适。
- 品德与生活课程的内容标准只是教师选择内容的依据，教材编写者和教师不仅要依据这些内容标准，更要依据学生的实际需要和问题去选择、确定教学内容。首先是根据学生的生活需要、生活课题确立单元学习主题，然后考虑该主题下设计哪些子课题或活动，可以有机体现三对关系（三条主线）和四个方面的内容要求，同时帮助学生解决问题，提升其生活经验。
- 品德与社会课程内容的设计思路为：一条主线，点面结合，综合交叉，螺旋上升。“点”指社会生活的几个主要因素，即社会环境、社会活动和社会关系。这三大要素可以进一步分解，社会环境包含时间、空间、人文环境、自然环境等要素，社会活动包括日常生活、文化、经济、政治等活动，社会关系包括人与人的关系、社会规范、规则、法律、制度等。我们也可以把它们看成认识社会的三个视点。由于学生的社会生活既与各生活领域密不可分割，又与各社会要素相互作用，因此每个生活领域都必然地包含三大社会因素。这样的内容设计具有更大的包容性，既能基本上涵盖儿童社会生活的方方面面，各自的边界又相对清晰。
- “综合交叉”意味一个主题（领域）甚至一条内容标准整合多个社会要素和多领域的知识，而且一个教育内容又可出现在不同主题（领域）中。“螺旋上升”指同样的学习内容在不同主题（领域）、不同年级中循环出现，或者同一主题在不同年级中循环出现，但学习要求、学习的难度逐步提高。这种设计有利于发展学生多角度、多层面认识社会的能力。
- 历史学习包括历史知识和历史思维（时间意识）两方面的学习。学习历史的意义可以概括为以下几点：(1)了解国情，形成国家意识和民族归属感；(2)拥有理解社会现象（新闻事件）的背景知识，增添对国内和国际时事的兴趣和关注度；(3)形成历史眼光和历史思维，从而更好地理解、洞察社会现象，展望未来；(4)满足对自我身份、民族起源、人类历史——“我是谁，来自哪里”之类问题的好奇心和求知欲；(5)增加对历史的兴趣，掌握探究历史的方法，为深入学习和探究历史奠定基础。

- 地理学习在课程中的价值可以概括如下:(1)帮助学生更好地理解人和自然的关系,从而更懂得爱护自然,珍惜地球资源;(2)让学生懂得不同环境的人们为什么有不同的风俗习惯,以及区域之间是如何相互依存的,从而形成对不同地域、不同文化的包容和尊重;(3)增强学生的空间意识、方位感,以及识别环境特征的能力,从而增强环境的适应能力以及合理改造生活环境的能力;(4)使学生学会运用地图来获取信息,并利用地图表征信息,运用地图更好地解决问题,适应并参与社会生活。

【思考与练习】

1. 为品德与生活课程设计一个单元主题及其学习活动,说明该单元是如何体现“以儿童的生活为基础,以三条主线和四个方面构成课程的基本框架”这一品德与生活课程的设计思路的?

2. 为品德与社会课程设计一个单元主题及其学习活动,说明该单元是如何体现“一条主线,点面结合,综合交叉,螺旋上升”这一品德与生活课程的设计思路的?

3. 选择一套《品德与生活》和《社会与社会》教材,分析其中一册教材,并重点分析其中一个单元,说明其是否体现了课程设计思路和课程理念,自己想如何加以改进。

【主要参考文献】

1. 义务教育品德与生活课程标准(2011 年版)解读[M]. 北京:高等教育出版社,2012.
2. 义务教育品德与社会课程标准(2011 年版)解读[M]. 北京:高等教育出版社,2012.
3. Tom V. Savage, David G. Armstrong. 小学社会科的有效教学[M]. 廖珊,罗静,译. 北京:中国轻工业出版社,2003.
4. 沃尔特·C·帕克. 美国小学社会与公民教育[M]. 谢竹艳,译. 南京:江苏教育出版社,2006.
5. 美国国家社会科协会. 美国国家社会科课程标准:卓越的期望[M]. 高峡,等,译. 北京:教育科学出版社,2008.
6. 美国国家研究院,地学—环境与资源委员会,地球科学与资源局,重新发现地理学委员会. 重新发现地理学[M]. 黄润华,译. 北京:学苑出版社,2002.

第五章

教学计划的制订

课程价值的实现关键在教学，有成效的教学必然以周详的教学设计为基础。本章从"教学着眼于学生发展"这一基本理念出发，围绕教学计划的设计，阐述了教学计划的类型、"单元教学计划"和"课节教案"的概念与内涵以及它们之间的关联和构成要素。

教学计划最首要的问题是教学目标的设定，特别是课时目标的设定。本章结合具体案例详细介绍了教学目标分解和细化的原则和方法。你可以从中学习如何绘制一个单元的目标结构图、如何将单元总目标细化成单元分目标，以及如何分解课时以明确课时的教学重点等。

新课程强调教学要充分尊重学生的需要和问题。这意味着教师不能再忽略或回避课堂教学过程中突发的现象和事件，意味着教学计划必须是富有弹性的。为此，本章专门阐述了教学预设和生成问题，要求教师在教学计划中做好预设，同时也要针对预料之外的生成，及时调整教学计划。希望通过本章的学习，你能理解教学预设和教学生成的关系，并能借鉴本章所提示的方法和案例，结合自己的教学经验，学会在课节教案中预设学生的反应，在课堂教学中捕捉意外生成，成就精彩的课堂。

【本章将阐明的问题】

- 单元教学计划和课节教案有什么不同，又存在什么关系？它们各有哪些构成要素？
- 品德与社会（生活）课教学目标分解与细化为何重要，如何对教学目标进行层级分解？
- 教学预设与教学生成存在什么关系？为什么要做好预设？如何预设课程生成？

【关键概念】

单元教学计划　课节教案　教学目标层级分解　教学预设　教学生成　有效教学

教学计划是学校教学过程中为了实现教学目标而做的整体课程安排。它是一个有着内在逻辑关系的系统结构。合理的教学计划是有效教学的前提和基础。

教学计划根据设计范围来说可以分为广义的教学计划和狭义的教学计划。广义的教学计划是学校课程设置的整体规划。它规定不同课程类型的组合方式，也规定了不同课程在管理学习方式上的要求及其所占比例，以及对学校的教学、生产劳动、课外活动等作出全面安排。一般来说，教学计划具体规定了学校应设置的学科、课程开设的顺序及课时分配，并对学期、学年、假期进行划分。狭义的教学计划是指具体一个课程的教学计划，这里包含课程的整体教学计划、单元教学计划以及课节教案。

第一节　不同层次的教学计划：单元教学计划与课节教案

在学科、课程教学层面，教学计划根据设计范围不同可以分为课程教学计划、单元教学计划和课节教案。其中，与日常教学紧密相关的是单元教学计划和课节教案。

一、概念澄清：什么是单元教学计划，什么是课节教案

单元教学计划就是从一章或者一单元的角度出发，根据章节或单元中不同学习内容的需要，充分分析学生学习情况，合理制订教学目标，综合利用各种教学形式和教学策略，通过一个阶段的学习让学习者完成对一个相对完整的知识单元的学习。

课节教案是教师为顺利而有效地开展教学活动，根据教学大纲和教科书要求及学生的实际情况，以课时为单位，对教学内容、教学步骤、教学方法等进行具体设计和安排的一种实用性教学文书。教案包括教材简析和学生分析、教学目的、重难点、教学准备、教学过程及练习设计等组成部分。

新课程理念下，课堂教学不再仅仅是传授知识，教学的一切活动都是着眼于学生的发展。在教学过程中如何促进学生的发展，培养学生的能力，是现代教学思路的一个基本着眼点。因此，教学由教师“教教材”向“用教材”转变。以往教师关注的主要是“如何

教”的问题,那么新课程下教师应关注的首先是“教什么”问题。也就是需要明确教学的任务,分析学情,进而提出教学目标,选择教学内容和制订教学策略。在新课程的背景下,我们这里所说的“课节教案”实质上就是一节课的“教学设计”。

二、关系梳理:单元教学计划与课节教案的关联性

单元教学计划与课节教案是紧密相关的。单元教学计划相对于课节教案来说是宏观的教学安排,课节教案相对于单元教学计划则是微观的课时设计。单元教学计划决定了课节教案的教学目标和内容,反过来说,课节教案是实现教学计划的一个个具体环节。因此,相对于课节教案,单元教学计划具有以下特点:

1. 整体性。整体性主要体现为单元教学设计要有整个单元教学目标的设定和对单元教学内容的整合。

2. 相关性。相关性主要体现为组成一个单元的课型与教学目标和内容相关;教学方法与教学目标和内容相关;教学活动与教学目标相关。

3. 阶梯性。阶梯性主要指单元教学设计做到教学活动设计与教学内容相结合,要从简单到复杂,从单一到综合,从基础到提高,活动的要求体现循序渐进的教学原则。

4. 综合性。综合性主要指整个单元教学能否体现对学生综合学习能力的培养,包括单一目标与三维教学目标综合,知识和技能综合,单一技能与多项技能综合等。

三、单元教学计划的构成要素

一般来说,单元教学计划包含有下列五个基本要素:单元教学任务与内容分析、学情分析、教学目标以及重难点、教学策略、教学资源开发与利用、教学评价。

1. 单元教学任务与内容分析

单元教学任务与内容分析是教师在进行单元教学前首先要根据教材要求对本单元的教学内容进行梳理,理清教学内容之间的逻辑关系。因为这一环节是教学计划的基础。有时候在制订单元教学计划时,我们会发现只有内容结构罗列,而没有分析,如下例:

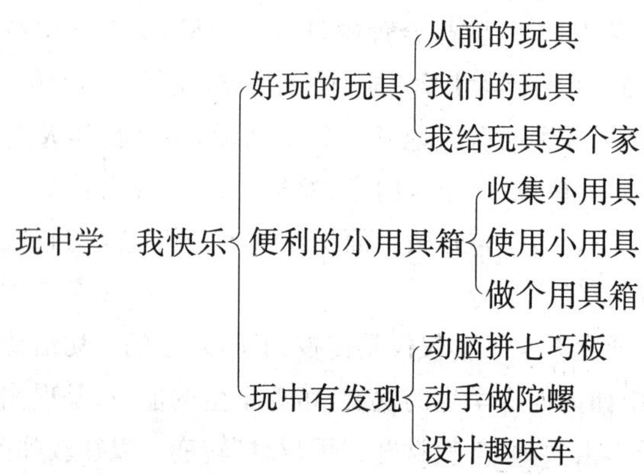

让生活更多彩
- 体会折纸的乐趣
- 欣赏贴画的精美
- 感受泥人的风采

该案例是首都师大出版社(以下简称首师大版)《品德与生活》第三册第三单元《玩中学,我快乐》主题的一个教学任务与内容分析。实际上,本主题包含了乐趣(以前和现在的玩具)、整洁与秩序(我给玩具安个家)、技能(动手、动脑)与情感(体会、欣赏、感受)等内涵,在教学计划制订的时候不仅要梳理内容结构,更要明白内容之间的关系,这样才能更加深入地把握玩具—工具—制作—欣赏这样一个单元逻辑关系。

2. 学情分析

单元教学计划的学情分析是学生在学习本单元知识以前的学习基础,学习本单元可能存在的困难,以及针对这种情况基本的解决思路。下面是首师大版第三册《品德与生活》第三单元《玩中学,我快乐》主题的学情分析:

"现在的孩子玩具虽然很多,但是他们只会玩玩,对玩具不知道如何保护,更不了解玩具的发展,种类和特点,体验不到自制玩具的快乐。故此在教学时,通过让学生收集、了解不同时代的玩具,了解玩具发展的特点,通过讨论、交流,指导如何处理玩具和保护玩具,感受、体验、领悟到各方面的发展,在活动中感受玩具带给人们的快乐,从而激发探究制作的欲望,提高动手能力。"

上述例子包含了教师这样一些思考:

学生是否具备了学习新知识的必备知识和技能?如果学生不具备时,应该通过什么方式填补"认知沟壑"?如果弥补需要掌握到什么程度?

对于学生已有知识与新课的关系,学生了解了多少?达到什么程度?急需解决的问题是什么?

实际上,教师在教学计划制订时,理性分析学情才能够确定每一节课的重点和难点,以及哪些内容会引起学生的兴趣和思维,进而将其转变为课堂的亮点或学生的兴趣。

3. 教学目标以及重、难点

新课程标准从关注学生的学习出发,强调学生是学习的主体,教学目标是教学活动中师生共同追求的,而不是由教师所操纵的。因此,目标的主体显然应该是教师与学生。

教学目标确立了知识与技能、过程与方法、情感态度与价值观三位一体的课程教学目标,它与传统课堂教学只关注知识的接受和技能的训练是截然不同的。体现在课堂教学目标上,就是注重追求知识与技能,过程与方法,情感、态度与价值观三个方面的有机整合,突出了过程与方法的地位,因此在教学目标的描述中,要把知识技能、能力、情感态度等方面都考虑到。单元教学目标相对于课节教学目标来说,主要特点在于整体性。

<table>
<tr><th colspan="3">首师大版第三册《品德与生活》第三单元《玩中学,我快乐》教学目标与重、难点</th></tr>
<tr><td rowspan="3">教学目标</td><td>知识目标</td><td>1. 初步认识玩具的发展历程;通过收纳玩具活动,逐步养成爱护玩具、养成良好的卫生习惯。
2. 初步了解生活中需要简单的工具。
3. 初步了解中国传统民间艺术、学习民间艺术的制作方法。</td></tr>
<tr><td>过程与方法目标</td><td>1. 通过活动,在玩中发现问题、在玩中探究科学并有所创新。
2. 初步掌握几种小用具的使用方法,发展操作能力。</td></tr>
<tr><td>情感态度价值观目标</td><td>1. 产生探究玩具里的科学的兴趣,体会制作玩具的快乐。
2. 形成与他人合作的团队意识,愿意分享玩具和玩法。
3. 学会欣赏他人,拥有与他人分享快乐的博爱之心。</td></tr>
<tr><td>教学重点难点</td><td colspan="2">1. 在玩中发现问题,探究科学、有所创新。
2. 学会收纳玩具,养成良好的生活习惯。</td></tr>
</table>

4. 教学策略的制订

所谓教学策略,就是为了实现教学目标、完成教学任务所采用的有关方法、步骤、媒体应用和组织形式等教学措施的综合性方案。它是实施教学活动的基本依据,是教学计划的重要环节。其主要作用就是根据特定的教学条件和需要确定向学生提供教学信息、引导其活动的最佳方式、方法和步骤。

对于单元教学来说,教学策略包括课时分配与进度安排、教学方式采用等。对此要考虑到新课标所提出的要求,"教学要面向学生的生活实际,加强课程内容与学生生活实际的密切联系,教学空间不局限于学校和课堂,应创设条件尽可能向社会延伸。为此,鼓励教师积极地开发和利用地方和本校的各种课程资源,以满足学生不同学习方式的需要。创造条件让学生积极参与社会实践,体验社会生活,在理解和感悟中受到教育,获得经验,逐步提高认识社会、参与社会、适应社会的能力"。

5. 教学资源开发与利用

单元教学计划中的教学资源开发与利用是以更好地引导、帮助学生学习为目的的。教学资源开发与利用的时候,要紧紧围绕"贴近学生、贴近实际、贴近生活"原则。

在教学资源利用上,新课标建议,"本课程的教学内容要注重与语文等学科教学内容的紧密结合,注重与学生生活和社会的联系,要把静态的教学内容和学生丰富多彩的现实生活联系起来。教学内容可以从教科书扩展到学生的整个生活空间,包括社会生活中对儿童发展有意义的题材,把教学内容与本地区实际有机联系起来;同时关注社会新的发展和变化,及时丰富、充实课程内容,增进课程内容的现实性和亲近感"。

6. 教学评价

品德课程评价的根本目的在于获得反馈信息,以帮助教师改进教学,促进儿童发展,保证课程目标的实现,而不在于对学生品德与社会性发展水平做出终结性的评定,更不是利用评价结果对儿童进行比较与分等。因此,要从每个学生的原有基础出发,尊重学生的个性特点，强调以鼓励为主的发展性评价。

如果只是关注学生的知识学习，评价效果就会是结果性的和片面的，如同下面所设计的单元学习评价。

单元学习测评	**一、填空：** 1. （　　）年（　　）月（　　）日，中华人民共和国成立。 2. （　　）是我国根本大法。 3. （　　）享誉世界的“杂交水稻之父”。 4. （　　）年（　　）月（　　）日，我国航天员杨利伟乘着“神舟五号”载人飞船发射成功，是我国航天史上一座新的里程碑。 5. 我国第一个经济特区是（　　）。 6. 钢铁，素有（　　）之称，在国民经济中具有重要地位。 **二、选择：** 1. 我国的一切权力属于（　　）。 A. 国家　B. 各级领导　C. 人民　D. 人大代表 2. （　　）是人民行使国家权力的机关。 A. 全国人民代表大会 B. 地方各级人民代表大会 C. 全国人民代表大会和地方各级人民代表大会 D. 国家领导人成员 3. 代表中华人民共和国全国人民的唯一合法政府是（　　） A. 中华人民共和国中央人民政府　B. 中华民国政府 C. 国民党政府　D. 任何政府 **三、判断：** 1. 1956 年 7 月 13 日，中国生产的第一辆红旗牌汽车，由长春第一汽车制造厂试制成功，从此结束了中国不能生产汽车的历史。（　　） 2. 1959 年 9 月 26 日，大庆第一口油井喷油，摘掉了中国贫油国的帽子。（　　） 3. 中国汽车工业的摇篮——长春“汽车城”。（　　） **四、连线：** 铁人　李四光　1956 年 7 月第一颗氢弹发射成功 地质力学家　邓稼先　1959 年 9 月第一颗原子弹发射成功 杂交水稻之父　王进喜　1964 年 10 月第一辆汽车试制成功 两弹元勋　袁隆平　1967 年 6 月第一颗人造卫星发射成功 1970 年 4 月第一口油井喷油 2003 年 10 月 15 日　神舟七号发射成功 2005 年 10 月 12 日　嫦娥一号探月成功 2007 年 10 月 27 日　神舟五号发射成功 2008 年 9 月 25 日　神舟六号发射成功

上述例子只是考察了学生在学习过程中的记忆能力，很少关注到能力与情感态度价值观的发展。然而新课标指出，品德与社会课程要对学生在学习过程中各方面的表现进行综合性评价，其具体内容包括：

(1) 学习态度。包括学生在学习过程中主动参与和完成学习任务的态度。

(2) 学习能力和方法。包括学习中观察、探究、思考、表达的能力；搜集、整理、分析资料的能力；与人合作完成学习任务的能力等。

(3) 学习结果。完成学习任务的质量和进步程度。

评价的方式则要采用多主体、开放性的评价。教师可根据具体情况，选用或综合运用教师评价、学生自我评价、学生相互评价与家长、社会参与评价等方式进行评价。

评价方法主要有教师观察记录、描述性评语、学生自评、学生互评、作品评价、个案分析等等。

单元教学评价的方式方法不是固定的,上述每一种评价方法都有自己适用的范围,教师应根据具体情况灵活地使用以上方式、方法,并在教学改革中探索创新,使其不断完善。关于教学评价,本书第十章专做详论,此处不赘述。

第二节 教学目标的分解与细化

品德与社会(生活)课程作为我国义务教育阶段的综合课程,其教材采用主题单元的方式呈现,需要教师结合课程标准根据教学内容对教学目标进行合理分解与细化,制订具体明确的课时目标。但是在教学实践过程中如何合理制订具体明确的课时目标呢?这往往是小学品德教师面对新课程急需解决的问题。

一、什么是教学目标层级分解

《品德与生活》、《品德与社会》教材是按单元、主题、话题的层次组织教学内容。一个单元包括若干个主题,一个主题包括若干个话题。在实际教学中一般以话题为单位组织教学,一个话题对应 1 至 2 个课时。

如图 5－1 所示,教学目标层级分解包括两个方面两个层次的分解:

① 教学总目标到教学分目标的分解;

② 单元教学目标到主题教学目标、主题教学目标到课时教学目标的分解。

教学目标层级分解的最终目标是形成简洁、清晰、具体,针对性和可操作性强,便于教师操作和解决问题的课时教学目标。

图 5－1

教学目标层级分解层次关系示意图

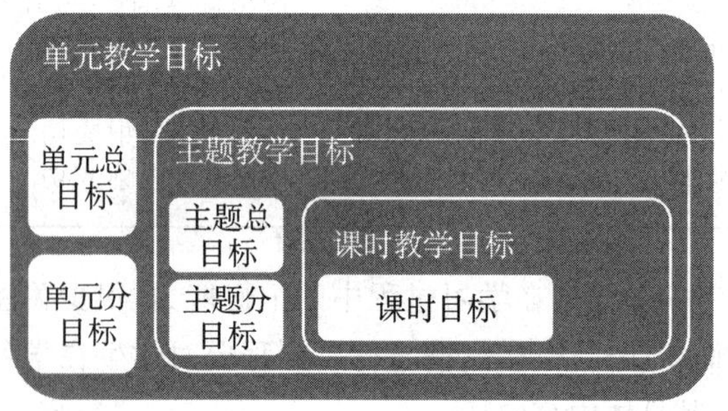

二、为什么要进行教学目标层级分解

在实际教学过程中,教师需要根据教学目标组织教学内容,开展教学活动,通过教学效果评估发现教学活动中存在问题和不足,不断修正教学目标、改进教学设计以提高教学实效性。教学活动是一个如图 5－2 所示的无限循环的过程。

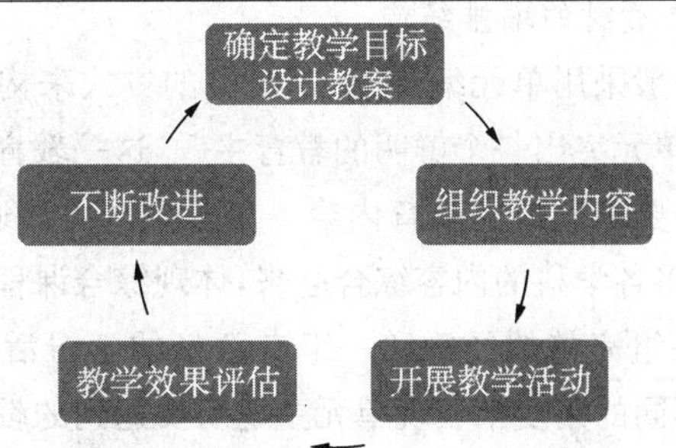

图 5-2

教学持续改进循环图

从图 5-2 可以看出教学目标是教学的起点和归宿，决定教学的成败。由此可见，制订教学目标尤为重要。

但是由于教师教学水平存在差异，在实际教学中教师经常出现以下问题：

① 思路不清晰、目标不明确、活动设计没意义，教学内容没有主题，在听课时就会发现不知老师在讲什么？想要讲什么？要达到什么教学目的？

② 教学内容过多或过少，教学重点不突出，教学内容不能合理调控。

③ 教学目标太笼统、不具体，不利于教学评价，不利于教学效果评估。

出现以上现象的根本原因在于缺少清晰、具体，针对性和可操作性强的课时教学目标。因为教参上没有明确给出具体课时划分和课时教学目标，多数教师对课程标准中总目标与分目标之间的关系不清楚，不知如何进行单元教学目标层级分解，制订出清晰、具体，针对性和可操作性强的课时教学目标。

所以教师需要在把握整个课程目标的基础上，将单元教学总目标、主题教学总目标进行细化分解，才能设计出具体的单元、主题教学分目标和课时教学目标。这就要求教师必须处理好单元教学目标和每节课教学目标之间的关系，突出每节课的重点和难点，课时教学目标应简洁、清晰、具体，注意针对性和可操作性，尽可能根据本校和本班学生的实际状况和需求进行设计，这样才能避免大而空。

教学目标究竟如何全面把握？教师根据学生的特点，如何将单元、主题的教学目标具体化，确定每节课的可达成的目标？这正是进行教学目标层级分解的意义所在。

三、教学目标层级分解的原则

1. 要理清课程总目标与课程分目标之间的关系

课程总目标是课程的定位、课程的方向、课程的统领。总目标之下还列了“情感、态度、价值观”、“能力与方法”和“知识”三个方面的分目标。但实际上这三方面是一个有机结合的统一体。儿童在生活实践中，对某一事物产生兴趣，关注多了，就获得了有关这事物的知识和能力。所以，这三方面是相互作用、共同提高，作为一个整体影响着个体发展的。不能单纯地进行知识教学，也不能脱离知识教学和能力培养，抽象地进行情感、态度、价值观教育。分目标是总目标的分解，是总目标的具体体现。我们只有深入学习课程标准，把握单元目标、主题目标、话题目标之间的关系，才能有效落实教学目标。

课程标准是课程教学设计、教材编写以及课程实施和评价的基本依据。因此，教学目标应准确、完整地反映课程目标的理念和要求。教学目标除了与课程总目标对应的教学总目标外，还应该有与课程分目标对应的教学分目标。

2. 明确品德与社会教材的编排结构

品德与社会教材一般采用单元编排、主题统整的方式来构建教材体系。教材采用单元编排的方式,每个单元突出一个鲜明的教育主题,这一教育主题表达了编者明确的设计意图和课程标准中要求完成的教育内容。单元主题下面通过设计话题,力求每课的内容打破学科界限,将各学科的内容综合起来,体现综合课程的特点。每个单元所涵盖的教学内容表现为一组完整的经验和一组有意义的学习活动。单元中的每个话题(即每课时)又力求从不同的角度来表现单元主题所要达到的教育目标。每个主题将来源于不同生活领域的素材整合为建立在儿童生活基础上的主题与活动,主题与内容将品德教育与学生的社会性发展有机地融为一体。

3. 掌握教学目标层级分解的方法

① 将单元目标分解成主题目标和课时目标。如图 5-3 所示。

图 5-3

目标结构图

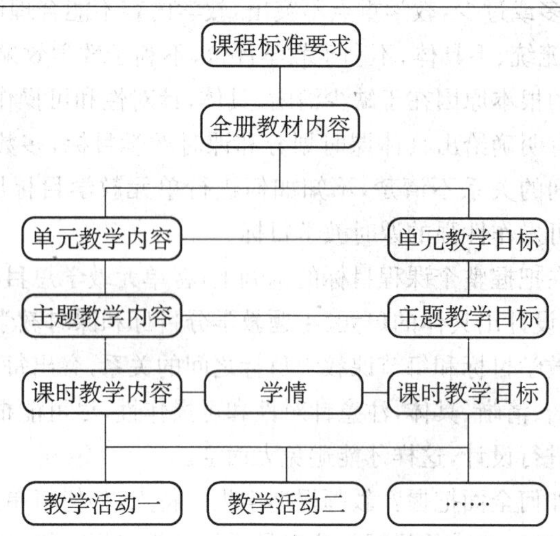

绘制目标结构图的好处是,可以一目了然地把握课程标准目标、教材单元目标、主题教学目标、课时教学目标之间的关系,以及目标与内容之间的关系。从总目标到单元目标再到课时目标,做到上一级目标引领下一级目标,下一级目标体现上一级目标。只有清晰明确的教学目标才有现实的可操作性和可评价性。

案例 5-1

课题:同在一片蓝天下

(人民教育出版社《品德与社会》六年级下册第三单元)

案例撰写:北京市西城区黄城根小学白富斌

【教师用书】

一、单元指导思想

1. 本单元围绕当前国际社会人们面临的两大主题——“和平”与“发展”展开。让学生以全球视野,关注世界发生的事情——和平发展是总趋势,但战争总相伴随。形成一种对世界的关心,做一个世界人。首先让学生通过了解战争给人类带来的苦难,感受和平的美好,通过了解人们为维护世界和平所做出努力,感受人们对和平的渴望,树立热爱和平的意识。其次通过一些日常生活用品,让学生体会世界经济的发展与联系及其给人们生活带来的影响,理解人们相互依存的关系;简单了解当今人类社会面临的一些共同问题,理解世界各国人民携手合作的重要性;初步树立开放的国际意识。

2. 本单元让学生通过搜集、整理、分析和运用社会信息,学会运用简单的学习工具探索问题,从不同角度观察、认识、分析社会事物和现象,尝试合理的、有创意的探究和解决问题,让学生走进世界,简单了解当今人类社会面临的一些共同问题。

二、单元教学目标:

1. 学生能感受战争给人类带来的苦难,体会和平的美好。

2. 学生知道为了实现和维护世界和平,人们在进行着各种努力,知道中国人民解放军是维护世界和平的重要力量。

3. 学生知道我国所加入的一些国际组织,通过搜集、整理和分析相关资料,了解这些国际组织的作用。

4. 学生知道不同群体、民族、国家之间和睦相处的重要意义,理解人们相互依存的关系,简单了解当今人类社会面临的一些共同问题,初步树立开放的国际意识。

三、单元教学建议:

主题一:战争风云下的苦难

本主题离学生的生活较远,教学时,建议采取以下方法,拉近本课内容与学生的距离。借助图片、数据、影视资料、生动的故事等直观的材料,强化学生的感受。引导学生站在战争受害者的角度,思考和感受战争给人们心灵带来的伤害。

主题二:放飞和平鸽

本主题建议"联合国"部分在教学的时候从几个方面切入:联合国会徽图案、联合国成立的背景、圆桌会议的象征意义、联合国维和部队,让学生感受到和平是全世界的愿望。教学的时候要注意挖掘素材体现的教育意义。

主题三:我们手拉手

这一课内容离学生生活远,建议教学时尽量找近的切入点。比如,有些地方作为全球化商品的产地,生产产品出口国外,或帮国外加工。教学时可借助这些资源让学生了解全球化。注意与五年级下册的区别:五下侧重在国内经济的发展,走出国门,六下侧重国际连带关系,相互的影响。比如,我们作为产品出口大国,如果国外不进口,就会影响到我们这里的经济。总之,这里侧重给学生全球意识,全球观。让学生学会关注社会,关注世界。

【教师的教学设计】

第一课 战争风云下的苦难

[教学目标]

- 情感、态度、价值观:学生能感受和平的美好,树立热爱和平的意识。
- 能力与方法:学生能运用简单的学习工具分析问题。能从不同的角度观察、认识、分析社会事物和现象,尝试合理地、有创意地探究和解决问题。
- 知识:学生了解战争中同龄人的生活,透过同龄人的生活感受战争带给人类的灾难。

案例 5 - 1 说明了教师在制订教学目标时要将教材中呈现的笼统的单元总目标分解成单元分目标,有了单元分目标教师还要将主题目标细化成课时目标。最终教师上课要以课时为单位进行组织教学,但教材往往缺少课时分目标,于是有些教师就会出现不知如何教学的困惑。只有将总目标分解成分目标,将单元目标分解成课时目标,才能有的放矢地进行教学。

② 要把各级教学总目标细化成教学分目标

在教学实践中,我们针对教师细化教学目标前后的结果进行对比(见表 5 - 2)。

案例 5 - 2

课题:祖国就像一幅画

(人民教育出版社《品德与社会》五年级上册)

细化教学目标前后教学目标对比表

[教师用书上的教学目标]	[细化后的教学目标]
1. 了解我国的地形、地势特点,知道我国的主要地形、地貌,并能在地形图上找到它们的位置。 2. 探究多样的地理环境给我们的经济文化带来的益处,促进学生对这块我们祖祖辈辈生活、繁衍的热土,萌生热爱之情。	● 情感、态度、价值观目标: 促进学生对祖国这块我们中华民族祖祖辈辈生活、繁衍的热土,萌发热爱之情。 ● 能力与方法目标: 学生能够在地图上找到我国主要地形、地貌的位置,初步培养学生读图、指图、认图、识图的能力。 ● 知识目标: 学生能了解我国的地形、地势特点,知道我国主要地形、地貌。使学生初步了解多样的地理环境与人们的生产、生活的关系。 ● 教学重点: 学生能了解我国地形、地势特点给我们生活生产带来的益处,知道我国主要地形、地貌,并能在地图上找到它们的位置。 ● 教学难点: 通过认识祖国地形地势特点给我们生活生产带来的益处,从而激发热爱祖国的情感。

通过表 5 - 2 我们会发现原有的教学目标太笼统、不具体。教师不好把握,不好组织教学。细化后的教学目标让我们很清楚这节课的教学重点是了解我国的地形、地势的特点给我们生活、生产带来的益处,教学难点是激发学生热爱祖国的情感。细化后的教学目标更加明确了学生应该掌握的学习能力与方法,即学生能够在地图上找到我国主要地形、地貌的位置,初步培养学生读图、指图、认图、识图的能力。经过研究细化成分目标后,突出每节课的教学重点和难点,使每节课教学目标简洁、清晰、具体,针对性和可操作性强,便于教师操作和解决问题。

其次，教师在撰写教学目标时需要注意现在的教学目标都是以学生为主体，所以不使用“使学生”、“让学生”、“培养学生”这样的表述，而是以学生为主语(可省略不写)，用“了解”、“形成”、“掌握”之类的表述。要避免表述上的不统一。

总之，教师只有整体把握教材，在明确单元目标、主题目标的基础上，才能准确制订课时教学目标；每一课时目标又是单元目标的具体化，为单元目标服务。教学过程不仅要落实课时目标，而且应体现单元目标。

③ 划分课时是教学目标层级分解的关键

教学目标层级分解的关键是要划分课时。教材为教师提供了大量的自主研究的空间，但从教师队伍和教学实施情况来看，基本上这两门学科大都由兼职教师承担，或语文，或数学，或班主任，或其他学科的教师，甚至包括校长。由于教师水平存在着差异，教材中只提供了建议课时数，不利于教师教学，因此课时划分很重要。例如：针对人教版品德与社会教材三至六年级教学内容进行课时划分，如表 5 - 1 所示。

表 5 - 1

品德与社会课时划分举例

单元题目	主题	话题及课时划分
第一单元 家庭、学校和社区 建议 10 课时 实际 9 课时 机动 1 课时	1. 我爱我的家	第一课时　人人都有自己的家 P2—5
		第二课时　我的一家人 P6—9
	2. 我们的学校	第一课时　多彩的学校生活 P10—11
		第二课时　我们的校园文化 P12—13
		第三课时　我为学校骄傲 P14—15
		第四课时　瞭望台：不同的学校 P16—17
	3. 我们生活的社区	第一课时　社区里的生活 p18—21
		第二课时　社区里的公用设施 P22
		第三课时　社区的变迁 P23—24

教师有了明确的细化课时之后，能够合理安排、规划课堂教学有助于明确每节课的教学目标。而教学目标层级分解使每一节课都有明确清晰的教学方向和教学重点，并有助于明确实现目标的步骤和方法，这是提升教学有效性的前提。

不过，为了实现对目标恰当的层级分解，教师还需要加强对学生的关注和理解。在制订教学目标之前做好学情分析，了解学生的认知发展水平、心理发展水平以及所具有的各项能力等，尤其要分析学生从现有发展水平到达期望目标之间将会遇到的困难以及所需要补充的经验，教师要根据学生实际需要和认知水平来制订和把握教学目标，不要任意拔高目标要求。也就是要把握好维果茨基所说的“最近发展区”，将目标设定在儿童跳一跳就能够到的高度。

第三节　教学预设与生成

一、概念澄清:什么是教学预设与生成

随着课程改革的深入,“预设”与“生成”日益成为教学研究和实践中的重要概念。静态的计划与教学准备体现了“教学预设”的特征,动态实施的过程则体现了课程内容的生成性特征。美国太平洋橡树学院教授琼斯和尼莫在《生成课程》一书中写道:“课程是一个教育环境中实际发生的事情——不是理性上计划要发生的事,而是真正发生的事情。”由此可以看出,我们的教学活动,无不是预设和生成交相辉映的结果,可以说“预设”和“生成”是实施课堂教学的两个关键要素。

1. 教学预设是实施有效教学的前提和基础

预设,就是活动前的计划、安排;教学预设,可以理解为我们平常所说的备课,现在更多的指上课前的教学设计。在进行教学设计时,教师会依据学科课程标准、教材内容、学生年龄特点及学习情况,预先设定明确、适当的教学目标,以及一系列为达成教学目标、适宜学生参与的教学活动。这就好比建造楼房前设计的蓝图,好的教学设计是实施有效教学的前提和基础。

品德与生活、品德与社会课程都具有开放性的特点,要实现有效的教学,就需要教师在进行教学设计时,及时吸纳、选择鲜活的社会生活事件,丰富教学内容,预设学生中存在的各种经验、认识和反应,并根据预设,设计多种教学活动和教学策略,以开展有针对性的教学。此外,教师在进行教学设计时,还要结合教学内容和活动形式,预设各种资源的优化组合:小组的划分、桌椅的摆放、课件的制作、学习方式的选择、核心问题的设计等等,这一系列课堂教学中的内容都需要教师的精心预设。只有充分预设,才能做到有备无患、成竹在胸。换句话说,在开展课堂教学时,如果能够按照教学预设的流程推进教学,实现师生、生生互动,就能顺利地完成教学任务,达成教学目标。

2. 教学生成是实现师生成长的动态过程

所谓教学生成,就是课堂中,师生在互动过程中实现心与心的对话,实现情感与情感的碰撞。学生积极参与、主动思考,教师关注学生,有效调控,是师生共同成长的动态过程。教学生成既包括教学预设的实现,即教师预设内的生成,也包括教师预料之外的生成,即意外生成。

新课程的最高宗旨是“一切为了学生的发展”,而“发展”是一个动态过程,这个过程中受某些具体因素和情景的影响,令预定计划不能得以全部实现,出现不期望出现的现象,由此就有了生成性问题。

由于品德与生活、品德与社会的教材是开放的,需要用教材中的话题谈论学生自己的生活,激活教材,生成教学资源。“生成”就与教学的计划性、教师主导作用和课堂可控性产生了“矛盾”,这就为我们预设目标带来一定的挑战,往往在教学时

出现教学意外，生成的教学资源将课带进了更深层次，突破了原有教学目标预设，这样的生成是积极的目标预设与课堂生成共生。①

品德与生活、品德与社会课堂教学在进行充分的教学预设的同时，要关注课堂教学中的生成，并对教学生成进行有效利用，这样才能使课堂充满生机。华东师范大学叶澜教授在《教师——精神上的长途跋涉者》中曾说："课堂应是向未知方向挺进的旅程，随时都有可能发现意外的通道和美丽的图景，而不是一切都必须遵循固定线路而没有激情的行程。"教学时，教师引领学生在预设的轨道上前行，师生互动、生生互动，一起体验、一起探究，在教学活动中实现着教学预设的生成，达成教学目标，这是教学的常态。但是，并不是所有的教学过程都是教学预设的完整实现，当课堂上出现意外的生成时，教师不应该回避、逃避，不能死守原来预设的流程，要学会根据教学目标和学生实际对现场的意外生成给予回应和引领，教师的巧妙处理，可能让这意外的生成成为课堂的亮点。

二、关系梳理：教学预设与生成的关联性

实现师生生命对话、充满生命活力的课堂，是教学预设与生成共同发挥作用的结果。教学预设和生成仿佛课堂教学的两翼，缺一不可。

1. 充分预设是教学活动有效落实的前提

凡事预则立，不预则废。预设是教学的基本要求，因为教学是一个有目标、有计划的活动。教师必须在课前对自己的教学任务有一个清晰、理性的思考和安排，因此要重视预设。预设是生成的基础，只有课前充分预设，才能使课堂多些有效和精彩的生成，达成教学目标。作为综合课程的品德与生活、品德与社会课程，更需要教师在教学活动的预设上下功夫。

(1) 充分了解学生

学生是教学的对象，是课堂学习的主体。在教学预设时，无论是教学目标的制订，还是教学活动的设计，都需要在课程标准的指导下，依据学生的实际进行。只有在充分了解学生基础上的教学预设才更符合学生学习的需求。因此，充分了解学生是实现充分预设的基础。

案例 5-3

课题：我与众不同的地方

一位教师在执教三年级品德与社会《我与众不同的地方》(首都师范大学出版社)之前，结合平时生活经常能看到学生自信的一面，自认为本班学生悦纳自我的程度很高。但是通过学生调研，却发现这是教师自己的主观认识。教师设计下面的调查问卷表对学生进行课前调查：请你认真地读下面的问题，在符合的选项里画"√"。如果你还有对自己很满意的地方，你可以补充。如果哪方面需要老师帮助，请你把问题写出来。

① 教育部基础教育课程教材发展中心.走进新课程—品德与生活(社会)分册[M].北京：北京工业大学出版社，2010：24.

问题描述	很满意	比较满意	不满意
对自己的容貌			
对自己的身高			
对自己的健康			
对自己的人缘			
对自己的性格			
对自己的学习			
对自己的兴趣			
对自己的家庭			
对自己的运动水平			
对自己的……			

调研在任课教师所在学校三年级的一个教学班进行。全班有学生21人,女生11人,男生10人。结果显示:对自己有不满意选项的有13人,占调查人数的61%。“不满意”主要分布在“人缘、家庭、健康、身高、运动水平”等选项中,尤其以“身高、人缘、运动水平”最多。有一名学生在9个选项中,对自己有7项不满意,这让任课教师很震惊。在其他无不满意选项的学生中,“满意”和“比较满意”选项的比率为1∶1。从统计结果总体看,学生对自我的认识比较片面,自我接纳的水平比较低,在每个项目中学生都存在不同程度的不能正确看待自己的情况。

这样的调研结果是任课教师没有预料到的,这也促使教师及时将教学内容选择和目标设定调整为以通过体验和探究活动帮助学生正确认识自己、接纳自己为教学重点,在学生全员参与的活动中促进学生认识水平的提高,使得教学更贴近学生的心理需要,针对性更强。

(2) 创设适宜的活动情境

品德与生活、品德与社会课程强调活动是教与学的载体,这要求教师能够创设适宜的活动情境,帮助学生多感官参与学习,促进学生的体验、感悟,获得知识、技能的提高以及积极情感、态度、价值观的养成。

案例 5-4

《心中的110》中的活动情境

该案例来自广西壮族自治区南宁市新阳路小学林琳老师。

环节二:活动引路,探究感悟

1. 以“风车棒棒糖”的形式情境再现,引导用自述、生生模拟、师生模拟的形式,在合作互动中分享面对陌生人的经验。

   情境:①悄悄跟踪我回家的陌生人;②谎称是父母的朋友接我回家的陌生人;③敲我家门的陌生人。

2. 引导小组讨论，续编故事：他应该怎样巧对歹徒、安全脱险？

以“风车大转盘”的形式随机选择学生参与活动，解决日常生活中常会遇到的三个问题：

问题情境：①有陌生人向你推销饮料该怎么办？②有陌生人朝你走来和你搭讪，跟他保持怎样的距离才安全？③是不是所有的陌生人接近我们，我们都躲？

在案例5-4中，教师通过活动化教学引领学生获得认知和情感的发展。以《大风车》节目形式提炼和浓缩了学生生活中经常遇到的问题和生活中的困惑，通过情境模拟引导学生感悟珍爱生命的重要，获得基本的自救自护本领。其设计体现了品德与生活、品德与社会课程的理念和要求，教学要基于儿童的生活，又要超越儿童的生活，要以学生的现实生活为载体，充实并更新教学内容，通过创设适宜的活动情境，对情境中的问题加以分析和解决，在交流分享中获得对社会的真实感受，掌握参与社会生活的知识和能力。

教学情境有很多形式，如图像情境直观再现，问题情境引发思考，语言情境讲述故事，虚拟生活情境模拟实践，多媒体情境形象生动。在教学设计时，需要教师根据教学内容和学生的年龄特点创设适宜的活动情境，使活动情境具有生活性、形象性、问题性、情感性，能点燃学生学习的热情，激发学生探索求知的欲望，同时有利于推进整个教学过程，促进教学目标的达成。

(3) 预设学生的多种反应

教学设计时，教师不单是设计教学流程，还要预设学生对问题可能有的多种反应，并设计多种回应方式和指导方法，为课堂上的实际指导做好充分的准备(包括指导语、活动方式和必要的资料)，以便在实际教学时能沉着应对学生的反应，游刃有余地给予富有说服力的指导，从而提高教学的针对性和实效性。

案例5-5

课题：灾害面前不慌乱——谨防溺水保安全

该案例来自于上海市嘉定区城中路小学江丽瑛老师执教的《灾害面前不慌乱—谨防溺水保安全》环节二的教学设计片段。我们一起来看看教师是怎样预设学生的多种反应的。

环节二：案例分析，提升自护意识

1. 让我们再回到刚才那个案例，报道中的那几个学生也只比我们大三四岁，他们和我们一样，都是未成年人。(出示图片和文字：未成年人)

出示问题：同样作为未成年人，如果你是事件中的任何一员，在那时那刻，你会怎么做？你选择这样做的理由是什么？和你的同伴一起讨论一下。

2. 集体交流(括号内为教师对学生回答的预设，以及期望学生形成的认识)

(1) 讨论角色1：轻生者

师问：如果你是这个认为自己考试没考好的女生，你会怎么想？怎么做？

预设:我不会轻生。不能轻生。

追问1:为什么不能选择轻生?(生命对于每个人都只有一次,生命也是脆弱的,失去了就无法重来。)

追问2:我想问一下女孩子,遇到这种情况,你会怎么做?(女孩子遇到困难挫折时,哭一下鼻子发泄一下情绪是允许的,然后我们再寻求更好的方式来解决,跳下去就没有机会证明自己了。)

追问3:我们再来问一问男孩子,你的想法又是怎样的?(生命是最重要的,在生命面前,没有什么事情可以盖过它。)

归纳预设:生命不仅仅属于你个人,还属于生你养你的父母,轻易放弃会让自己的家人和朋友承受巨大的痛苦,甚至家庭崩溃。所以,我们要珍爱自己的生命。(板书:珍爱生命)

(2) 讨论角色2:同伴(救人者)

师问:如果你是这个女孩子当时在场的同伴,你是救还是不救呢?

预设1:不救

追问1:为什么不救?(预设:不会游泳,不知道该怎么做?)

追问2:不救指的是见死不救还是不下水救?(预设:不能见死不救,因为看到一个生命在自己面前消失,是一件很残忍的事情,是不忍心的。)

师强调并补充:我们这里所说的不救,应该是不轻易下水救,而不是见死不救。曾经有过这样的案例,一群孩子结伴去水边玩耍,其中一个孩子落水了,其他孩子因为害怕都逃走了,没有去叫大人帮忙救护,也没有告诉自己的家长。结果,一条鲜活的生命就逝去了。这样的不救是非常可怕的。

预设2:救人

追问1:你是下水救人吗?你会游泳吗?你学过水中救人吗?

师补充游泳池救生员要求。

追问2:怎么救才是合理的?

预设1:打110电话。(追问:如果没有手机,该怎么办?)

预设2:现场呼救。(追问:应该怎样呼救?)

预设3:借助工具。(追问:哪些工具可以起到作用?)

预设4:稳定落水者情绪。

(3) 从这个案例中,我们获得了什么样的经验和教训?

(板书归纳:珍爱生命、自我保护、互助互救……)

3. 见义勇为是一种美德,但是我们在救人的同时,一定要注意自身的安全,学会自我保护。而我们作为未成年人,首先要自救,其次是合理互救,谨慎下水救人。在这个过程中,救助方法与技能非常重要。更重要的是,我们要预防在先。

科学严谨的教学设计,表现为对教学活动的走向和结果、学生的行为表现和对问题的反应进行多角度、多方面的预设。为有效引导学生学习要做足功课,这样教师才能沉稳地、驾轻就熟地应对自己并非期待的现象,对学生的反应做出积极的、切中要害的、令学生信服的指导。

(4) 整合教学资源

品德与生活、品德与社会课程因其具有生活性和综合性的特点,教师开展教学时不能局限于教材和教师用书,而要利用课内外各种教学资源。在教学设计时,教师要将教学资源的选择和利用作为一个重要的思考要素，对教学资源及其运用方式做好预设。教师要善于从相关学科、班队活动、学校德育活动、社区活动、社会实践活动、社会重大事件中捕捉、挖掘鲜活的有教育价值的材料，要将学生、家长和社区居民等不同层面的人作为教学资源的重要组成部分，还要利用博物馆、美术馆、民俗馆、图书馆、社区活动中心、老年活动中心、少年儿童活动中心等设施或机构的教学资源以及网络资源，拓展教学时间和空间，还可调动学生在其他课程或课外学习中获得的经验和知识，促进新旧经验和知识的联系。

教学课件是教师普遍运用的资源整合方式，课件要依据学生学习的进程对学生进行有效的支持和辅助。在服务学生学习的理念指导下，现在教师制作的课件都不是固定流程的，教师会在课件中加入互动设计，能够实现根据学生学习需要随机点击相关资料做补充和指导。例如，《生活处处有规则》的课件，教师会结合学生生活的实际，预设多种生活场所，如家、学校、社区等不同场所，对这些不同场所中的具体活动，如家庭聚餐、课间活动、交通出行、购物等进行多角度预设，在此基础上，进行互动设计，实现随机点击。在利用教学课件整合教学资源进行教学预设时，在课件内容选择上教师要考虑资源的典型性和学科性，充分应用教学课件的内容和出示的时机，使教学资源成为助力学生学习的帮手。在预设教学资源时，一定要遵循资源的多样性、典型性和整合性原则，避免材料的堆砌、对资源的不当使用，以及对教学目标的游离。一份材料何时呈现，以什么方式呈现，都要事先做好多种预设。

在教学实践中，教师还需要从促进学生成长的角度逐步树立资源整合的意识。正如品德与生活课程标准所指出的：

> 儿童品德和行为习惯的形成、知识和经验的积累、能力和智慧的增长是在其生活中综合地实现的，是一个连续的发展过程。因此，加强教育活动之间的整合与连续对提高课程的实效性至关重要。①

案例 5－6

课题："万园之园"遭劫难

一位教师在执教首师大版品德与社会五年级《"万园之园"遭劫难》一课时，进行了下面的探索。

1. 尝试跨学科整合

在教学前教师和语文教师沟通，在学生上完语文课《圆明园的毁灭》后再上品德与社会课。学生在语文学习中通过品词品句对圆明园有了整体的认识，领略了圆明园的风采；在此基础上，让学生搜集相关材料，了解圆明园更多的信息；学生带着已有的认识和体验，再来上品德与社会课。在课上，师生一起从历史的角度探究当时的社会背景、圆明园惨遭劫难的经过……课堂上展示了精致的美景与断壁残垣图片的对比、英法联军穷凶极恶的强盗行为……此时，学生都能有感而发，表达自己的真情实感。

---

① 品德与生活课程标准[M].北京：北京师范大学出版社，2012：15.

2. 尝试多渠道联动的模式

春游、秋游是学校经常组织的常规活动。在学校安排出游计划之前，教师和学校尝试着沟通，建议学校活动和课堂教学进行多渠道联动："语文—品德与社会—学校活动"三者联动，可以发挥最大的效益。有了联动的模式，学生在语文学习中有了字词句的积累，在品德与社会课的学习中有了历史背景和情感认识的积淀，再加上亲身走进圆明园，此时的游园带着之前的学习收获和感悟，学生会感受到圆明园的断壁残垣在诉说，游记的撰写成为学生情感的自然抒发与表达，是语文学习、品德与社会学习之后收获的综合体现。

品德与生活、品德与社会课程，以学生的生活为基础，涵盖学生生活的各个方面。从资源开发和利用的角度看，我们不仅要利用其他学科资源，更要立足学科的内容，设计开发综合性活动，在引导学生参与活动的过程中，实现学科间、学科教学与学校活动间的有机整合。

2. 抓住课堂意外生成是活动有效性的体现

课堂是动态的，是师生互动的过程。同时，学生的差异性也决定着课堂上一定会产生许多不可预知的情况，即产生意外生成的问题。抓住课堂意外生成是开展教学活动有效性的体现。

(1) 正视教学中的意外生成

在实际教学时，意外的生成有积极、正面的，也有消极、负面的，教师要想有效引导，就需要做到心中有目标，以目标为导向进行有效引导。同时，教师要尊重、相信学生，对学生出现的各种反应，要善于倾听，通过追问，分析学生做出这种反应的原因，判断该反应是个别现象还是具有普遍性。如果是个别现象，则可以通过让其他学生回答，来帮助解决，或放在课后个别辅导。如果是全班的普遍问题，则要以此问题为线索，展开针对性教学。

一教师在执教品德与生活课中的《会赞美多好》一课时①，出现了下面的情景：老师让同学赞美他人，之后再赞美自己。一个同学站起来说："我的字写得很好。"此时班里的同学不约而同地发出"啊"的声音并回头看那个发言的同学。显然对这个学生赞美自己的字写得好的发言有异议，教师如果对此处理不好，会直接影响本课教学目标的达成。在实际教学中，教师及时引导发言的学生拿出作业本，引导全班同学对该学生前后作业中的字进行观察、比较，从而发现该生所写的字确实有所进步，鼓励同学们给该生以赞美。对发言的学生来说，教师告诉他，他的字和原来比有进步了，这也是值得赞美的事情。从心理学角度讲，一个人的言行举止和表情是情绪和情感的外部表现，低年级学生的情绪、情感是不加掩饰地表达的，所以我们会在品德与生活的课堂中看到学生最真实的情感表达和举止的细节。在课堂教学中，教师要关注并学会找到这些言行举止和表情与教学目标的联系，进行有效引导。

一位教师在执教品德与社会课《爸爸妈妈我懂了》一课时，问学生：面对爸爸妈妈的唠叨你会怎么想？怎么做？学生做出以下三种反应：

---

① 胡玲.品德与生活有效教学模式[M].北京：北京师范大学出版社，2014：113.

学生 A:我知道爸爸妈妈为我好,但是总唠叨,还比较烦,就假装听不到。

——教师追问:这样做好吗?当爸爸妈妈发现你是假装听不到时,他们会是什么心情?为什么?

——学生反馈:爸爸妈妈知道后,会特别伤心,觉得我们太不懂事了,他们唠叨都是为了我们。

学生 B:有时候爸爸妈妈说的也不对,我就和他们顶嘴。

——教师追问:你为什么这么做?这样做结果会怎么样?爸爸妈妈当时为什么会这么生气?有更好的办法吗?

——学生反馈:有时候是爸爸妈妈冤枉了我,所以我就顶嘴了。当时,他们很生气。爸爸妈妈觉得是为了我好,我还这么没礼貌。我现在觉得,即使自己是对的,也要和爸爸妈妈慢慢讲,不能因为他们不了解情况冤枉自己了,就对他们不礼貌。

学生 C:爸爸妈妈是长辈,我只能按照他们说的做。

——教师追问:这是好的做法吗?还可以怎么做?为什么?

——学生反馈:一家人相处,应该谁说的对听谁的,我们要学会和爸爸妈妈沟通,就能有更好的办法。

对于学生这些意外的回答,教师没有回避,而是及时追问进行引导。最后,教师小结:通过交流,大家明白了这三种做法都不完全正确,面对爸爸妈妈的唠叨,我们要能理解他们的苦心,那份唠叨中饱含着爸爸妈妈对我们的爱,我们要学会的是和父母多沟通,善沟通。三个学生的不同回答,反映了学生道德水准的不同层次。教师能从学生回答的细节之处发现有价值的教育契机,利用不断地追问推进深入的交流和思考,这比起教师独白式的说教更有效,更容易被学生接受。

(2) 捕捉教学中的意外生成

在教学过程中,随着教学环节的推进,师生的认识、情感、行为都会发生不一样的变化,还会有一些意外的情况出现,我们况且称之为"课堂意外",抓住这些"课堂意外",巧妙处理,可以成就精彩的课堂,促进师生的共同成长。

一位教师在执教《自觉遵守交通法规》一课时,让学生观看一个有关"依靠篮球行动的残疾女孩"的视频。当学生看完视频后交流时,一学生竟然说道:"她还不如死了!"面对学生这样的反应,很多前去观课的教师都可能会一下子愣住,会思考要是自己在现场,该怎么接学生的话呢?学生是不是太没有同情心了,要批评学生吗?此时,执教教师机智地说:"交通事故带给小女孩的伤害真是太大了,看着她的处境简直是生不如死。希望人人都能自觉遵守交通法规,不要让小女孩的悲剧重演!"执教教师不是简单地批评学生没有同情心,而是站在孩子的角度解读学生语言背后的意思——"小女孩的处境真是生不如死",教师顺势引导"人人都自觉遵守交通法规,不让悲剧重演"。教师能这样处理这个教学细节,应该说处理得很到位。教师能对学生一句超出预设的回答进行巧妙地回应和引导,可以看到教师心中的目标意识和学生意识。

面对生成性问题,首先教师不能避而不理,而应该积极面对,恰当引导,因为生成的这个问题的解决正是使大多数学生疑惑得到解决的关键处,是真正要解决的问题。再有,教师要善于对学生的回答进行追问,引导学生深入思考,发现自己的回答可能存在的漏洞或偏颇,从而自行纠正或补充自己的回答。

三、教学预设与生成的调整

课堂是一个充满活力的生命整体,处处蕴含着矛盾,预设与生成是辩证的对立统一体,课堂教学既要预设,也要有生成,预设体现教学的计划性和封闭性,生成体现教学的动态性和开放性,两者具有互补性。我们的课堂教学实际上总是在努力追寻着预设与生成之间的一种动态平衡。

以《我来认识你》一课的教学为例,这是小学《品德与生活》首师大版第一册第一单元"我是小学生"中的内容。课程标准中有对学生进行"喜欢和同学在一起"的内容要求,而这课是课程标准这一内容的体现。其教学内容主要是引导学生了解、熟悉新同学、新伙伴,体验作为集体成员的责任与快乐。在教学过程中,教师努力在预设和生成之间寻找平衡点,以学定教,既有教师精心预设后的精彩生成,又有超出预设的现场生成,有收获、有遗憾,体现了真实、常态的教学。

案例 5-7

课题:我来认识你①

执教者:北京市门头沟区大峪第二小学　谭庆燕

活动一:"手拉手"做朋友——伴着音乐做游戏引入新课

【**设计意图**:品德与生活课程突出活动性、生活性、开放性的特点,在活动中师生双方真诚平等的民主对话,使学生初步感知集体的含义、初步了解"认识同学"的意义。】

1. 导语:同学们,你们现在已经是一年级的小学生了,在我们成为同学之前,我知道你们都来自不同的幼儿园,对班里同学们的名和姓都不是很了解,在这近一个星期的接触过程中你对班里的同学了解了多少呢?我要考考你们,愿意接受我的考验吗?

2. 活动组织:请大家听清游戏规则:先说出班里一位同学的名字,再请一位同学根据我说出的名字去找,找到的同学是你,你就和她拉拉手并冲她笑一笑;如果不是你,你就帮她再找一找。(连续进行3—4组进行活动。)

"手拉手找朋友"活动的预设与策略分析及生成记录

预设1:能找到的同学	预设2:不能找到同学
调控策略:鼓励学生大胆去找到同学(使学生知道认识同学是很高兴的事情。)	调控策略:找其他同学给予协助,帮助学生完成任务(引导学生明白在同学的帮助下也可以认识新同学。)
生成效果记录: 当被找到的同学和她拉手并冲她笑的时候,全班同学都露出了甜蜜的微笑,这位同学便很幸福地回到了自己的座位。当名字和人没有对上号的时候,在同伴的帮助下成功时,他们同样一起幸福地回到了自己的座位。……	教师的感悟: 没有什么言语,只是"一个微笑、一次拉手"很自然地就缩短了孩子们间的陌生感。当我看着他们带着那份甜蜜回到自己座位上时,自己也有一种说不出的幸福。

① 小学品德与生活学科主题教学案例研究[M].北京:北京出版社,2010:145—150.

3. 小结:在这近一星期的时间里,有的同学已经认识了不少新伙伴,有的同学可能对班里的伙伴还不太熟悉,没关系,这节课我们就一起来学习“我来认识你”,学生齐读。(贴带有拼音的板书:我来认识你)

活动二:请你了解我——尝试用不同的方式自我介绍

【**设计意图**:教师先做自我介绍,给学生以范例引导,学生在课前活动的前提下,进行自我介绍,教师要根据学生情况及时捕捉信息,引导学生用不同的方式认识新同学。】

1. 提问:在认识别人之前,应该先让别人了解你,怎么就能让别人了解你、记住你呢?(学生举手发言)

2. 教师自我介绍:现在有一个人觉得你们特别聪明、可爱,想和你们做朋友,这个人究竟是谁呢?她叫什么名字呢?你们听听老师的介绍:(边叙述边画画):30年前的一个早晨,在农村的这间屋子里降生了一个婴儿,正在这时,屋外飞来了一只可爱的小燕子,婴儿的爸爸高兴地对妈妈说:“看,燕子都来为我们庆祝孩子的降生了,孩子起名就叫庆燕吧!”,庆燕的爸爸姓谭,所以这个孩子就叫谭庆燕。现在她已经长大成人,就站在你们的眼前,知道是谁了吗?

(预设:学生会根据教师的讲述和绘画的引导及生活中的接触,说出教师的名字,会感到很兴奋。)

3. 过渡:老师通过画画讲故事的方法介绍了我的名字及我名字的来历,通过老师的介绍你们认识了解了我,你们在家也练习了自我介绍,谁愿意给大家介绍一下自己?

4. 活动:“请你了解我”——学生自我介绍

(1) 请4—5位学生做自我介绍。(2)教师根据学生介绍的情况,随机小结。

“请你了解我——学生自我介绍”活动的预设与策略分析及生成记录

预设1:学生介绍自己名字	预设2:介绍自己的故事、爱好等
调控策略:引导学生讲出名字的来历,帮助学生通过名字认识新同学 (引导学生初步感知到每个人的名字都有独特的含义,都包含家人的希望。)	调控策略:引导学生讲出自己的特点,让同学记住自己 (引导学生初步感知到每个学生都有自己的特点,可以根据不同的特点认识新同学。)
生成效果记录: ● 生:我是2000年12月出生的,赶在了一年的末尾,所以中间是个“末”字,但妈妈说,虽然出生在年末,也希望我像冉冉升的太阳一样有活力!我叫马末冉。 教师:这位同学的妈妈可真了不起,能根据孩子出生的时间想到这么好的一个名字。其实,你们的妈妈也都是这样的,不信你们回去可以问一问!	教师的感悟: ● 每个名字都有独特的含义,因为课前充分预设,因此,当学生说到名字的来历时,我能够抓住课堂生成资源,对学生进行了爱妈妈的教育,虽说目的与整课目标不相符,但没有让生成的资源一闪而过,使课堂增添了温暖的亲情。

教师:刚才同学们的自我介绍可真精彩,现在用我们刚才的方法,在小组中试着介绍一下自己吧!

(3) 小组中自我介绍。

5. 小结:通过刚才的自我介绍,小组里的同学知道了你的名字,还了解到你名字的来历,原来每个同学的名字都各有特点呀!

活动三:“交换苹果”认识新朋友——探究交朋友的方法、体验交朋友的乐趣

【**设计意图**:通过“交换苹果”的游戏,引导学生在活动中认识同学,和同学交朋友,在玩中感受认识新同学的快乐。】

过渡:除了知道新同学的名字,你还想说说什么呢? 我们要怎么去了解别人呢? 让我们一起做“交换苹果”认识新朋友的活动。

1. 教师指导活动步骤:各组的每位同学从学具盒里**摸**出一个苹果卡片,高高举起——**找**一找和你手中颜色一样的——悄悄地**挨**着他坐在一起——用铅笔**写**一下自己的名字和你同颜色苹果的同学进行交**换**——围绕着你最喜欢吃的水果、最喜欢的人**聊**一聊。

2. 学生开始参与游戏活动:(教师参与小组中,发现学生活动中出现的问题和闪光点,活动后引导这些同学与全班同学分享认识新同学活动的感受。)

“交换苹果——认识新朋友”活动的预设与策略分析及生成记录

预设1:学生按照教师的引导顺序开始活动,认识新同学	预设2:在活动过程中,学生会出现不同的困难,如:找不到同学
调控策略:引导学生有序活动,认识了解新同学	调控策略:教师参与到活动中,成为学生的同伴,并带着同学勇敢地去认识新同学。
生成效果记录: (1) 学生按着要求有序地、快乐地进行着活动,他们高兴地聊天交流着; (2) 当孩子们找到和自己手中的苹果颜色一样的同学时,紧紧地和她挨在一起;在苹果上写完自己的名字互相交换后,双方都大声地去读,不认识的字还互相询问一下;在围绕教师给出的问题聊天时,常常听到“我也是”这样的声音……	教师的感悟: 这个活动虽然简单,但是在连续性的活动中孩子们体验到了无限的愉悦,一方面,游戏活动学生感兴趣,玩中有愉悦;另一方面更为自己又认识了新同学感到愉悦。课堂活动只要适合学生,在平和常态中使学生有所收获就好,因为这就是学生的生活。

3. 学生展示

(1)教师引导:在这个游戏中,你认识了谁,还知道了什么? (2)学生汇报。

生成情境:

生1:我认识了王美丽,我还知道她喜欢吃苹果,她最喜欢我们班的马老师。

教师:能告诉大家你为什么最喜欢马老师呢?

生2:一次,我没记清作业,妈妈给马老师打电话,马老师就告诉妈妈了。

教师:哦,看来你是一个认真完成作业的孩子、我们的马老师也是一位很有耐心的老师。

教师的感悟:虽然是很简单的一句话,但是既鼓励了孩子也不露痕迹地对全班学生进行了爱老师的教育。

4. 小结并过渡:老师很为你们高兴,在这么短的时间内又认识了新的伙伴,而且还对伙伴有了进一步的了解,为了让我们全班同学尽快地能叫出你的名字,尽快地互相熟悉,让我们把写着同学名字的苹果贴在咱们的班级树上吧!

活动四:一起制作"班级树"——感受成就感,促进交流

【**设计意图**:把学生手中写好名字的"苹果"卡片,做成"班级树",使学习材料得到充分的利用,同时又生成新的资源,帮助学生感悟到每个同学都是班集体的一员,大家在一起,慢慢熟悉,愿意成为班级的主人。】

1. 活动描述:各组学生先把手中的"苹果"贴在一个大"苹果"上,再由组长把大"苹果"和老师一起贴在"苹果树"上。

2. 学生活动

(1) 每组同学把小"苹果"贴在大"苹果"上

(2) 每组学生按顺序把"苹果"粘贴在"苹果树"上,教师协助。

3. 教师引导,提出希望:如果把它挂在教室那面空白墙上,你们一要常常去看它,看看自己的新朋友;二要好好保护它,让这棵班级树一直和你们在一起,没问题吧!希望你们都能在学校生活中结识更多的朋友,快乐生活每一天!(孩子们伴着音乐,手拉手走出教室,几个大个子同学小心翼翼地抬着班级树兴奋地回到班里!)

上述案例比较完整地体现了教学预设和生成的过程,帮助我们直观地理解教师的教学预设,以及针对所预设的不同情况确定不同的调控策略。只有充分地进行预设,在教学实践中,教师才能根据预设的调控策略应对生成,当出现意外的生成时,教师才能在预设与生成不断调整的过程中,运用最适合学生学习的方式。

关注预设与生成,能有效提高教学活动的价值。处理好预设与生成问题,需要教师具有较强的专业知识及教育智慧,要能够读懂学科、读懂教材、读懂学生。在教学过程中,教师既要进行充分的预设,又要密切关注学生在课堂中的表现,善于倾听,善于观察,从促进学生成长和发展的角度思考,捕捉、利用好现场生成,使生成成为教学的生长点或令学生发生转变的契机,从而让课堂生成别样的精彩,实现师生有效学习的幸福、智慧的课堂。

【本章小结】

- 教学计划是学校教学过程中为了实现教学目标而做的整体课程安排。它是一个有着内在逻辑关系的系统结构。合理的教学计划是有效教学的前提和基础。
- 教学计划根据设计范围来说可以分为广义的教学计划和狭义的教学计划。单元教学计划与课节教案是紧密相关的。单元教学计划相对于课节教案来说是宏观的教学安排,课节教案相对于单元教学计划则是微观的课时设计。单元教学计划具有整体性、相关性、阶梯性和综合性的特点。单元教学计划包含有以下五个基本要素,即单元教学任务与内容分析、学情分析、教学目标以及重难点、教学策略、教学资源开发与利用、教学评价。

- 教师只有整体把握教材,在明确单元目标、主题目标的基础上,才能准确制订话题(即课时)教学目标;反之,每一课时目标又是单元目标的具体化,是为单元目标服务的。教学过程不仅要落实课时目标,而且应体现单元目标。
- 教师在制订教学目标之前做好学情分析,要根据学生实际需要和认知水平来制订和把握教学目标,不要任意拔高目标要求,目标的高度应为学生跳一跳就能够到的高度。
- 教学目标层级分解,旨在使各级教学目标及其关系更加清晰,使每一节课都有明确清晰的教学方向和教学重点,有助于明确实现目标的步骤,这也是提升教学有效性的前提。
- 教学预设一般是指上课前的教学设计。在进行教学设计时,要依据学科课程标准、教材内容、学生年龄特点及学习情况,预先设定明确、适当的教学目标,以及一系列为达成教学目标、适宜学生参与的教学活动。
- 教学生成是课堂中,师生在互动的过程中实现心与心的对话,实现情感与情感的碰撞。学生积极参与、主动思考,教师关注学生,有效调控,是师生共同成长的动态过程。教学生成既包括教学预设的生成,也体现在教师未预设的意外生成。预设与生成是辩证统一的,课堂教学既需要预设,也需要生成。预设体现教学的计划性和封闭性,生成体现教学的动态性和开放性,两者具有互补性。教师在教学过程中要善于运用多种策略,灵活处理好教学预设与教学生成的关系,提升教学的有效性。

【思考与练习】

1. 单元教学计划相对于课节教案来说,它的主要特点是什么?主要内容包括哪些?

2. 请撰写一节课的教学目标,与同伴交流并写一写课时目标的制订需要注意哪些问题?

3. 如何理解教学预设与教学生成的关系?

4. 品德与社会课、品德与生活课的教学预设和教学生成需要关注什么?

5. 围绕一个课题,进行充分的教学预设,并与同伴交流修改预设,设计相应和调控策略。

6. 观看一节品德与生活或品德与社会的优质课,结合该课例,对课中的教学生成和调控策略进行分析。

【主要参考文献】

1. 钟启泉等.基础教育课程改革纲要(试行)解读[M].上海:华东师范大学出版社,2001.
2. 高峡.小学社会课研究与实验[M].北京:北京师范大学出版社,2004.
3. 鲁洁.道德教育的当代论域[M].北京:人民出版社,2005.
4. 钟启泉.课程与教学概论[M].上海:华东师范大学出版社,2004.

5. Tom V. Savage, David G. Armstrong. 小学社会科的有效教学[M]. 廖珊,罗静,等,译. 北京:中国轻工业出版社,2003.
6. 王延玲,吕宪军. 论教学目标设计理论与实际的应用研究[J]. 东北师大学报,2004.
7. 李奕菲. 新课程三维目标教学操作丛书[M]. 北京:北京师范大学出版社,2010.
8. 吴亚萍,王芳. 备课的变革[M]. 北京:教育科学出版社,2007.
9. 冯增俊. 把教学目标落实到位——名师优质课堂的效率管理[M]. 重庆:西南师范大学出版社,2008.
10. 大卫·A·威尔顿. 中小学社会课教学策略[M]. 吴玉军,等,译. 北京:华夏出版社,2004.
11. 崔允漷. 有效教学[M]. 上海:华东师范大学出版社,2009.
12. 胡玲. 品德与生活有效教学模式[M]. 北京:北京师范大学出版社,2014.

第六章

教学策略的运用

品德与社会(生活)课程的教学策略必须建立在特定的价值取向之基础上,这就是:让学生成为学习的主人,教师成为学习活动的引导者和组织者,以学生生活为基础设计教学活动,构建对话与合作的伙伴关系。依据该价值取向,品德与社会(生活)课程应倡导基于对话和问题解决的教学。

本章围绕对话和问题解决阐述教学策略。通过本章的学习,你将对教科书和教材产生新的认识,知道一份具有教育意义的好教材应具备的要素,学习教师自主开发教材的方法,并愿意尝试开发吸引学生学习的教材。本章用较大篇幅阐述了探究活动的指导策略,你将重新认识学习课题的产生方式,并尝试运用课题结构图与小学生一起确立属于他们的学习课题;你还可以认识到什么才是有效的调查和有质量的讨论,如何避免形式主义的探究活动,学习用调查表、笔记本和姓名牌等细致地指导小学生开展调查、讨论和辩论,从而真正提高小学生的探究能力。

【本章将阐明的问题】

- 教学策略的内涵是什么？品德与社会(生活)课程的教学策略基于怎样的价值取向？
- 品德与社会(生活)课程的教学有什么基本特点？
- 如何开发和运用品德与社会(生活)课的教材？
- 如何指导学生开展调查活动？
- 如何指导学生开展讨论和辩论？

【关键概念】

教学策略　教学方法　问题解决　教材开发　对话　调查　讨论　辩论

第一节　教学策略和教学方法

一、关于教学策略的研究

1. 教学策略的内涵

“教学策略”一词常常跟教学方法、教学手段、教学步骤作为同义语来使用。以下的界定可以帮助我们理解教学策略的内涵。

袁振国主编的教育学教材《当代教育学》对教学策略做了如下界定：“在教学目标确定以后，根据已定的教学任务和学生的特征，有针对性地选择与组合相关的教学内容、教学组织形式、教学方法和技术，形成的具有效率意义的特定的教学方案。教学策略具有综合性、可操作性和灵活性等基本特征。”①特别强调教学策略是“为达到某种预测效果采取的多种教学行动的综合方案”。

美国社会科教育学家大卫·威尔顿在《中小学社会课教学策略》中指出教学策略“是指为了帮助学生达到预期学习目的而设计的一系列活动。单独的教学技巧，如讲课、做模型、角色扮演、小组讨论、播放影碟、电脑模块以及其他各种方法，必须在一定程度上组合在一起才能构成一种教学策略”。② 这里所指的教学技巧，也是我们通常说的微观的教学方法或教学手段，其他还有游戏、情境创设、两难问题辩论、奖赏和惩罚等。

从上述两个定义中可以看到，教学策略是多种教学方法的组合，而不是单一的某种教学方法或教学手段。我们主张在设计一个单位内容的教学时，既不能偏用单一的教学方法，但也不是说在一节课内换用多种方法就好。采用什么方法要根据教学目的、学生状况来精心选择，在哪个教学环节应该呈现什么样的教学材料采用什么样的教学方

① 袁振国. 当代教育学[M]. 北京：教育科学出版社，2004：190.

② 大卫·威尔顿. 中小学社会课教学策略[M]. 吴玉军，译. 北京：华夏出版社，2004：279—280.

法、采用什么样的活动形式,并将各环节的方法、活动加以序列化。考虑一个单元的教学策略和考虑一节课的教学策略当然是不一样的。单元的教学策略可能组合了多种针对不同教学内容、教学环节的多种教学方法,而在一节时间较短的课内,教师则可能只采取一两种教学方法。

针对教学中的不同问题和不同教学阶段,教学策略可以分成几种类型。以下列举中外两位学者关于教学策略的观点。

2. 加涅的基本教学策略

加涅在1968年提出的教学策略对教育界影响深远,成为教育研究者和教师们研究和实践教学策略的依据。他提出的九种教学活动策略是依据各种微观教学策略的共同特点而提出的。这九种教学策略实际上为教师考虑教学策略提供了思考的维度,也就是说,教学策略应该包含这几方面的考虑:

(1) 利用改变刺激的方法引起学生注意;

(2) 告诉学习者学习目标,以帮助他们认清教学的重要性和相关性;

(3) 刺激回忆前提性知识,使学习者能把它们同新的知识结合起来;

(4) 以适当的方式向学习者呈现刺激材料;

(5) 根据所学知识的复杂程度和难易水平,以及学习者具有的智慧水平,提供学习指导;

(6) 引出表示所期望的学习的行为;

(7) 作出行为正确与否的反馈,对正确的行为加以强化,对不正确的行为加以抑制;

(8) 评价行为以便评价学习;

(9) 通过提供检索线索和检索策略来增强记忆,促进迁移。①

3. 顾泠沅的教学策略

顾泠沅认为教学策略的制订一般是以教学过程的某个主要构成因素为中心,建立框架,将其他相关要素有机地依附于该中心,形成一类相对完整的教学策略。他按构成因素将教学策略分为四种类型:内容型、形式型、方法型和综合型。

内容型策略有强调知识结构和追求知识发生过程两个类别,也就是结构化策略、问题化策略。

形式型策略有集体教学、小组教学和个别学习三种类型。由于以学校、教师为中心的班级授课制仍为教学的基本组织形式,因此改良集体教学的研究十分活跃,如实施小班制、按程度分班、班内分组、转变差生等,此外还有理想性的以学生为中心的教学策略。

① 袁振国.当代教育学[M].北京:教育科学出版社,2004:191—192.

方法型策略是以教学方法和技术为中心的策略。应当致力于科学的分类，确立教学方法的分类体系。现代电子信息技术为教学策略提供了新的前景。

综合型策略直接从教学目标、任务出发，以教学经验为基础多方面综合地展开。近年的改进出现教师主导和学生自学两个主要取向。[①]

上述教育学者所提出的教学策略包含了基于不同课程理念或价值取向的策略和方法。有些策略和方法是可以超越不同教学理念、价值取向而为各种模式的教学所共有，而有些则因教学理念和价值取向的不同而受到不同程度的重视。比如，以儿童为中心的教学策略会偏重问题化策略、个别学习策略。

二、品德与社会(生活)课教学策略的价值取向

根据“品社”和“品生”课程标准的课程理念和教学建议，两门课程的教学策略应遵循一些基本的价值取向，它们是教师考虑教学策略的前提。

1. 学生为学习的主人

让学生成为学习的主人，也就是“以学生为学习主体”，这不仅是本课程所倡导的教学基本理念，也是21世纪初课程改革倡导的基本理念。这一课程理念的形成来自于两个基本观念：第一，来自于儿童权利观，即从尊重和维护儿童基本权利出发，认为保障儿童的学习权就必须“让学生成为学习的主人”，而不是知识的被动接受者。第二，从学习理论出发，认为“让学生成为学习的主人”才能真正提高学习效率，促进儿童的发展。为此，教学策略要做到：

(1) 让学生能主动获取知识，而不是被动接受知识，即学习成为学生自己内在的需要。

(2) 使学生能够有机会独立探究和思考，并表达真实的想法。

2. 教师为学习活动的引导者和组织者

学生成为学习的主人，不再被动接受知识，意味教师必须转换角色及其作用。但这不意味教师对学生放任不管。教师和学生在教学中的关系是互为主体的关系，面对另一个主体，他的指导作用将更具有挑战性。为此，教师必须要为做到如下三点来考虑教学策略：

(1) 倾听学生的声音，关注学生的经验和问题，深入了解学生的需要和发展状况。包括了解班级学生的整体和学生个体的发展水平、个性差异，了解学生的家庭状况及所在社区的状况，将这些状况作为教学设计的依据。

(2) 为学生创设良好的适宜的学习环境，开发和设计吸引学生学习和探究的任务、活动和教学材料。

(3) 密切关注学生的学习进程，在需要的时候及时提示学习和探究的线索和方法，提出学习的要求，推进学生的学习。

---

① 袁振国.当代教育学[M].北京：教育科学出版社，2004：194—201.

3. 教学设计基于学生生活

关于课程为何要以学生的生活为基础,以及如何实现这一理念,第二章已经做了充分的阐述。如何将教学内容与学生的生活建立联系是品德与社会(生活)课教学策略应重点研究的问题。具体包括以下几方面策略:

(1) 学习课题(或学习任务)与学生现实生活的疑问和困惑联系起来,对学生来说是真实而迫切的。

(2) 教学材料具有将学生已有经验和先前知识与新经验和新知识联系起来的中介作用。

(3) 学习活动的内容和形式符合生活的逻辑,自然而真实。

4. 课堂文化崇尚对话与合作

课堂中学生与教师、学生与学生之间应是平等对话、互帮互学的关系。这一条原则来自于以下两个理由:

第一,心理学家和学习科学研究者们揭示道:儿童的全部心理活动都是在交往过程中发展的,学习是知识的社会协商。"知识的社会建构是一个循环的过程,即个人的主观知识经人际交往的社会过程,如他人的审判或评判,通过发表而转化为使他人有可能接受的客观知识;而个人所具有的主观知识就其本质而言则是内化了的、再建构的社会性知识。"①

日本教育学家佐藤学经过对数千节课堂教学的观察和研究,也得出同样的观点,他指出"课堂里的学习是在师生关系与伙伴关系中实现的。即便存在个人独立学习的场合,在这种学习里也交织着同他人的看不见的关系。这是因为,教育内容的知识本身是社会建构的,学习的活动逃避不了来自看不见的他人的种种视线"②。最后他把学习的实践界定为:学习者"同客体对话的实践——建构世界的意义"、"与自我对话的实践——探索与塑造自我"、"同他人对话的实践——编制自己与他人关系"这三位一体的实践。

第二,品德与社会(生活)课程的目标是促进学生以品德形成为核心的社会性发展,社会性发展包含了善于与他人沟通、协商与合作等能力的发展,简单地说就是人际交往能力。人际交往能力并非靠说教或开展专门训练交流、沟通、合作能力的活动就可以得到发展的,而是整个教学的过程和组织方式都体现协商性和合作性。

基于上述两方面理由,品德与社会(生活)课的教学应注重:

(1) 开展交流、讨论、辩论等活动。

(2) 创建学习共同体,形成互相倾听、互帮互学、平等对话的学习氛围。

三、基于对话和问题解决的教学策略

依据上述价值取向,品德与社会(生活)课应开展基于对话和问题解决的教学。其特点是学生作为学习的主人在思考、体验、调查、讨论、协商以及合作解决问题的过程中

---

① 高文.建构主义教育研究[M].北京:教育科学出版社,2008:70.

② 佐藤学.学习的快乐[M].钟启泉,译.北京:教育科学出版社,2004:39.

建构对社会生活的认识，形成良好的品德，发展参与社会、服务社会的能力。其教学过程包含以下基本环节：

第一步：以内含矛盾冲突的教材（或问题情境）引发问题，确立学习课题。学生只有自身产生迫切要解决的问题，才能开始真正的学习。

第二步：指导学生根据特定的要求和规范的方法开展调查（观察、参观、访问、收集资料、阅读和分析资料等）。通过调查，准确把握事实，获得支撑观点的依据。

第三步：指导学生开展交流和辩论，以修正、丰富、锤炼支撑观点的论据。交流和辩论可以形成集体智慧，扩展个体的视野，提升个体的经验和认识，丰富对知识意义的理解，使问题得到更好地解决。

第四步：指导学生清晰地展现探究和学习的成果。这个过程可以让学生反思学习过程和学习方法，总结和提炼学习成果，发展表达表现能力。教师也可以据此判断学生的学习成果和发展状况。

上述教学环节中所需使用的教学策略是开放而灵活的，教师要根据学生在解决问题中遇到的问题来选择适宜的教学材料教学方法和教学组织形式，包括在必要的时候进行讲解。值得注意的是，在学生为学习主人、基于对话和问题解决的探究性学习中，教师的讲授、解释仍然是必要的，只是这种讲授、解释必须在学生自主探究的框架内，能引发学生产生问题，推动学生主动探究问题解决的方法。

“教无定法”，这是教师中经常流传的一句话。确实，学习内容、学习环境、学生个性特征不同，教学方法必然随之而变。教学策略讲究的就是根据时间、地点、对象、任务和条件，来选择、组合适宜的教学方法。任何一个因素发生变化，教学策略就要发生变化。不过，长期以来，教育学家和教育实践者们开创了诸多教育方法，为后人留下了宝贵的教育财富。它们是品德与社会（生活）教师开展教学实践的养料。本章和后面几章重点围绕上述几个教学环节，结合国内外相关学科的已有教学理论和实践阐述品德与社会（生活）课的教学策略和方法。

第二节　教材的开发和运用

一、教材与教材开发的内涵

1. 什么是教材？

在认识教材开发的内涵之前，我们要重新理解什么是教材。教材就是具有教育价值的材料，即能有效传授知识和技能，明理解惑，使学习者达到特定目标的媒介。教科书是一种经过权威部门审定的权威教材，是将许多教学材料结构化的教材集，具有连续性、层次性和系统性。但是，教材不仅指教科书。

在日本，教材研究有极其丰富的研究成果。当人们说“教材”时，仅指教学中实际被使用的教学材料。教科书就称为教科书，而不称为教材。这样就将教科书与教师在课堂上使用的教材区分开来。实际上，战前日本的教师被要求遵循国家制订的教学细则和国定教科书来实施教学，根本没有自由去探讨教学时应用什么作为教材、怎么选择教材之类的问题。因此，教师长期养成的习惯就是按教科书教学。但是，战后随着儿童中心主义及学校教师的教学自主性受到强调,根据学生特点的教材选择、教材开发逐步成为学校教师必须思考的问题,也成为教育理论研究者的研究对象,并随之产生丰富的理论和教材开发实践。

对于教材的性质和类型,日本学者竹中辉夫指出:“教材应该指含有教育价值的材料。比如:在课堂上教师使用教科书中的文章或者计算题指导学生学习时,这种文章和计算题中所包含的具有教育价值的材料就是教材。还有,当教师把学生们的画拿出来让他们互相品评,或者利用学生和教师做的图表引导他们思考的时候,这些图画、图表中所包含的有教育价值的材料也可被称为教材。”[①]他把教材分为三种类型:

> (1) 各种事实(事态)。这里所说的事实,就如我在后文中所要阐述的那样,必须是能够动摇儿童思想的东西,是儿童在追究自然、社会、艺术等的过程中,必然会遇到的事实(事态)。
>
> (2) 对事实的解释。比如,数学中的概念和定律、科研成果等和学术研究的产物,或者是在文学作品中所表现出来的作者的主张等等,都可以说是对各种事实的解释。另外,教师和儿童对某一事实的解释也可以被当作教材。
>
> (3) 得出解释的方法。比如,在自然课上,为了得出某种解释而采用的实验方法;在语文课上,将某一文章分段进行分析的方法等等。[②]

可见,教材的范畴是非常宽广的,不仅指课本和其他以语言为载体的书本,无论什么形式,只要是具有教育价值的材料,都是教材。就如同我们平时说,某某电影是一部爱国主义的好教材,某某事件是一份诚信教育的好教材,某某吸毒者是一个禁毒教育的反面教材,这里的教材的外延也是非常宽泛的。只是在我国,这种意义上的“教材”大多指课外教材,而课堂内的教材多指教科书。新课程理念要求教师必须打破这种狭隘的教材观。

2. 什么是好教材?

日本著名的教材开发专家有田和正作为一名出色的小学教师和大学教授,在研究和开发社会科教材方面奉献了极其丰硕的成果。他提出的教材开发理论和技术对日本教育界产生深远影响。对于什么是好教材,有田和正指出:

> 一般都认为,教材是与学生无关而客观存在着的(例如,教学大纲或教科书的内容),认为教材就是“为了达到所规定的教学目标而被筛选出来的文化素材”。
>
> 我以为,这样的材料最多只能称为素材,不能称为教材。
>
> 教材要真正成为教材,其本身必须是能引发学生对它的兴趣,并且能促动学生

---

① 市川博.社会科的使命与魅力[M].沈晓敏,主译.北京:教育科学出版社,2006:208.

② 市川博.社会科的使命与魅力[M].沈晓敏,主译.北京:教育科学出版社,2006:208.

持续地探究它。只有当学生们遇到素材后,受到震动,一门心思地想着"诶!这是怎么回事?""这个好奇怪啊!"等等,并开始为探究而行动的时候,这个素材才成为对学生来说是有意义的教材。

而且,所谓教材,就是"将看不见的社会,用某种看得见的形式具体显现出来的材料"。教材只有立足于一个一个学生的实际状态才具有生命力。①

教材是否具有价值,有多大的价值,关键要看它能否引发学生的好奇心,激发他们思考,推进他们探究和学习。

3. 什么是教材开发?

有田和正对教材开发的内涵和目的做了如下阐释:

所谓教材开发,就是指对那些在学生周围无限存在的素材,通过转换视角,重组内容,改变顺序等等方式进行加工,使学生能从中产生问题,激发起探究的热情。就是让学生带着新鲜感、惊奇感重新去认识那些每天发生在我们身边的熟视无睹的事物,那些我们似乎每天看到而实际上又没留意的事物。

"教材开发"的目的就是为了引发学生的问题意识,动摇他们原有的简单的思维方式,激发他们的探究热情,提升他们的思想认识。

评价教材开发的成功与否,应该根据"开发的教材在多大程度上动摇了学生原有的知识或经验,在重建学生的这些知识和经验的时候它发挥了多大的作用"这样的视角来进行判断。②

可以看到,这是完全立足于学生的教材开发论,与我国当前基础教育课程倡导的理念是极其吻合的,即:变被动学习为主动学习、变接受性学习为建构性学习、变竞争性学习为合作性学习、变教师独白为师生、生生、学生与文本之间的对话、变重结果为重过程。一份可以促进学生思考、提升其思想认识的教材至少应该具有以下三个要素,这也是衡量教材开发是否成功的标准。这三个要素之间彼此又是相互联系、相互影响的。

(1) 连接新旧知识,促进经验的重组和认识的转换。教材应是将旧知识与新知识连接的媒介,教材既要包含反映学生已有经验和知识的要素,使学生接触教材就能回忆起已有的经验和知识,又要内嵌教学目标所要求掌握的知识和技能。因为品德与社会(生活)课的教学是有计划的教学,有特定的目标,而不是自由研究课。教材无论多么生动有趣、能激发学生的探究,但是如果不内嵌期望学生掌握的知识和技能,就失去了实现特定教学目标的价值。教材所呈现的事物及其对事物的解释既有学生凭已有的经验和知识而能理解、可解答的部分,也有无法理解、无法解答的部分,它能动摇学生已有的经验和认识,将思维引向新的视角,重组经验,转变和提升认识。

---

① 市川博.社会科的使命与魅力[M].沈晓敏,主译.北京:教育科学出版社,2006:168—169.
② 市川博.社会科的使命与魅力[M].沈晓敏,主译.北京:教育科学出版社,2006:169—170.

(2) 能引发矛盾冲突。教材中所呈现的事实与个体既有的认识和经验产生冲突,或引发学生间不同观点或立场的冲突,动摇学习者既有的经验和认识,使学生产生困惑和迫切要解决的问题,并产生力图去解决这种困惑和问题的意念愿望。比如,在以环境保护为主题的学习中,一次性泡沫饭盒就是一个隐含道德冲突的教材。很多学生在了解了它污染环境的事实后,都会表现出抵制使用它的态度。但是,父母开盒饭店的学生提出了使用一次性饭盒的诸多好处,比如减少疾病传染,减少劳动力支出。这样学生之间以及学生个体内部就产生了反对还是支持一次性饭盒的矛盾冲突,对于究竟要不要禁止使用一次性饭盒之类的白色泡沫,学生产生了困惑,这种困惑促使他们去探究解决问题的方法,为更成熟的决策寻找理由或依据,并为探究而学习新知。

(3) 能走进学生视野,抓住学生心灵。有一些事物即使放在学生面前,学生也可能视而不见。如,远离学生生活的陌生事物、超越他们认知能力的事物、周围常见但与学生愿望和需求看似没有关联的事物等。如竹中辉夫说言:

> 教材要成为名副其实的、在人格养成上发挥作用的东西,就必须做到真正被每一个儿童接纳,并且能够深入到他们的内心世界。即使是根据社会的需求和课题选择出来的教材,如果得不到儿童认可的话,就会像对牛弹琴一样,变得毫无意义。①

要让教材走进学生的视野,抓住学生的心灵,教材必须适应他们的心智发展水平,所包含的事物必须与学生的生活建立密切连接,并能唤起他们的经验,契合他们的需求和兴趣,或触发情感上的震动。教师看似随意地呈现出来,便能吸引学生的注意,抓住他们的心灵,促其全身心投入探究和学习活动。例如,对于上海的学生来说,近代中国发生的事件离他们很远,但是外滩的万国建筑和苏州河的桥却可以成为拉近历史与学生距离的教材,使近代史变得可见、可触摸。

近十年来,我国教育界掀起过课程资源开发的热潮,有关的论文和论著也纷纷登台。可以说,我国的课程资源开发与教材开发有相近的含义。不过,前者停留在将现实中的素材作为"资源"加以选择和应用的阶段,而没有将资源进一步"通过转换视角,重组内容,改变顺序等方式"加工为具有教育价值的主要教学材料,从而使学生能从材料中产生问题,激发起探究的热情,获取新的知识。研究者更多地是关注某些材料对于某课程某主题的教学所能发挥的作用和效果。此外,也可能有一些教师和研究者在开发课程资源时经历了有田和正所说的加工过程,那么他们开发的课程资源实际上已经具有教材的性质,只是未把这种开发方式和过程如有田和正那样进行提炼,形成一套方法论。将资源(素材)变成具有教育意义的教学材料,除了要研究该资源用于教育活动时具有什么意义,能起到什么教育作用外,还要分析它是否拥有教材的要素,研究运用如何使学生对此产生兴趣并与之交互作用,从而促进思考和学习等等。

---

① 市川博.社会科的使命与魅力[M].沈晓敏,主译.北京:教育科学出版社,2006:209.

此外，国内还有关于"教材二次开发"的说法，这里的教材仅仅是教科书，也就是教师如何对教科书进行重组，或赋予课文中的材料以新意，以适合学生的特点，促进其学习。这种"二次开发"属于教材开发，但是教材开发并不仅限于对教科书内容的重组，或赋予其新意，还包括将教科书之外，社会生活中存在的事物和现象加以教材化。不过，我国的课程资源开发论和教材的二次开发论在立足学生这点上与有田和正的教材开发论是一致的。

二、教材开发的途径和方法

1. 挖掘既有教材的新意

挖掘既有教材的新意，类似于教科书的二次开发。教科书作为凝结众多专家智慧的权威教材，内涵丰富的教学材料，值得教师去研究和利用它们开展教学。但是教科书中所提供的教学材料未必是特定环境下的学生所能接受的最适宜的教材。因此，教科书的作用应该是为教与学提供思路和方法，为教师自创自编教材提供范例。教师应根据课程标准以及课程教材改革的基本理念，在充分把握教科书内容的基础上，结合实际挖掘教科书中每一份材料的内涵和教育价值，对教科书进行深度的再开发和再创造，使教科书真正成为学生实际需要的、推进其学习的有意义的教材。

此外，品德与社会（生活）课程作为在我国开设不久的新课程，作为不依据任何学科体系而设立的课程，教科书中各篇教材本身还存在不完善之处，需要教师在实践中去开发教材，充实教科书。那么，如何对教科书进行再开发呢？以下用案例来解释教材开发的途径、方法及其效果和意义。

课例 6－1

中国古代四大发明①

【第一节】阅读课文，交流问题，按问题分组。

导入：说说你对四大发明的了解和了解的途径。

学生交流自己的经验，如："蔡伦发明了纸，我是从学校走廊的镜框里看到的"；"火药是我国古代人发明的，我是从教育台的科技节目里看到的"；"我国古代就有了司南，那是最早的指南针，这是自然常识课中老师告诉我们的"；"印刷术是我国一个毕昇的人发明的，他用胶泥制作字模，我是从一篇语文课外读物中看到的"。

教师出示课题："四大发明"。

阅读课文

让学生说说从课文中获取的新信息。学生的回答："从课文中我知道在蔡伦之前已经有了一种灞桥纸"；"我知道火药的用途很广，可以做烟花爆竹、火炮、

① 沈晓敏. 在社会中成长——社会主题的研究性学习[M]. 广州：广东教育出版社，2006：92—94. 案例来自原上海市闵行区北桥中心小学王玉兰老师的实践，本文略作删减。

炸药";"我看到了古时候人们是怎样印刷东西的";"我看到了司南的图片"。

填写课文中的表格并作交流,包括四大发明的发明时间、发明者、作用和意义。

交流问题,确定课题

吴晶晶等同学提出:既然在蔡伦之前已经有了灞桥纸,为什么人们都称是蔡伦发明了造纸术?纸的发明者究竟是谁?

一些同学想了解活字印刷术的有关知识,沈翔翔同学根据自己在课外了解到的知识,用画画的方式作了解答。而朱云涛等同学则对现在人们的印刷技术十分感兴趣,特别是激光复印机和一些同类产品都是他们想研究的问题。

徐张伟等同学在交流火药的用途这一内容时,提出一些有关历史的问题。班上同学联想到影片《火烧圆明园》,并对影片中洋人用洋枪洋炮攻打北平十分愤怒,继而产生了疑问:"为什么我国那么早就发明了火药,但洋人的洋枪洋炮反而比我们的土枪土炮厉害?"

余伟同学看了书上司南的图片,和指南针进行对比后,认为指南针的造型变化很有趣,对它外形的发展提出了探究设想。

按课题分组

学生根据自己的兴趣,自由选择探究的课题。我将姓名写于课题下方,帮学生组成若干学习小组,组内民主产生学习组长。由组长带头讨论探究的方法、途径和个人任务。我要求每个学生都在自己的笔记本上记下自己探究的课题,并要求他们写下探究的方法和结果。

【第二节】围绕问题,进行交流和讨论

讨论1:造纸术是谁发明的?

学生收集了有关灞桥纸、蔡候纸的资料,并分别发表了自己的观点。一方认为造纸术是蔡伦发明的,因为蔡伦发明的蔡侯纸质量优、成本低、方法简单、材料易找、十分利于推广。而另一方则认为灞桥纸的发现已经证明在蔡伦之前就有人发明了造纸的方法,无论成本、质量如何都应该承认他的创造对人们的贡献,如果没有他们的发明说不定蔡伦还想不到发明新的造纸方法呢。一方又提出灞桥纸不能推广用于人们的生活,证明这种纸根本没有多大利用价值。而另一方又反驳道:"再差的纸也是纸,我们不能无视它的存在,应该承认这种纸的创造价值。"我并不急于发表看法,让学生尽可能在对方的反驳下寻找更好的论据。终于有一位学生总结了双方的观点提出自己的想法,他认为说蔡伦是造纸术的发明者并不十分科学,他可能对造纸术的发展、推广起到了很大的作用。最后,我才对先前同学们的议论发表了自己的看法,我对最后那位同学的观点表示赞同,并说道:"大多数发明都是许多人共同努力的结果,有些发明甚至需要几代人的努力。对那些为人类的科学事业作出过贡献的人们,我们都应该尊重、敬仰,比如蔡伦、比如灞桥纸的发明者。"

紧接着,又有同学提出新的问题,他在一本课外书上发现蔡伦发明的蔡侯纸是一种容易被虫咬的纸,保管十分不便,一不小心就会被虫子咬得面目难辨(面目全非)。这与课本中所说的"这是一种优质的纸"有矛盾。这是我预料之外的问题。我让学生对此发表意见。同学们持不同观点,有的认为课本编写没有经过仔细调查,可能写错了;有的认为那本书上的说法不一定是事实;还有的认为在古代，人们没有纸只能用竹简或丝绸来写字，多么不便，蔡伦的纸虽然有虫蛀的缺点，在当时已经很不错了。有人立即提出反对：明明是虫蛀的纸怎么能说成是优质的纸呢。后来有一位同学说道："在不同的时代人们对事物的要求是不同的，就像以前人们有黑白电视机看已经觉得很高兴了，可现在24寸彩电也快落伍了，新的家庭影院风靡全球。在一千多年前的时候有那种纸已经十分了不起了。"他的发言得到同学们的认可，辩论自然地告一段落。

通过"纸的发明者究竟是谁"这个问题的讨论，学生对发明者、发明物的价值有了进一步的认识。例如他们逐渐认识到每样事物的发明和诞生都是有许多人不断探索、勇于实践而产生的。发明者都是在积累了前人经验的基础上有所突破而发明新事物的，人类文明正是在无数代的革新和探索中逐渐累积起来的。发明者固然了不起，但我们不应该忘记那些对发明创造有过贡献的人们。

与此同时，学生还对课文内容提出大胆的质疑，这种勇于挑战教科书的精神给学生带来了更多的学习机会。而对"优质"概念的不同理解引起了他们认识上的冲突，一些学生根据自己的生活经验来理解"优质"的含义，辩论使他们懂得了"优质"是一个相对的概念，他们意识到看待事物需要历史的视角。这不就是一种历史意识的培养吗？获得这种认识是非常难能可贵的。要刻意地让学生去理解这些道理或许很难，但我们能通过这样的讨论自然地使学生理解这些道理。

讨论2：火药是我国发明的，为什么洋枪洋炮反而比土枪土炮厉害？

这个问题因为涉及到许多历史问题，同学们准备了许多资料，辩论十分激烈。

战争是一个敏感的话题，在讨论洋枪洋炮为什么比土枪土炮厉害这个问题时，学生们情绪高昂，发言热烈。大多学生都表现出强烈的民族危机感。一些学生从网上收集了有关鸦片战争的信息，对古人"没有"利用火药来发展武器，以致被洋人打败感到十分气愤和耻辱。而有两位学生则运用收集到的有关元代用火药制造武器的历史资料，否定了将洋枪洋炮打败中国土枪土炮的原因归结为古人没有用火药来发展武器的论点。他们的解释是洋人的发展速度太快导致我们落后，但是这个解释并没有被同学们认可，连他们自己对这个解释都不满意。从而引发班上同学重新寻找新的解释。我没有想到有学生居然把我国被打败的原因归结为火药被"叛徒(奸细)"传出去了，如果不传出去，外国人的武器就不会发展得这么快。不需要我来评点，就有同学立即加以反驳了。虽然，这位学生的观点遭到了大多数学生的否定，而且她引出的讨论似乎偏离了本课的主题。但是，我认为这位同学引起的讨论是非常有意义的，即她促使学生们去思考我们应该如何对待前人的发明创造，以及思考科技文化交流的意义。

通过一番辩论，同学们最后都认同互相学习、共同发展的道理。同时，他们也认识到落后就要挨打，我们不能躺在前人的功劳簿上，而要不断进行发明创造。学生的言语中自然地表现出强烈的民族自尊、自强、自立的意识和爱国热情。虽然，作为小学四年级的学生，对历史的认识和对上述道理的理解还非常粗浅，但是，这为他们今后更深入的探究奠定了基础。①

① 围绕"如今人们印刷文字和古代有什么不同?""指南针的造型为什么不断在变?"的讨论，此处省略，详见《在社会中成长——社会主题的研究性学习》。

在这份案例中,我们可以看到教师是怎样用教科书中的材料开展教学的。教师用“中国古代四大发明”这份教材,引发学生的疑问,激发学生的探究欲望,并通过调查和讨论、辩论,丰富了对“中国古代四大发明”相关知识的理解,同时也丰富了对“发明”之意义的认识,拓展了“中国四大发明”作为教材的价值。达到使教科书中的材料成为促进学生学习的“好教材”,教师的方法是:

(1) 让学生自学课文,围绕课文提出疑问——与课文对话。

在传统的课堂中,学生总是被教师提问,而很少对教师的讲解和教材中的知识主动提出疑问。但是,在“四大发明”实例中,我们看到教师不是去解释教材上的内容,没有停留于让学生对课文知识的掌握,而是让学生与教材互动——先自学课文,而后提出不理解的问题。教材成为刺激学生产生疑问、暴露认知不足的工具,以及引导学生通向新知识的媒介。同时,教师也避免了低效的工作——重复讲解学生容易理解的教材内容,而聚焦于学生不解的部分。

(2) 让学生围绕疑问开展调查和讨论——与同伴和教师对话,与课文和其他材料对话。

让学生因与教材互动而产生了他们经验范围内不能解答的问题,为解答疑问,他们重新阅读教材,并收集课外的资料与课文进行对比,与同伴进行讨论。这样一方面纠正了对课文的误解,或发现了被忽略的信息,或丰富了对教材的理解,另一方面也获得了与课文内容相关的其他知识,这些知识可能不是教科书编写者和教师所预想到的,却是学生建构知识意义所必需的。

2. 开发新教材

社会生活中到处存在着可以成为品德与社会(生活)课教材的素材,关键是怎样选择契合学习主题的素材,并加工成为有助于达成教学目标的好教材。这不仅是教科书编写者需要研究的,也是教师要钻研的问题。要做到能敏锐地发现内含教育价值的素材,并对此加工和恰当的运用,使其发挥促进学生思考、探究和学习的作用。教材开发者需努力做到以下三点:

(1) 丰富阅历和见识。一个教师如果拥有丰富的生活经历和广博的阅读基础,当他确立教学主题和教学目标后,就可以很快从记忆中搜索出与主题和目标相吻合的素材,这些素材可能是一个社会现象、一个事件、一件物品、一则寓言、一个生活中的人物或历史上的人物。为此,品德与社会(生活)课的教师应努力地“行万里路,读万卷书”。利用寒暑假和各种外出学习、开会等机会,走访名胜古迹。即便在日常生活中也要做一个有心人,在上下班的路上,在旅行途中,在菜场购物时,在与人交谈或吃饭的过程中,多用一份心去观察、倾听,就会发现许多可以用于教学的材料。观察和倾听的同时,还要想一想,眼前这个事物是否可以应用于某个主题的教学。此外,要广泛阅读,包括文学和人文社会科学方面的书籍,以及报纸杂志,关心时事和社会热点议题,拓展自己的眼界,提升自己对社会现象的分析判断能力。

(2) 熟悉学生的需求和特点。教师要关注学生的言语和行为,了解他们在议论什么,看什么书和电视节目,对什么事感兴趣,以及存在什么困惑。一方面,教师可以根据学生的爱好和兴趣来判断教学材料的适切性，另一方面，教师可以从学生所关注、关心的事物，所爱好的故事、游戏中寻找合适的教学材料。而学生间发生的故事、学生的作业也都有可能成为一份好教材。

(3) 熟悉课程标准的内容要求和整套教科书，将它们的主要精神和内容装入脑中。这样才能在具体的情境中，敏锐地发现某个事物、现象或事件的教育价值，不由发出惊喜“这不正是学习×××的好材料吗?”如果一个教师不熟悉品德与社会(生活)课的内容要求，即便遇到一份有教育价值的材料，也会无动于衷。

实际上，一个人要做到上述三点是有困难的。所以，教材开发更应该是拥有不同专长的人组成一个团队来协作完成的。

以下围绕品德与社会(生活)课的一些主题，列举我国和日本的教师开发的教材，展现教材和教科书主题的关系，以及这些教材怎样具备好教材三要素，促进学生思考和学习的。

课例 6－2

有关关爱、慈善的主题——捐助乞丐

教师展现一幅照片，并做解释：学校附近的公交车站有一个常年行丐的小孩，有人给钱，有人不给钱。问班上学生有没有给过，班上的学生有的说给过，有的说没有给过。教师引导学生围绕“该不该给乞丐钱”这个有争议的话题，展开辩论。双发彼此列举“事实依据”说服对方。通过辩论，原先主张给钱的学生认识到了假乞丐的存在，从而探讨更有效地帮助贫困者、落难者的方法。而原先主张不给钱的学生认识到社会上确实存在着陷于贫困的人，并了解到帮助不幸者对社会带来的积极意义，表示自己是愿意捐钱给贫困者，只是捐钱的方式不同。基于双方的新认识，学生们讨论了帮助贫困者的方法，如捐钱给慈善机构，监督慈善机构等。

培养学生的爱心是品德与社会(生活)课的目标之一，爱心包括拥有同情心，愿意帮助弱者和受困者，主动参与慈善活动。其实，孩子天生就有同情心，从情感和观念上说，他们会很乐意帮助他人。一般围绕这一主题的教学开展之后，孩子都会表示愿意帮助弱者，而且会尝试去实践。但是，当他们发现自己的善举被人利用或听闻其他人做善事而受骗的时候，他们的爱心就会发生动摇。如果学生因此而放弃献爱心的话，那么德育课就失去了实效性。为了帮助孩子建构对关爱、慈善的意义的了解，教师就不能回避社会的复杂性，不能无视善举之后可能带来的预料之外的后果，而要让学生直面问题和困难，再次认识关爱和慈善的意义，继续保有一颗同情心和关爱心，并能理性地思考关爱的方式和方法。“捐助乞丐”的问题直接关涉爱心和慈善的话题，而它又揭示了社会生活的复杂性，既内含社会生活中的矛盾冲突，又引发了学生之间的认识冲突，从而丰富了对社会复杂性的认识，重新建构有关关爱和慈善的意义，并将视角从个体的慈善行为转向社会的慈善制度。

课例 6－3

传统文化主题——元代青花瓷“鬼谷子下山图罐”

元代青花瓷“鬼谷子下山图罐”在 2005 年 7 月 12 日伦敦佳士得举行的“中国陶瓷、工艺精品及外销工艺品”拍卖会上，以折合人民币约 2.3 亿元拍出，创下了当时中国艺术品在世界上的最高拍卖纪录。有一位教师就以这个青花瓷为导入教材，展开了对中国瓷器的探究和学习。当她告诉学生这个瓷器的拍卖价可以用来建造 8 个如他们学校大的学校时，几乎所有学生都表示想不通“为什么这个小小的瓷器比他们学校还值钱”。然后教师引导他们从瓷器的历史、材质、制作工艺、图案等角度探究中国古瓷器值钱的原因。在探究过程中，学生学习了有关中国瓷器的知识，并不由赞叹古代中国人的聪明才智。

在有关中国优秀传统文化的主题单元中，各套教科书大都会以瓷器为其中一份教学材料。教师们大多按照教科书上所写的内容进行教学，为了体现探究，也会让学生自己收集瓷器方面的信息资料。虽然这样也能让学生掌握一些有关瓷器的知识，并让学生产生一些民族自豪感。但是，整个学习过程，学生与教材没有互动，没有疑问，没有认识的冲突，因此也不可能产生为了解答疑问而急切地寻求知识的学习欲望，即便有所谓的调查活动，也是由教师布置的，学生的学习是被动的。而元代青花瓷这份材料的抛出，让学生遇到了其经验不可解释的现象，于是产生了困惑，产生了想探个究竟、揭开疑问的学习热情。这份材料使基于问题解决的学习成为可能。

课例 6－4

关于规则的主题——医院里的排队

教师首先展现了多种场合排队的图片，问学生怎样排队算是公平的。学生一致表示按先后顺序排队，先来者先办事。接着教师呈现一个问题情境：四个年龄、病情、到达时间都不同的病人要挂号看病，小镇的小医院只有一个科室。问学生他们应按照怎样的顺序看病。

第一个人，35 岁，8:03 到，他有点胃痛。

第二个人，27 岁，8:12 到，感冒了。

第三个人，79 岁，8:19 到，头晕呕吐。

第四个人，18 岁，8:25 到，车祸骨折。

学生们的意见产生了分歧，有的认为老人应优先，有学生认为车祸骨折的 18 岁学生应优先，而对于第一个人和第二个人，大多认为他们应按照先来后到的顺序排队。围绕究竟按什么顺序看病这一有争议的问题，经过辩论和教师的指导，学生认识到，不是所有场合都按先来后到的顺序排队的，排队不仅要遵循公平原则，还要遵循人道原则，某些有特殊需要的人如老弱病残具有优先权，可以不按先来后到的顺序排队。而让弱者优先实际上更进一步体现了公平。

然后，教师又展现了一个医院排队的情境。先呈现一个多窗多队的场景，问学生这样的排队方式合理不合理。学生表示没有发现不合理的现象。教师演示了一个小动画：张先生和李先生一前一后相差10分钟来到收费处，排在两个不同的队伍里。可是，张先生所排的队伍里出了一点状况，队伍前进得很慢，很快李先生先付完费走了，张先生还没有排到窗口。教师再次问学生，这样多窗多队的排队方法究竟合理不合理。有学生表示不太合理，因为不符合先来后到的原则。于是，教师让学生讨论，怎样排队可以更好地体现公平，由此引出了一窗一队的排队法。接着，教师再展现一个场景：病人挂号后，到就诊室门外随意就坐，按屏幕所报的号码进入就诊室看病。教师让学生比较取号等候的排队法与一窗一队的排队法有什么不一样（教师补充说明，以前病人挂号后，到就诊室门外还要继续排队，没有按顺序叫号的电子系统）。教师引导学生认识到排队还要遵循效益原则。取号等候既实现了依先来后到顺序就诊的公平性，还让病人能够利用等候的时间办理其他事情或自由活动，省时省力。

培养规则意识，树立公平观念和人文关怀精神，是品德与社会（生活）课的目标之一。关于规则，很多教科书和教师都通过玩游戏让学生理解规则的重要性，并了解规则如何制订和改进。游戏确实也是学习规则的好教材。但上述案例中的教材则有不同于游戏的教育价值。教师以医院病人排队挂号和就诊这一现象为教材，引发学生间的认知冲突。教材所展现的排队现象是学生所熟悉的，但他们未必对排队基于的原则及其合理性有过理性思考，因此他们对教师围绕情境提出的问题产生思考和探究的兴趣。自己所熟悉的排队方式是否合理？怎样的排队更体现公平？先来后到是否是唯一体现公平的排队规则？公平之外，排队还应遵循什么规则？对这些问题学生可能有模糊的意识，但认识是不清晰的。学生通过与这份材料的碰撞，以及与同伴的辩论和交流，对排队的意义以及公平原则就会形成清晰的认识。最重要的是，学生通过反观自己早已习以为常的排队方式，比较各种排队方式的优劣，他们对规则的认识不仅仅停留在重要性上，而是拥有了解决排队问题——使排队方式更合理——的实践能力。

课例 6－5

有关工业的主题——车票再生纸（来自日本的案例）

教师在课堂上展示了百货店里的新产品——用车票再生纸制作的纸袋。学生马上产生了各种疑问：为什么这些袋子都是黑乎乎的（因车票带有磁性），这种纸袋能否卖掉？卖不掉怎么办？厂家为什么要去生产这种不太好看的纸等等问题。围绕这些问题，学生展开了探究。于是学生了解到厂商为研制少量的新型纸必须付出庞大的费用，开发环保新产品远非他们所想象的那么简单。他们从中看到了牵涉到工业发展的复杂的社会关系和生产者们面临的课题：既要为保护环境和资源而减少木材的使用量，又要在研制新产品时逐步降低生产成本，同时还要让新产品在实用性、美观性和价格方面都能被消费者接受。①

① 沈晓敏．在社会中成长——社会主题的研究性学习[M]．广州：广东教育出版社，2006：155—156.

日本小学社会科五年级的主题包含日本的工业、农业、水产业、交通运输业和信息业等。在学习现代工业时，教科书和大多数教师一般都以汽车生产为教材，展现日本工业的特点、发展方向和面临的课题(如环境保护，资源再利用等)。但是，上述案例却独辟蹊径，以车票再生纸为教材，引导学生认识造纸业的发展方向和面临的课题。而造纸业的课题与汽车业的课题又具有共性。因此，这份材料揭示的社会现象是具有普遍性的。同时，这份材料因涉及的是学生熟悉的生活用品，同时这种生活用品又为学生所不解和怀疑。这便激发了学生的思考和探究。学生们通过探究，从新产品开发者们冒着亏本风险研制环保纸的事例中认识到现代工业面临的课题，同时也学习到了开发者身上的挑战精神、开拓精神和奉献精神，对工业生产者，尤其是那些革新者、创新者产生敬意。而这些学习效果不也是品德与社会(生活)课所追求的吗？

课例 6－6

有关历史"明治维新"的主题——井伊直弼的塑像(来自日本的案例)

教师在上"明治维新"一课前，带学生来到学校附近的公园瞻仰井伊直弼的雕像，学生从碑文中了解到这个人是日本近代化的先驱，在19世纪50年代与美国签订日美友好通商条约，开放了横滨等港口，第一个打开了日本闭关锁国的大门。随后，教师请学生写下感想和想进一步探究的问题，并自己查阅资料来解答问题。有学生在查阅材料的过程中，发现井伊直弼还被骂作卖国贼，最后是被反对派暗杀的。教师特地让这个学生分享了他的发现。当了解井伊直弼开埠的决定遭到很多人的反对时，学生们对井伊直弼这个人及其开放门户的举措产生了不同看法。为了对井伊直弼开埠的是与非做出有根有据的判断，学生们开展了多次调查和辩论。在这个过程中，他们分享了作为论据的历史知识及其自己的理解，从而了解了明治维新前日本的社会状况，并进而理解了明治维新发生的原因、明治政府富国强兵举措及其意义。①

"明治维新"这段历史离小学生的生活很远。但教师以学生熟视无睹的公园塑像为教材，引发学生对井伊直弼及其所处历史时代的探究兴趣。这个人物塑像拉近了学生与这段历史的距离。而且，教材中的主角是一个有争议的历史人物，这个人物与明治维新的发生有着千丝万缕的联系。要解开围绕在这个人物身上的是非谜团，学生自然就要把握明治维新发生前日本的社会状况，理解明治维新发生的背景。课程标准要求学生掌握的知识和技能也自然地被学生掌握了。这份教材非常典型地体现了有田和正所说的教材开发的含义："对那些在学生周围无限存在的素材，通过转换视角，重组内容，改变顺序等方式进行加工，使学生能从中产生问题，激发起探究的热情。"

由上述案例中可以看到，教材的类型是多样的，可以是一个社会现象或事件，也可

① 沈晓敏.追求"自我深化"的社会科教育——日本社会科问题解决学习的理论[J].外国教育资料，1998(5).

以是一个有争议的问题,或一个商品、一件文物、一尊塑像。教材的呈现方式也可以是多样化的,可以是通过语言文字、口头讲述、创设情境、观察体验等等。教材开发不局限于任何类型的素材和呈现方式,只要拥有前述的三个要素,能激发学生产生疑问和主动学习,就是有效地促进学生的发展。

第三节 探究活动的指导

当学生与教材互动,产生问题之后,就要为解决问题开展探究和学习活动。探究性学习是调查和讨论反复循环的过程。调查是为了尽可能准确把握事实的真相,讨论则是为了弥补个体经验和认识的不足、视野的狭隘性。品社、品生两门课的课程标准都把调查列为教学活动的基本形式之一。

当学生与教材互动,产生问题之后,就要为解决问题开展探究和学习活动。探究和学习活动主要是调查和讨论反复循环的过程。调查是为了尽可能准确把握事实的真相,讨论是为了弥补个体经验和认识的不足、视野的狭隘性。虽然调查活动和讨论活动已经在教学实践中广泛开展,但是活动的过程和效果并不如人意。其原因是教师缺乏对调查和讨论的细致指导。提高对调查和讨论活动。

一、学习课题的确立

说到学习课题,有不少教师会提出疑问:"教材里不是已经给出课题了吗?为什么还要另外确立学习课题?一节课的课题与教材的课文是什么关系?"如果我们还停留于"教"教材,而不是"用"教材的年代,而且不是以学生的生活为基础、不把学生作为学习的主人,那么"确立课题"就不是教师需要思考的问题,也没有在此讨论的必要。今天我们将此作为一个探讨的问题提出来,是因为课程理念发生了变化。为了探明这个问题,我们有必要先明确"学习课题"这一概念的涵义及其与问题的关系。

1. 学习课题的含义

致力于开展问题解决学习的日本教育家梅根悟曾对课题、问题的含义及其关系做过清晰的论述,我们认为这一论述完全可以为我们品德与社会(生活)课的教师采纳。

> 所谓课题,是指目前没有实现而要努力实现的一个生活情景。例如,现在自己没有电车的车轮(此处指玩具电车——本文作者注),但又很需要,所以就想到做一辆。这时的课题就是要实现"拥有电车车轮"的愿望。但是,这时的课题不单单指"拥有"还包含"自己动手来做"的含义。因为车轮可以在玩具店买,也可以买别人做好的。所以,得到车轮的方法的选择和确定已经在课题确立之前就完成了。现在的课题是方法决定之后的课题,包含了"通过自己亲手制作"使自己拥有车轮,即车轮获得的手段。更具体地说,自己怎么做?用什么材料和工具?采用什么方法?这些是初步确定了方法之后产生的问题。现在的课题:是(1)通过"用硬纸板和剪刀,用圆规在硬纸板上画圆,再把它剪下",(2)并通过自己亲手制作,(3)获得电动小汽车。

> 最初的课题是缺少方法的课题,只是"想要车轮"。为了完成这个课题,我们会想出几种方法,然后再从中选择。这样,课题就由缺少方法的课题具体化为具备了方法的课题。第一次"具备了方法的课题"又进一步促使自己做出"怎么办"的决定(确定方法)。通过这一决定,课题再进一步具体化。当课题被预设了具体的方法时,我们才开始行动。
>
> 为了完成一个课题,必须解决其中包含的所有问题。问题通常表现为"怎么办好"。涉及的是方法的选择。①

这一解释与我们通常所说的"做课题研究"的"课题"是吻合的。课题,首先就是有一个想达到理想状态的愿望或目标,而这个愿望或目标并不是轻易可以达到的,必须付出不小的努力,要决定实现这个愿望的方法,要将大课题细化成一个一个子课题,一步一步地将一个一个的子课题完成后,最后才能达到理想的状态。因此,课题也可以说是任务,学习课题也就是学习任务,包含了一个解决难题的目标和解决难题的方法、步骤,一系列小课题构成了一个大课题。

如"提高德育课实效性研究"这一课题,其课题的愿望是实现德育的实效性,为了实现这个愿望,研究者需要研究学生的道德心理发展特点、调查学生和教师对德育课的看法、研究国内外关于道德教育的研究成果、对设想的德育方法进行实验等等。再以学生的学习为例,小学低年级品德与生活课有让学生学习种植的活动。某个学校的教师和学生商量后,决定种南瓜。对于从来没有种过南瓜的学生来说,"种出好吃的南瓜"就是一个课题。学生要为此探究南瓜的生长特性,研究什么时候播种,怎样浇水、除草、除虫、施肥。小学中年级的品德与社会课中有关于垃圾分类的学习内容,对于初次学习垃圾分类的学生,"学会垃圾分类"就是学生的课题。

但是,品德与社会(生活)课的学习课题并不都如种南瓜、垃圾分类之类的生活问题,还应包括认知方面的课题,比如探究某个历史现象或地理现象而产生的课题。

2. 确立学习课题的必要性

在学生被动学习的传统教学中,学生学习的课题就等同于教科书中各单元、各课的标题所指示的内容。比如,课文标题是"辽阔的疆域",学生的学习课题就是"认识祖国的疆域"。这样的学习课题是教师强加于学生,而不是学生产生于内心需要的、愿意主动解决的课题。这样的课题无法让学生成为学习的主人。而且往往会因重复学习学生已经掌握的内容而浪费了学生的精力。

如果要让学生成为学习的主人,那么就要激发起学生发自内心的探究和学习的欲望。上一节阐述的教材开发和运用,主要是为了激发学生的探究欲学习欲,通过让学生与教师加工的教材碰撞,动摇其既有的经验和知识,产生认知冲突或道德冲突,产生困惑,继而产生解决困惑的愿望。接下来,教师就要帮助学生去实现这个愿望。而要实现愿望,就要明确具体的任务,制订并实施计划。确立课题就是迈向愿望实现的第一步。

---

① 市川博.社会科的使命与魅力[M].沈晓敏,主译.北京:教育科学出版社,2006:85—86.

确立课题是让学生明确为实现自己的愿望而要做什么，怎么做。课题与学生内在的愿望相联系，探究和学习就可变成他自己的事，他就有可能成为学习的主人。课题反映了他需要补充的经验、获取的知识，这样学生的探究和学习就有了明确的方向性，不需要重复学习他已经掌握的知识和技能。教科书上的知识也不再是他人要求他学习的东西，而是变成他解决问题、完成课题的重要工具或者寻找答案的线索，成为支撑自己观点的依据。确立课题包括确立完成课题的方法和过程，将课题细化成子课题、子子课题，学生不仅更清楚自己要该怎么行动，用什么方法获取知识，而且学习了将来一生受用的探究方法，发展了探究能力。

3. 确立学习课题的方法和步骤

在第二节列举的"中国古代四大发明"一课中，教师没有把"了解中国古代四大发明"直接作为学习课题，而是让学生在阅读课文后，提出问题。有些问题通过讨论，立即就得到解决，有些问题则相互关联，可以合并。教师指导学生对问题进行了提炼，找出最主要的问题，作为具体的学习课题，并将选择同类课题的学生分在一个组内，组员共同讨论探究的方法、途径和个人任务，这些个人任务就是更具体的子课题，每个学生不同。比如，围绕造纸的发明者究竟是谁的问题，学生要了解蔡伦纸之前有什么纸，蔡伦纸与之前的纸存在什么不同。为此，初学历史的学生还要搞清楚大致的年代顺序，这是子课题下的小子课题。围绕"为什么我国那么早就发明了火药，但洋人的洋枪洋炮反而比我们的土枪土炮厉害"的问题，学生要去调查我国火药的用途、我国古代兵器的发展情况、同一时期其他国家发生的事情；关于指南针的造型为什么不断变化，要去了解指南车、司南等的特点和指南原理；为了探究印刷技术发生了什么变化，学生要去调查印刷术发明以后，古人又发明过什么样的印刷、排版技术，现代打印机的工作原理和特点。对这些子课题进行探究，学习了相关知识，学生才能最终完成大的课题。

学习课题的产生方式多种多样，但一般经过三个环节：

(1) 学生与教材碰撞后，提出问题。教师要用板书记录、梳理学生提出的问题。

(2) 提炼问题，形成班集体共同要解决的大课题。学生与教材交互作用后产生的问题可能很多、很杂，有些问题相近，可以合并，而有些问题相互关联，一个解决，另一个便能相应解决。因此，教师要和学生一起对问题进行提炼，确立一个关键课题。为了促进合作学习，培养学生合作解决问题的能力，全班应尽量面对一个大课题。

(3) 细化课题，形成子课题。各级子课题构成的序列就是解决大课题的方法和步骤。探究之初，子课题未必是完整的，探究和学习过程可能会生成新的问题。子课题形成后，学生可以根据自己的兴趣选择子课题，并与选择相同子课题的同学组合成一个小组，协同完成子课题。

教师要通过板书，与学生一边讨论，一边完成课题结构图。课题结构图可以帮助学生理解课题和子课题的关系，并有助于学生构筑与课题相关的知识的网络，建立知识间的联系，理解事物间的关系。如图 6－1 所示。

图 6-1

让“校园的绿更多一点”课题结构图

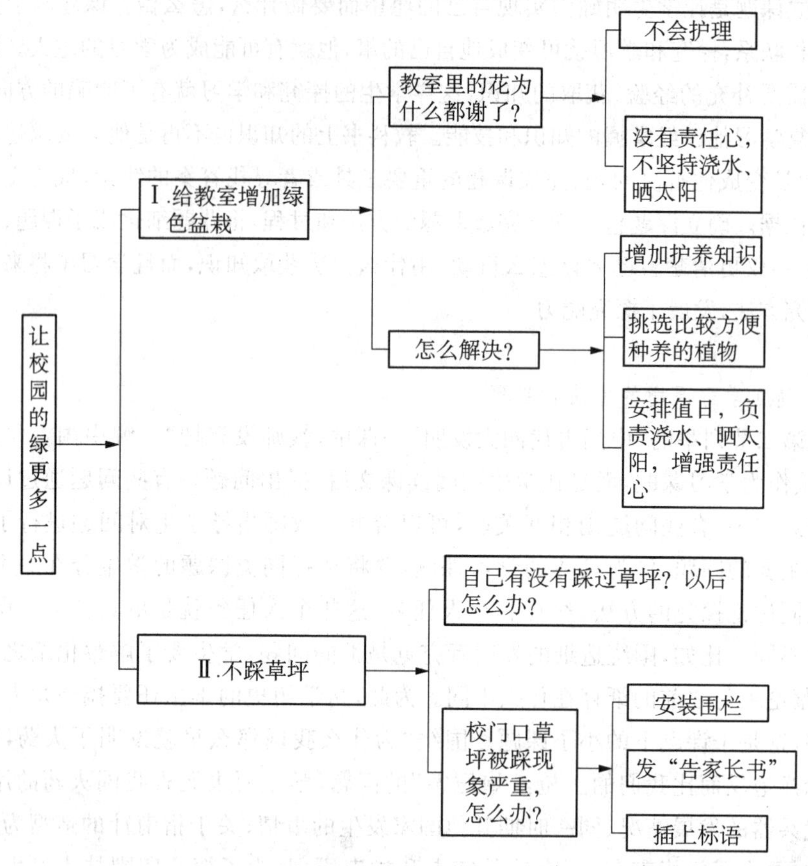

图 6-1 呈现的是“爱绿护绿”主题单元中的一个子课题“让校园的绿更多一点”的课题结构图。教师在备课时,预设了这样一课题结构图。这样的预设课题结构图不能直接呈现给学生,不能让学生不经思考就按课题结构图中的子课题开展探究和学习。而要引导学生通过讨论,和学生一同逐步地完成他们共同认同的课题结构图。

课例 6-7

让校园的绿更多一点

围绕“如何让校园的绿更多一点”这个课题,教师第一步引导学生思考给教室、学校添绿的可行可为的方法,于是形成两个子课题:

Ⅰ.给教室增加绿色盆栽

Ⅱ.不踩草坪(不破坏绿化)

由于学生还只二年级,没有足够的自主探究经历,所以教师没有让学生自己选择子课题分头开展探究,而是指导全班同学共同来面对这两个子课题。

第二步讨论子课题“Ⅰ.给教室增加绿色盆栽”如何实现。因教室里的盆栽植物总是过些日子就谢了,因此“为什么会谢”“怎么保证不谢”成了两个三级子课题。对于“为什么会谢”这个问题,学生很快找到答案;而对于“怎么保证不谢”这个问题,学生们感到了难度。经过讨论,最后形成了三个方面的意见:增加植物养护知识,挑选比较方便种养的植物;安排值日,负责浇水、晒太阳,增强责任心。哪些是需要学习的养花知识?方便种养的植物有哪些?值日怎么安排?这三个问题又成为第四级子课题,针对第四级子课题,由于内容具体明确,所以老师让学生小组各自选择一个方面进行探究。

第三步讨论子课题“Ⅱ.不踩草坪”如何做到。方法与讨论课题Ⅰ一样,此处不赘述。此处需注意到的是,子课题的层级以及在哪个层级实施分工合作,要根据学生的能力、课题的复杂程度、课题解决的需要来决定。

二、调查活动的指导

1. 调查活动的教育意义

调查是为了获得证据,揭示真相,以验证假设的对错、是非,从而支持或否定某种观点和主张,获取解决问题的线索。所以,调查作为问题解决活动的一环,是建立在假设的基础上的,是有目的、有计划的活动。

作为教育活动一环,调查可以提升学生的社会认识,并培养其社会探究能力和社会参与能力。掌握了调查方法,体验过调查过程,学生就可以自主获取信息和知识,学会寻找和利用证据来判断事物的真假,从而做出正确的行为选择,而不必被动地等待、接受他人给予的信息和知识。同时,调查发现的新现象还可以扩展学生认识社会的视角,丰富学生的认识。

调查的另一个作用是培养证据意识和求实精神。具体来说,就是培养学生学会用证据说话。对于自己,就是不说无凭无据的话;对于他人,就是看其观点有无事实依据,在不能对真相做出判别的情况下,不轻易相信甚至传播他人的说法。这种证据意识和求实精神是信息社会要求公民必备的品质。因此,调查不只是与方法和能力目标相联系,也与情感态度价值观目标相联系。

以第二节列举的“我国古代四大发明”一课为例,我们来看看调查是如何促进学生的学习的。围绕有关火药的课题,有学生根据自己调查到的有关宋朝和元朝武器发展状况的史料来否定其他同学缺乏事实依据的判断(我国古代只会用火药发明焰火享乐,而没有想到用火药制造武器),从而推动全班去重新寻找解释土枪土炮被洋枪洋炮打败的原因。为了证明蔡伦是最先发明纸的人,有的同学上网调查了蔡侯纸的特点与灞桥纸作比较。也有同学调查到蔡伦发明的纸是很容易生虫子的,从而对蔡侯纸的优质性表示怀疑。通过调查,学生寻找到了形成或巩固自己观点的依据,增强了说服力,或者改变了对事物原有的看法,从新的角度思考和解决问题。为此,调查活动虽然费时,但是它是学生品德形成与社会性发展不可缺少的活动。品社、品生课的教师应重视调查,并将调查融于整个学习活动过程中。

2. 调查活动存在的问题

如今,调查活动在教学实践中似乎成为家常便饭之事。大多数公开课,都会有调查或者学生发表调查结果的环节。可见教师已经认识到调查的重要性。但是,多数教育对调查的意义缺乏深刻的认识,对调查方法也缺乏学习。所以,调查多流于形式,而未发挥调查应有的作用。具体而言教学实践中的调查活动存在以下问题:

(1) 教师只提出调查的任务,学生在开始调查前,教师很少对调查过程和方法做细致而具体的指导和确认。

(2) 只注重调查的结果,即没有完成调查,而不关注调查的过程和质量,不问调查结果的来源是否可信、可靠。

(3) 调查内容不紧扣课题,不从目标出发,对于学习课题的解决看不出有什么作用。

(4) 调查常被用于课后拓展学习,是为了扩展学生的知识面而开展调查。而作为拓展学习的调查活动,往往不被重视,调查结果也只是用来展示,学生得不到反馈和评价,也不知道自己的调查存在什么问题,需要做何改进。

由于学生的调查活动得不到细致的指导,学生的调查能力停留在表面的观察和简单的信息搜索的水平上,高年级的调查能力并不比中年级的调查能力有多大的提高。之所以教师不能给予学生细致的指导,首要原因还在于许多教师自身缺乏调查的经验和调查方法的学习,不知道如何指导学生开展调查活动。其次是,调查花费的时间较多,而学生学业繁忙,调查会增加负担;再次,有些社会调查得不到相关部门、机构的配合和支持。尽管后两个理由不是教师能够解决的,但是,只要教师掌握调查的方法以及指导调查的方法,那么学生的调查能力和调查水平就一定能够提高。

3. 有效调查的方法

调查是一种动用全身的感官,通过观察、访问、体验、查阅资料等等,获知真相的活动。而观察、访问、体验、查阅资料的方法不当,就会影响调查的成果。怎么观察、怎么访问,才能获得有价值的、真实的信息呢?教师又该做怎样的指导呢?日本光村图书社出版的小学《社会》教科书在第一册(三年级用)开篇就向学生生动而细致地展现了调查方法,并在每个单元中结合具体内容,反复呈现调查方法,这对我国品德与社会(生活)教师很有借鉴价值。该教科书将调查的方法大致分为四种:看看、问问、查阅资料、尝试做做(体验),并对每种方法提出了具体要求:

- 看看:要做到细致入微地看;用摄像机或相机拍下来,反复看;把重要的现象记录在笔记上。看的时候要注意:不要到危险的地方去。
- 问问:可以采访家人、邻里和社区里的人们;可以使用电话、信件和传真询问。问的时候要注意不要给对方添麻烦,为此要先考虑好问什么事,怎么问。
- 查阅资料:可以到图书室、社区图书馆、政府机关、资料馆等地方查阅;也可以上网查阅。要注意借回的东西好好保存，按时归还。拍照的时候，要事先询问能不能拍照。

- 尝试做做：尝试自己亲手操作，比如探究过去人是怎么生活时，试试用以前的煤炉做饭，也是件很有意思的事。但是要注意做之前向老师确认使用煤炉做饭的方法，要注意安全。

4. 为学生的调查提供支持

(1) 制作调查备忘录

确定调查任务后，教师要指导学生制作一份调查备忘录，备忘录上至少列出以下内容：

① 调查目的。如：垃圾是怎么处理的？

② 调查项目。如：每年有多少垃圾？哪类垃圾最多？有几种垃圾处理方式？垃圾处理环卫部门的员工有多少？垃圾处理存在什么难题？今后有什么新的措施？

③ 调查方法。如：访问废弃物处理中心；垃圾填埋场；上网收集信息（市统计局网等）。

④ 携带物品。如：笔记本、笔、照相机、录音笔。

⑤ 注意事项。如：有礼貌地打招呼；不妨碍他人工作；不随意触摸设备；拍照或录音时征求对方意见；别人说话时，要看着别人；结束后要有礼貌地致谢。

对于低年级学生，教师可以事先写好，印制给学生。对于中高年级学生，教师要逐步放手让学生自己撰写。随着学生调查经验的丰富，有些项目可以不用再写，将重点放在调查内容上。如果要进行采访，就要事先写下采访时要提的问题。

(2) 填写调查表

对于学生的调查，教师一定要做细致的指导。帮助学生细化调查的内容，明确调查的方法。并且要根据学生的年龄特点，循序渐进地增加调查的内容。教师可以通过发放调查表，让学生填写，来进行有效的指导。如表 6－1、6－2、6－3，提示了学生需要调查的项目，观察的视角和方法，可避免学生漫无目标的调查。随着学生年龄的增长，调查项目可以逐渐增加，任务逐步复杂。到了高年级，调查表里需要填写的项目可以不再细分，逐步减少提示，留一些空白，让学生自己去丰富、细化调查表的栏目，甚至还可以鼓励学生修改、创新调查表。调查表就如同一个学习的支架，帮助学生攀援，根据学生的需要，或增加支架，或抽出支架。

表 6－1

调查家人的心思（三年级）（有关家庭生活的单元）

调查要求：观察、采访爸爸、妈妈或家里其他人，了解他们的愿望、苦恼和爱好，把采访的结果填在表中。根据他们的回答，说一说你可以做什么。

被采访人	愿望	苦恼	爱好

表 6－2

调查“生活中不遵守规则的现象”(四年级)(有关规则的单元)

要求:仔细观察在日常生活中有哪些地方发生不遵守规则的现象比较普遍? 为什么会发生这样的情况? 你该怎么办?

不守规则的现象	观察场所	不遵守规则的原因	我的提议

表 6－3

“超市的部门构成及工作人员的工作任务”调查报告(四年级)(有关商业与生活的单元)

考察部门	工作人员	工作内容
工程部	美工、电工等	负责商场的设备维修、商场的布置。
客服部	客服主管客服工作人员等	提供商品的售后服务,如商品的退换;提供便利服务,如货物送货服务等。
采购部	采购员、司机	采购商品、按需进货,把好商品进货质量关。
保洁部	保洁员	提供商场保洁服务,保持商场整洁。
保安部	保安	保卫营业场所的安全,维护商场秩序,防止商品失窃。

表 6－4

调查＊＊国家(五年级)(有关认识世界的单元)主题馆活动单

内容	任务		负责人
基本概况	国名		
	面积		
	人口		
	首都		
	国旗		
	国徽		
	国花		
	语言		
建交情况			
服装文化			
典型礼俗			
头脑风暴	问题:		
	解答:		

表 6－5

调查“古今中外的发明创造”（六年级）

要求：请你推荐三项古今中外的发明创造，具体说说它们怎样影响世界，给世界带来哪些变化。

发明物及发明者(国家)	给世界带来的变化

(3) 展示和交流调查结果

学生完成调查，填写完调查报告之后，应让所有学生在班级或小组内交流调查结果。所有学生的调查成果都要尽量在教室或走廊里展示。这样有三个好处：一是学生间可以相互学习，在与同学的比较中，反思自己的调查过程和结果；二是由于所有学生都要展示出调查成果，学生会出于荣誉感而认真对待自己的调查作业；三是教师可以根据学生的作业，发现学生的进步和存在的问题，以便进行有针对性的指导。

关于调查结果如何展示和交流，下文及第七章将有详述。

三、讨论和辩论的指导

1. 讨论和辩论的意义

本章第一节我们阐述了构建对话与合作关系的必要性，对话通常以“讨论”或“辩论”的方式进行。根据前文的阐述，我们知道，由于每个人的经验、视野以及行动范围和行为能力都存在局限性，所以人的成长、发展除了需要亲身实践以获得直接经验之外，还要从他人那里学习间接经验，通过与他人交流、分享经验和知识，扩展视野，丰富对世界的认识。在讨论和辩论中，同伴的追问、反驳、不同思想的碰撞，可以促使个体对自己的论点和论据加以反省、修正，使思想观点更具有逻辑性和说服力，并使集体成员共享经验和认识，形成集体智慧，就可以更好地解决问题。此外，对话还可以促进冲突双方的理解，寻找到解决问题的良策。因此，能够对话、愿意对话也是公民素养的一部分。讨论和辩论的意义可以从新课程实施十多年来众多的教学实践得以证明。

课例 6－8

学会垃圾分类(三年级)

在一节学习垃圾分类的课上，学生学习了垃圾分类的各种益处和必要性。但是，同学们经过调查和自己的亲身经验，发现实施垃圾分类的人家并不多，垃圾分类实施起来有不少困难。有的甚至认为大多数人不分，自己分了也没有用等等。于是，老师提出了问题：“大家刚才都觉得垃圾分类迫在眉睫，要从自己做起，实施垃圾分类。可是现在遇到困难了，是不是就准备放弃刚才的决定了呢？”学生们摇摇头，底气不足地说：“不行。”但是又表示出无奈。于是，教师提示他们分析周围人不协助分类垃圾的原因，然后针对每个原因，思考是否有办法解决。在分析原因，以及寻找对策的过程中，学生们从不同的角度提出了不同看法和建议。针对垃圾分类比较麻烦的问题,有学生认为,对环境有好处的事,即使麻烦也应该做;有些学生则分享了自己家的垃圾分类方法。针对小区没有分类垃圾桶,如何进行分类的问题,有学生提出马路上有分类垃圾箱,还有回收废物的,至少纸张、电池、瓶罐等还是可以分开放的;还有学生指出,小区内即使没有分类垃圾桶,以后还是会有的,而且其他地区会有分类垃圾桶,所以现在就要知道垃圾怎么分类,要养成垃圾分类的习惯;有学生表示,只有自己会分了,才能劝导别人分。各种解决问题的方法在反驳、质疑中得到修正和完善。最后,学生们表示,使更多人养成垃圾分类的习惯,首先从自己学会分类、坚持分类开始,然后再带动家人、邻居和其他周围的人,同时也要创造一些便于分类的好方法。

学生从感到实施垃圾分类存在困难到最后树立起"从自己做起,推动周围人实施垃圾分类"的信息,讨论和辩论在这种转变中起到了很大的作用:一个学生的经验唤起另一些学生的经验;一个学生和另一个学生的观点碰撞,则激发其他学生产生新的问题解决方法。

但是,并不是所有的讨论或辩论都能促进学生发展的。低质量的讨论或辩论只能是浪费时间,并使学生的思维流于肤浅、粗糙。为了提高学生的讨论和辩论的质量,切实发展学生的对话能力,对于学生的讨论和辩论活动,教师必须给予更细致的指导。

2. 提高讨论和辩论的质量

所谓有质量的讨论,就是有深度的讨论,能深化认识的讨论。也就是说,通过讨论,学生的认识和观点发生了变化,产生新的想法或问题或建议。要达到这样的效果,教师进行以下几方面的指导:

(1) 相互尊重,平等民主

许多课堂中的讨论活动缺乏民主的氛围,这主要表现为唱主角的总是那一部分成绩佼佼者,而那些成绩不好的学生,生性内向、腼腆的学生在讨论或辩论中永远是听众,即便在小组学习中,也是如此。无论是发言的还是不发言的,他们的想法因缺乏来自更多同学的挑战、缺乏与更多同学的平等交流,而得不到锤炼和深化,讨论只能流于浅薄。缺乏民主,还表现在教师总是以权威的姿态去评价学生的发言,使学生不能敞开心怀地吐露真言。没有了民主的课堂氛围,就产生不了真正的讨论。

创造民主的课堂文化,就要给每个学生发言的机会,尤其要鼓励不善表达的学生发言。教师可以采用这样的方式,促进每个学生发言:在小组讨论时,要求学生在笔记上或作业单上,记下其他同学的看法,比较自己的想法和同学想法的不同。这样,小组讨论必然要求每个学生发言,每个人的发言自然受到重视,发言的人越来越多,就会激励不善表达的学生逐步参与到讨论中。

(2) 相互倾听,积极回应

只有倾听,才能进行有针对性的反驳,才能使话题不至于跳跃,令讨论深入下去。在许多看似讨论的课堂中,学生的发言大都面对教师,师生对答较多,而生生对话缺乏。每个学生都自顾自地表达自己的看法,与前面同学的发言没有联系,因此话题经常发生变化，使最初的论题无法得以深入。发生这种现象的原因主要在于教师没有对讨论进行积极的、必要的指导。教师仅仅满足于让学生发表各自的想法，而不引导学生针对同学的发言表达支持或反对或质疑的看法。学生之间缺乏相互质疑、反驳或相互补充的机会，就不可能养成在讨论中倾听的习惯，更不会去琢磨别人的观点和事实依据，也不知道自己的认识和掌握的事实材料是否有什么不足。

要改变这种状况，教师就要在学生讨论或辩论时，提醒学生倾听其他同学的发言，并在发言时对同学的发言做出回应，回应包括提问、质疑、赞赏、补充等。提问或质疑有各种类型，如：有关“是什么（what）”的问题，即确认事实；有关“为什么（why）”的问题，即寻求解答原因和理由（实际上是关于事物之间关系的问题）；有关“怎么样（how）”的问题，即关于如何解决的方法上的问题。教师还要鼓励被提问或受到质疑的学生进行解释或反驳。

如果学生缺乏倾听的能力，则教师可以要求学生重复同学的发言。当一个学生发言完之后，教师可以这样对其他学生说：“刚才他说的，你们听明白了吗？有什么看法？同意？反对？为什么？”或“刚才他说的话，你理解了吗？他是什么意思？”如果有学生在别人发言之后，不理会前面的发言而自顾自地说自己的想法，教师就要提醒他：“你先说说你是支持他，还是反对他？”而(1)所列举的方法，让学生相互记录同学的发言，也是培养学生倾听能力的一个有效方法。

(3) 尊重事实，有理有据

有说服力的观点必有强有力的论据支撑。论据来源于深入、细致的考察和调查。而观察事物的角度和深度不同造成了人与人之间观点、主张的差异，甚至产生对立。所以，讨论不只是交流观点和主张，还要交流彼此考察事物的视角和方法，以及对事实掌握的程度。

在现实的讨论活动中，学生往往只停留于发表观点，教师并不要求学生出示支撑观点的事实依据。这样的讨论容易让学生习惯于凭空想象，对自己的话语不负责，缺乏为说服别人而搜集更多证据的动力。这样就不可能培育为形成正确观点而必需的对事实的洞察力、多元的视角和追究事实真相的态度。

为了实现有深度、有质量的讨论和辩论，同时提高学生的对话能力以及参与对话所必需的思维能力，教师一定要提醒学生用证据说话，并力求证据的可靠性；倾听同伴的观点时，也要关注对方的论据是否可靠。当然，这样的讨论必然需要更多讨论的时间，但这种时间是不能省去的。通过精选学习内容，改变教学形态，这种时间是可以安排出来的。

(4) 梳理发言，提升认识

教师应改变板书的写法。黑板上不应只显示教师预设好的教案上的板书，而应记录学生在课堂上的发言要点，展示学生收集来的图文资料、调查作业。也就是说，教师要在黑板上对学生所阐述的各种理由、见解和主张进行归类和整理，配以相应的证据，以便学生对自己的见解和立场与同伴的见解和立场随时进行比较和反思，将感性的经验和粗浅而碎片化的认识提升至逻辑化的理性认识。日本有些教师将板书写在海报纸上，课后将此贴在墙上，或用绳线悬挂在教室里，让学生可随时回顾。一个主题可能有 7 到 8 张甚至更多张记录学习过程、探究成果的海报纸，营造了一个令学生沉浸在其中的学习氛围，并强化学习结果。将学习的整个过程记录下来，既便于教师对教学进行反思和研究，也便于学生回顾和反思学习。而家长或其他参观者走进教室，也能知道这个班级的学生这个阶段正在围绕什么课题学习,进行过怎样的调查和讨论,学习进展到什么程度。

四、指导学生制作探究笔记

我们经常会看到科学研究者都随身带一本笔记本,随时记录观察、发现的事物,或记录对自己有启发的他人的言论,以及由此产生的想法。笔记本还具有备忘录的功能,记录准备想做的事情、所做事情的大致步骤。其他领域的工作者也有记笔记的习惯。在中小学,语文、数学等学科的教师也要求学生记笔记,记录教师所讲,记录作业要求。但遗憾的是,品德与社会课很少见到学生有笔记本。品德与生活课因有观察植物生长的活动,所以学生需要做观察笔记。即使一些科目有记笔记的要求,但是目前的笔记都不属于探究笔记,教师对笔记的记录方法也没有指导,有关的研究也几乎是空白。

日本社会科教师却在教学生记探究笔记上倾注了相当力量。上课时,每个学生的书桌上都有一本笔记本,有些笔记本是活页形式的。如何记笔记,在生活科、社会科的教科书上展示得非常清楚。生活科教科书以学生的笔记为范例,介绍笔记的制作方法,而社会科教科书除了展示学生笔记范例,还有笔记方法的详细指导。如光村图书出版社的小学社会科教科书在第一册中开篇就展示了社会科的学习方法,学习方法的最后一部分便展现了一个笔记框架图。

图 6-2　笔记内容框架

做一本世上独一无二的"我的笔记"

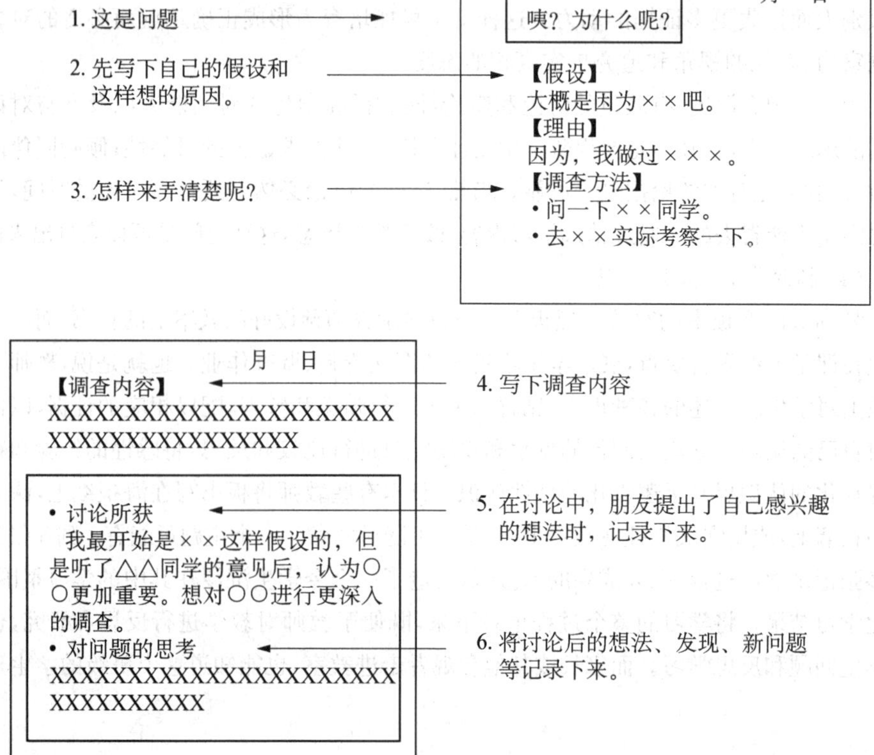

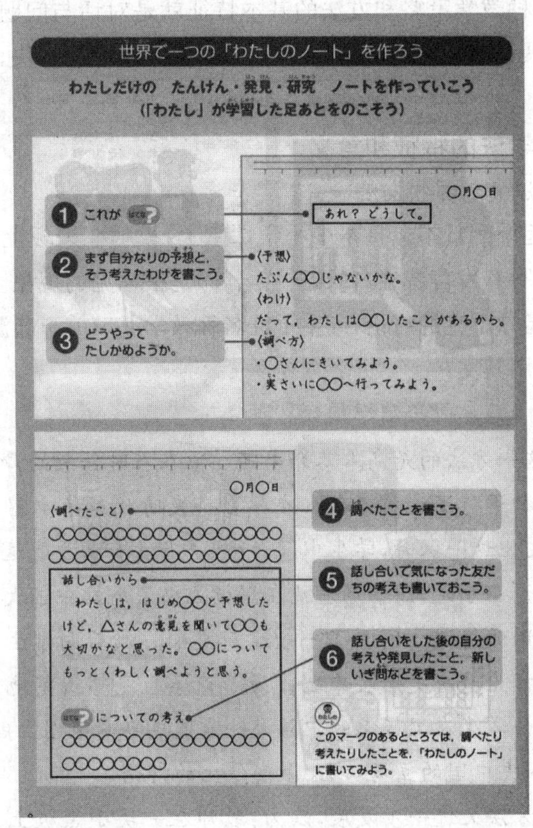

(摘自光村图书:《社会》305,3-4上,2010年,第8页)

从上述笔记格式中,我们完全可以感受到,背后所包含的教学观正是我们品德与社会(生活)课程所追求的:

(1) 追求个性化学习。该笔记框架图的标题就强调要把笔记做成世上独一无二的、只属于"我"的笔记。

(2) 笔记内容体现了探究的基本环节和要素:问题(课题)、假设、调查、讨论、结论。

(3) 注重讨论,要求把同学的想法和自己的想法做比较,在调查和讨论的基础上再得出结论。

这份笔记框架呈现了探究笔记应包含的基本要素,十分简洁,富有操作性,完全适合小学三年级以上学生学习。学生初学做笔记时,可以完全模仿这个框架。随着学生探究经验的增长和认知水平的发展,可以不必拘泥这些内容和形式。笔记的内容可以逐渐丰富,调查内容、同伴的发言可以记录得更详细,内容量可以从两页增加到五六页,甚至更多。形式上也可以鼓励学生创新,更加多元化。

第四节　姓名牌教学法

——实践对话与问题解决式教学的可能性

本节通过两个课例,展现前两节所阐述的教学原则、教学策略和方法在真实课堂中实现的可能性,而这种教学策略和方法的基本特征就是对话与问题解决。这两个课例的共同特点是通过展示和移动姓名牌的位置,推进对话和问题解决。

一、姓名牌教学法的特征和意义

1. 姓名牌教学法的起源和发展

姓名牌教学法起源于日本。日本中小学课堂上,教师在黑板上记录学生发言的概要,然后在旁边贴上写有发言者姓名的磁铁(名牌)是很常见的现象。后来,有教师将这种磁性姓名牌用于指导学生的讨论,产生了姓名牌教学法。关于起源,市川博阐述得非常清晰,在此直接引用其文:

> 最初使用这一方法的是岛本恭介老师。他在当时任教的舞冈小学六年级的一堂历史课上,最初进行了这种尝试。在学习奈良时代遣唐史冒着生命危险坐船到中国汲取大唐文化这一课时,学生中间产生了"有没有必要冒这么大的生命危险坐船去中国"的争论。于是,岛本老师就在黑板上画了一幅中国大陆地图和一幅日本地图,并且在两国的海域之间画了一艘遣唐史船。然后向学生提问道:"如果是你的话,会不会选择坐遣唐史船去中国。"为了让学生能够清楚地表明自己的立场和观点,岛本老师让学生在黑板上的中国大陆地图或日本地图上贴放自己的姓名牌,表示去中国或不去中国的立场,以此激发学生的辩论。
>
> 此后,这种方法又进一步发展,改为:教师在一块小黑板上用粉笔划分成两个区域,代表对立的两种观点,然后让学生将自己的磁性姓名牌贴放在相应的区域中。除了岛本老师的遣唐史那节课之外,给我留下深刻印象的还有横滨市能见台小学关治子老师的一节课"手工制作的邮筒"。在小学生活科的课堂上,学生针对"要不要设立邮筒"的问题发生了意见分歧。当时任教的关治子老师就将对立的意见写在黑板的两侧,并且让学生根据自己的意见将姓名牌贴放在相应的区域内,进而展开了一堂生动而富戏剧性的讨论课。①

20世纪90年代中期,市川博参与横滨市立山元小学的教学改革,将姓名牌教学法推广到所有学科,并概括了山元小学姓名牌讨论法的特点:

> 在课堂上,当讨论出现对立意见时,教师用粉笔在一块小黑板上划出一条分界线,将对立的观点分别写在分界线的两边,学生们则各自把自己的姓名牌贴放在自己赞同的观点的一侧,以此表明自己的立场,展开不同观点之间的讨论。这种方式不但可以使学生认识自己在整个班级集体中所处的位置,还可以使学生相互碰撞、交流彼此的想法,促进思想的深化。②

---

① 市川博.社会科的使命与魅力[M].沈晓敏,主译.北京:教育科学出版社,2006:387—388.
② 市川博.社会科的使命与魅力[M].沈晓敏,主译.北京:教育科学出版社,2006:387.

姓名牌的位置代表了学生的立场。即使是站在同一立场上的学生，姓名牌的位置也有差异，例如，"赞同"一侧，有的靠近中心线，表示轻度赞成；有的远离中心线，表示十分赞成。还有学生贴在中心线上，表示中立，或立场难以确定。中间派的姓名牌虽然都压在中心线上，但是，有的可能偏向左侧，右的偏向右侧。姓名牌位置的差异寓意班里学生存在着各种不同的想法。

姓名牌可以随学生思想认识的变化而移动位置。有些同学可能从中间派变为立场明确的人，有的可能从否定派或肯定派变成中间派。任何一种移动都必须说明理由。通过讨论或辩论，学生如果改变了自己的想法和立场，可以随时移动姓名牌，但改变立场需要说明理由。

2. 姓名牌教学法的特点和意义

针对山元小学运用姓名牌开展讨论的方法，市川博列举了如下四个特点：

> (a)讨论的问题由学生自己商量决定，并注重学生在教学过程中修改问题、执着探究问题的过程。(b)一节课结束时，学生们要确认未解决的问题，然后在下节课继续探究解决的方法。即，注重在培养学生锲而不舍、执著地探究问题的能力之同时，又能促使他们开阔视野、深化认识，确立自己的思想。(c)鼓励学生走出自己的思维框框，及时修正自己的想法。如果学生吸取了他人的意见，或自己意识到了某些问题，可以在教学进行过程中自由移动自己的姓名牌。(d)既允许学生根据赞同或反对的程度不同将姓名牌贴放在小黑板上不同的位置，又为那些还没有理清思路的学生设立了"保留意见栏"。以此避免学生拘泥于正反两种论调，保障他们产生多样化的思想。

在这样的教学中，教师发挥什么作用呢？市川博指出，教师的姿态就是"守望"。守望并不是指教师袖手旁观，不给学生必要的指导，而是指教师要用心地观察、分析学生，然后在这种观察和分析的基础上，探索适宜的援助方式。观察、分析的重点是：

> (a) 每个学生是从什么角度观察事物、又在关注着什么样的事物？
> (b) 他们是如何将这些事实建立起联系又是如何作出判断的(即如何逻辑化的)？
> (c) 学生是怎样通过自主探索和反思以及通过与同伴的交流和争辩发生变化的？
> (d) 学生又是如何以"争辩"为媒介深化对自己以及对他人的认识的？

姓名牌的位置及其变动，会成为教师反思教学、寻找下一步指导方法的依据。开展教研活动时，观课教师会协助执教教师将课堂上学生的姓名牌位置及其移动轨迹记录下来，用一张图来反映上课开始和结束时，姓名牌位置的变化。参见图 6-3。

姓名牌教学促使每个孩子在事实基础上确立明确的立场和观点，并在集体中亮相出来，在集体中反观自身。也就是"将个人的思想客观化、对象化，然后通过集体的讨论，借助集体的智慧，来扩展个人认识事物的视角，修正和提炼各自的认识，并在解决集体问题的同时，解决每个学生各自的问题。它能培养学生拥有独立的判断能力及明确的立场和主张、同时又能容忍不同的立场和主张、并积极参与集体解决问题的协作能力和民主精神，并最终形成集体智慧，找到解决问题的更好方法。此外，教师可以通过姓名牌位置的移动，来分析和评价学生的认识变化，反思并改进教学方式。”①

图 6-3

姓名牌位置示意图

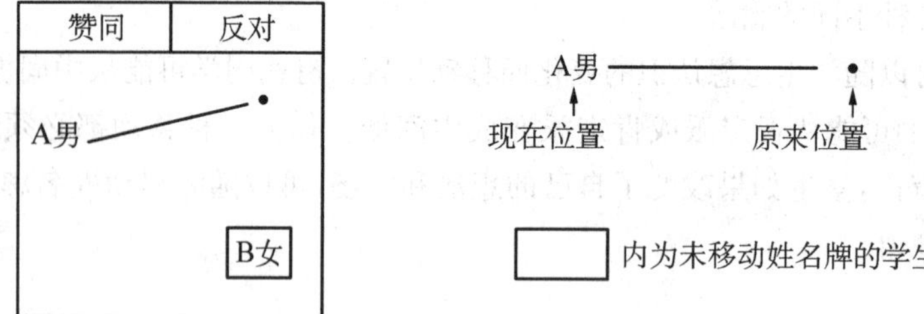

二、使用姓名牌教学法的课例评析

课例 6-9

填海造田的是与非(“区域开发”单元)②

这则课例来自20世纪90年代横滨市中立山元小学四年级社会科的一个实践。

第一节课，教师拿出横滨市根岸湾地区的新旧地图和照片，让学生比较海岸线的不同，学生这才发现他们所熟悉的根岸湾，30年前竟然是一片海域。“这么一大片海是怎么填的呀?”学生们发出了惊讶声和疑惑声。当天回家，他们向父母、爷爷奶奶或周围的老人们了解根岸湾的过去。

第二节课相互交流调查结果时，有学生认为，过去的根岸湾有非常美丽的自然风光，是个可以快乐游玩的地方，可是现在却不能再游泳了，真不应该填掉。有的学生反驳道，不填海就不会有今天根岸地区的繁荣。不填海，根岸湾就不会通电车，去东京就会非常不方便。学生间对填海产生了不同看法。老师拿出一块小黑板，中间画上一根竖线，左边写“赞成根岸湾填海造地”，右边写“反对根岸湾填海造地”，让全班学生用贴姓名牌的方式表达自己的立场。结果贴在赞成一侧的有12个，反对一侧的有14个，反对者中有4个紧贴在中心线边上，想表示自己有点赞同的倾向，还有3个学生贴在了中心线上，表示中立。学生们开始围绕根岸湾填海造地的是与非展开辩论，分别为自己的观点寻找更充分的论据。

后来，学生们提出要去根岸湾看看，那里到底建了些什么。他们在根岸湾看到了日本石油公司、东京电力公司、发电厂、大型储气罐、油罐车，还有大型市民游泳馆等等。回学校交流各自的发现后，有学生将姓名牌从反对一侧移

---

① 沈晓敏.在社会中成长——社会主题研究性学习[M].广州:广东教育出版社,2006:160.

② 摘自市川博、横浜市立山元小学校.名札マグネットを使った「討論の授業」づくり[M].東京: 明治図書,1997:50—70。

向了赞成,改变立场的理由是:“失去了清澈的海水虽然有点可惜,可是石油也很重要。另外,车站的建设带来了繁荣,所以填海还是有意义的。”但仍有学生觉得填海使根岸湾失去美丽的自然,坚持表示反对。有个学生因之前听说根岸湾曾有大量渔师,所以去根岸湾考察时特别留意了渔师,但是他没有找到渔师的踪影,于是对渔师的去向提出了疑问,引发了全班对根岸湾渔师的探究兴趣。

接下来的一节课,老师向学生们展示了一份关于新井渔师的材料。因填海造地新井的家被拆迁,且失去了捕鱼权,他开了一家卖钓鱼用具的小店维持生计。不久,由于市政府要为居民建造大型的人工海洋游泳馆,新井家再次被拆迁,并关了小店。看了新井的资料,一部分同学对新井的遭遇表示同情,并质疑市政府忽视新井捕鱼权的做法。而另有学生出示自己收集的资料,指出市政府实际上给每家拆迁户都发了补偿金,市政府的做法没有什么不合理。对此,同情新井的学生反驳道:“与得到钱相比,也许新井更愿意当渔师吧!”讨论的问题从“赞成还是反对填海”,转为“横滨市政府做得合乎情理还是不合情理?”为此教室里增加了一块贴姓名牌的小黑板。

辩论相持不下。为了说服对方,持不同立场的学生都努力寻找更充分的证据来说服对方,甚至有同学再次去根岸湾做了实地调查。辩论中,有一个学生提出要了解“横滨市政府对填海是怎么考虑的”,于是老师找来一段反映根岸湾填海工程的录像,录像中填海工程的负责人田中常义先生说了一段话:“虽然牺牲了渔师的利益,但无论如何还是要填海造地,建设工厂。”学生围绕田中的话展开了激烈的辩论,相持不下之时,有一个学生的发言打破了辩论的僵局,他将全班学生的目光转向了根岸湾的大片石化厂,他力说石油的用处。老师也补充了石油方面的材料。在老师的点拨下,学生们从历史和地理两个角度探究政府在根岸湾填海造地建设工业中心的缘由。他们知道了60年代日本通过发展化工业和汽车业等重工业来振兴经济的历史背景,知道了石油需求量随着人口的增长而增长,而日本人用的石油98.8%依赖进口,根岸湾的地理位置使它成为日本进口石油的最佳港口……

学生们的认识在反复调查和辩论中发生着动摇,在动摇中不断深化。单元结束时,大部分学生将姓名牌移向了“赞成填海”一侧,只有一个学生留在反对一侧。不过,双方都有不少学生将姓名牌移到了中心线上或紧贴中心线,显然中立的学生多了。有一个学生说道:“由于建了工厂,生活变得更方便了,所以我理解了填海造田的意义,但是我还是觉得横滨市政府对新井的事处理得不太合情理。”还有学生说道:“随着人口的增加,石油也更需要了,所以不得不建造化工厂,我有点儿接受了。”但他的姓名牌仍留在“不符合情理”一侧。而一直站在横滨市政府的做法“符合情理”一侧的一位同学居然也产生了疑问:“我虽然坚持认为填海是为了横滨的发展,但是,今后是否仍然要牺牲一部分人的利益来发展横滨市呢?”

在这个小单元的学习结束之前,老师再次拿出填海造地工程的录像资料,播放了工程总指挥田中先生在填海工程结束后的一段话:“根岸湾填海造地工程没有保留更多的自然,觉得很遗憾!”这段话给学生带来了很大震动。当老师告诉学生,70年代田中领导了一个人性化的填海造岛工程之后,学生们产生了学习下一个小单元“金泽的填海造岛工程”的期待。

第12节课,作为小单元学习的总结,老师让学生撰写一篇作文,阐述自己在这个单元中的所学以及自己对填海造地的认识。

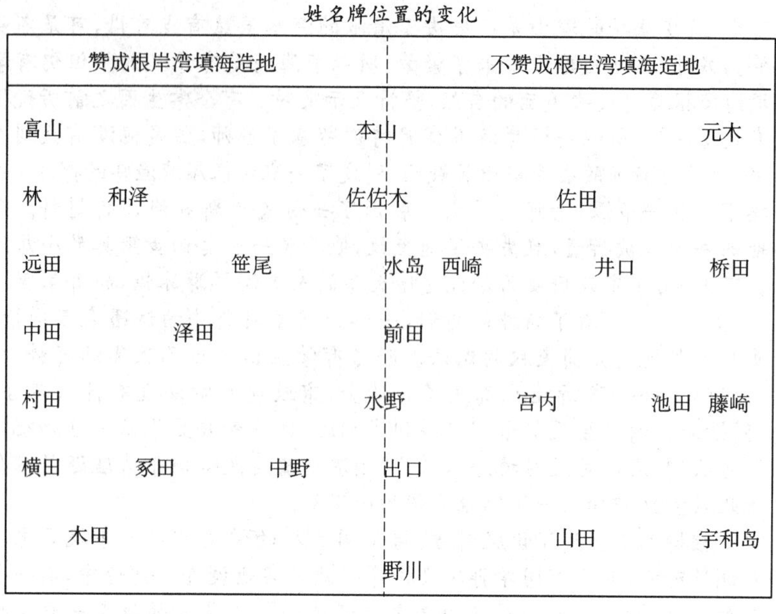

最后一节课的姓名牌位置

赞成根岸湾填海造地	不赞成根岸湾填海造地
富山 佐田 野川 池田 宇和岛 井口 木田 远田 和泽 尾 中野 藤 村田 山田 冢田 中田 水岛 桥田 出口 佐佐木 林 元木 前田 宫内 本山 横田 水野 西崎 泽田	

在课例 6－9 中，山元小学的教师将当地的填海造地工程作为教材，展开了关于“区域开发”主题的教学。在历时 12 课时的学习中，学生们围绕根岸湾的填海造地，通过反复调查、讨论和辩论，逐步学会从自然、渔业权、产业、人口、石油、交通等多种视角看待填海造地的是与非，支撑自己观点和立场的论据或改变立场的理由越来越丰富。辩论时，学生们采用贴姓名牌的方式，表达观点和观点的转变，第一节课和最后一节可得姓名牌位置见图 6－5a 和 6－5b。学生不仅学习了理解区域开发的意义所必需的知识，而且学习了通过实地调查和资料查阅来验证自己想法、寻找更有力的事实依据来说服他人的方法。这一以学生为主体的探究性学习使学生对“区域开发”的复杂性形成了更丰富的认识，并建构了自己对“开发”的独特理解。可以说山元小学的姓名牌教学法所产

生的教育效果正是我国品德与社会课程所追求的，完全符合品德与社会课程的理念。

沈晓敏将日本的姓名牌教学法介绍到国内后，有些教师开始尝试在品德与社会课中应用这种方法开展教学，其中上海市虹口区最为活跃。虹口区的小学德育早在十多年前就以开展基于两难问题的思辨式教学而闻名。虹口区的品德与社会教研员张和平老师及其学科中心组成员在与沈晓敏的交流中，接触到了日本的姓名牌教学，便积极尝试借鉴这个方法改进思辨式教学，并结合我国的国情和教学条件对此进行了改造。诸多尝试让我们看到姓名牌教学法可以为我国品德与社会课程所借鉴。

课例 6－10

得了流行性感冒该不该去上学

（“公共场所讲卫生”主题）

课开始，教师以一封家长来信引出问题：班上有位同学患上了病毒性感冒，她的家长给老师发来一条短信，说孩子怕耽误学习，坚持要到学校上课，望老师多关心，中午提醒她吃药。老师问学生：“你是老师，你会怎么回复这位家长？”说完，有学生说：“我会好好照顾的”；也有学生表示生病了应该休息。若干学生发言，表达了不同看法，于是老师就让全班学生用手里的磁性学号牌到黑板前，对“嘉嘉可以来上课”和“嘉嘉不该来上学”进行表态，并解释理由。结果正方比反方者略多一点。正反的理由是：感冒又不是大病，可以坚持上学；不来上课的话，功课会落下的。反方的理由是：生病了再来上课，病会加重的，应该在家养病；有一个学生说到，感冒会传染给别人，还是不要来上课。有拿不定主意的学生，选择了中立。

从学生的回答中，可以看出无论哪一方，大多数学生都没有从病毒性感冒的传染性来考虑问题，只有一个学生提到了。也就是说学生们普遍缺乏对传染性疾病的危害以及维护公共卫生的责任有明确认识。

教师概括了学生的观点后，说道：“那老师究竟该听从哪方的建议呢？先不急着下结论，待我们学习后，再做判断。”然后，教师呈现了学生熟悉的公共游泳馆的画面，请学生回忆进游泳馆要必须做什么，并说明理由。学生们对进游泳馆后为什么要冲淋进行了重点讨论，由此引出了个人卫生和公共卫生两个概念，进而讨论了个人卫生与公共卫生的关系，公共卫生与个人健康的关系。教师又设计了几个游泳馆里的情境，请学生做是非判断，并说明理由。当学生一致以皮肤病会传染的理由认为情境中的豆豆生了皮肤病不能去游泳时，教师将学生的目光拉回到嘉嘉得了病毒性感冒能不能上学的问题上。教师让学生再做一次选择，结果大部分学生将学号牌移到了“不能上学”一侧。理由也与以前有了不同，如“病毒性感冒是会传染的。如果来上课，可能传染给周围的同学”。但是，仍有两个学生坚持认为嘉嘉可以来上课，“我还是觉得学习很重要，如果怕传染给同学的话，可以戴上口罩去上学。”教师立即表扬了该生：“你想到戴上口罩去学校，说明你已经在考虑到他人的健康，他人的利益。”并指导该生认识到口罩的作用和局限。

最后，教师请学生再次替老师出个主意：如何给嘉嘉妈妈写回信？这次大多学生选择“不能上学”，提出嘉嘉应好好养病，至于功课，同学们认为可以给她补课。

“公共场所讲卫生”教案

(教案中学生的回答,全部为教师的预设)

教案设计者:上海市虹口区广灵路小学 顾朝红
上海市虹口区教师进修学院 张和平

[**目标**]

1. 知道在公共场所避免疾病传染的方法,并理解个人在公共场所的行为会影响到他人的健康。

2. 观察和思考出现在公共场合的卫生问题,能辨别破坏公共卫生的现象。

3. 对在公共场所不讲卫生的行为产生反感,在公共场所自觉讲究卫生,有意识地避免做可能传播疾病的事情。

[**教学过程**]

一、生活情境,引出探讨话题

1. 师:同学们,这几天的天气忽冷忽热,很容易感冒。你们感冒过吗?感冒时会有哪些症状?(鼻塞、喷嚏、咳嗽……)上个星期,我们班的一位同学患上了病毒性感冒。她的家长给老师发来一条短信。来,请你读读这条短信。(指名读信,多媒体出示短信。)

老师:

您好!嘉嘉昨晚喉咙肿痛,咳嗽厉害。医生说是患了病毒性感冒。她怕耽误学习,坚持要到学校上课。望老师多关心,中午提醒她吃药。如果孩子有什么不适,麻烦老师打电话给我们。

谢谢!

嘉嘉妈妈

2. 师:如果你是老师,你会怎么回复这位家长?

学生自由说。

预设:

- 好的,我会提醒孩子吃药的。如果她有什么不舒服,我会及时打电话通知您。
- 健康第一,还是让嘉嘉在家好好休息吧。

3. 师:你俩一个是建议老师同意嘉嘉来上学,另一个是希望老师劝她休息。那其他同学,你们的意见呢?是赞同她抱病上学,(板书:抱病上学)还是劝她养病休息?(板书:养病休息)请用你手中的贴纸表示你的选择。

学生到黑板上用贴纸选择立场,如有同学拿不定主意的,请他贴中间。

教师统计。

师:有×个同学赞同嘉嘉抱病上学,×个同学劝她养病休息,还有×位同学一下子不知道怎么选择,没关系先听听大家的想法再做选择。

4. 请赞同的同学坐这边,劝阻的同学坐这边,一下子还说不清的就坐原位吧。先四人小组交流下你们选择的理由。

5. 下面请你们双方说说理由。

预设:

- 我认为感冒又不是大病,可以坚持上学。

● 嘉嘉只是咳嗽，又没发烧，这点小病可以克服。要是我，也坚持上学。

● 上次，我发高烧都坚持上学，再说嘉嘉已经看过病配过药了，来上学应该没问题。

师：你们之所以表示赞同，是觉得感冒是小病，完全可以克服。针对他们的说法，你们又是怎么看的？

● 我不这么认为。我妈妈说，身体健康比什么都重要，生病了就应该在家好好休息。

● 我也觉得健康最重要，不能因为是感冒就不重视。

师：你们选择劝阻，是为嘉嘉身体健康着想。

● 我还是赞同坚持到校上课。如果在家休息养病，学习会落下来的。

● 我也觉得学生应以学习为重，要克服困难，患点小感冒不必请假休息的。

师：你们这是为嘉嘉学习的担心。

● 功课落下可以慢慢补的嘛。要是我，就留在家中休息，等病好了，再上学。

● 有一次，我患了病毒性感冒，妈妈就不让我上学，她告诉我病毒性感冒是会传染的。

● 是呀，如果嘉嘉到学校上课，会把感冒传染给周围的同学，甚至还可能传染给老师。

● 上次，我同桌感冒就传染给了我，结果我也生病了。所以我也要劝劝嘉嘉还是在家休息养病的好。既为自己，也为大家。

师：你们考虑的不仅仅是嘉嘉个人了，还想到了同学、老师。

6. 师：在刚才的交流中，同学们充分表达了自己对这个问题的看法，双方据理力争，谁也说服不了谁。赞同嘉嘉抱病上学的同学，你们从个人学习的角度出发，认为感冒是小病，可以克服，请假的话会耽误学习；而劝嘉嘉养病休息的同学，你们从个人健康的角度出发，认为有病就该休息，同时你们还想到病毒性感冒会传染，会影响周围人的健康。那老师究竟该听从哪方的建议呢？先不急着下结论，待我们学习后，再做判断。

二、真实讨论，理解公共场所要讲卫生

1. 师：教室是公共场所，(板书：公共场所)游泳池也是大家熟悉的公共场所。(多媒体出示游泳池)一到夏天，大家都会去游泳池游泳。游泳既能锻炼身体，又能避暑降温。

2. 师：回忆一下，游泳前后，我们通常会做哪些事？

(1) 学生交流，板书：

带泳衣泳裤
戴泳帽
冲淋(泳前、泳后)
消毒

(2) (多媒体出示两次冲淋)我们入池前要冲淋，游泳后也要冲淋，那么这两次冲淋的目的有什么不同呢？

师：先说游泳后？

预设：

● 游泳池里有漂白粉，冲一下，身体就干净了，以免刺激皮肤。

● 泳池里可能会有病菌，冲淋能清洁皮肤，防止感染。

师追问：这是为了谁？（为自己）

师：对，这是个人卫生行为，是对自己负责，是良好的个人卫生习惯。

板书：卫生　个人　习惯

师：那游泳前的冲淋又是为了什么？

预设：

● 冲淋能冲走身上的汗水、可能携带的病菌，冲淋后再入池游泳是保证游泳池的水质少受污染。

师追问：这又是为谁？（为大家）

师：对，这是公共卫生行为，是一个人公共卫生习惯的体现。

板书：公共

仅仅是为别人吗？（病菌带入泳池的话自己也受害）大家之中也有——“我”（为别人的同时也是为自己）只有人人都讲公共卫生，个人卫生才能得到保障。（板书箭头）

3. 指板书：这些是我们游泳前后要做的，泳池的工作人员又会做些什么？请同学们打开书看一看，同桌交流一下。

学生交流，（媒体出示体检）板书：

体检　凭证入池
消毒
滴眼药水

他们做这些目的是什么？（保持泳池卫生，对游泳人的健康负责）

师：所以配合工作人员，也是公共卫生道德的体现。

师：的确，我们在公共场所的行为，既要对自己负责，也要对他人负责。在这个事例中，泳后冲淋就是对自己负责，是个人卫生习惯的表现；而泳前冲淋既是对他人负责，也是对自己负责，是公共卫生习惯的体现。

4. 问题情境：小刚同学不仅讲究个人卫生，还积极维护公共卫生。可有一天，他上完游泳课后，却发现自己的手臂上都是红点，于是马上去医院就诊。那小刚究竟得了什么病？

(1) 播放小刚与医生对话的录音。

小刚：医生，我手臂上都是红点，这是什么病？

医生：哦，撩起衣袖，让我瞧瞧。……孩子，这是一种皮肤病，叫癣，有传染性的。你是什么时候发现这些红点的？

小刚：嗯，昨天上完游泳课后，觉得手臂有点痒，后来就发现有红点了。医生，我怎么会传染上这皮肤病的呀？

医生：这是接触传染的。如果你在游泳时接触到这样的患者，就会传染上的。

小刚：哦，我想起来了。上完游泳课后，我去淋浴，看到班上的豆豆身上也长这样的红点点。

医生：哦，那很有可能就是他传染给你了。你现在不能去游泳，以免再传染给别人。

小刚：好的，我回去也应该提醒我的同学豆豆，不能去游泳，再传染给其他人，那可不好。

医生：你做得对。

(2) 师：原来小刚被传染上了皮肤病。你是怎么看待这件事的？

预设：

● 我认为小刚做得对，发现身上有红点马上去看病。

师点评：小刚及时就医是对自身健康的重视，是对自己负责。

● 我们要向小刚学习，知道这个皮肤病会传染，就不再去游泳池游泳了。

师点评：说明小刚养成了良好的公共卫生习惯。

● 当小刚知道自己传染上了皮肤病，自己做到不去游泳池游泳，还能劝阻豆豆也不要去游泳。

师点评：公共卫生是需要大家一起维护的，这就是公德意识。

● 我认为豆豆做得不对，他患了皮肤病，就不应该去游泳池。

师点评：看来豆豆还没有养成在公共场所讲卫生的习惯。

● 我觉得豆豆也应该像小刚那样发现身上有红点，及时治疗，不去游泳池游泳。

师点评：是呀，豆豆的行为既是对自己不负责，也是对他人不负责。

5. 师：小刚得皮肤病，是因为被传染了病菌；嘉嘉患病毒性感冒，是因为被传染了感冒病毒。病菌病毒都可谓无孔不入，传播的途径也很多，空气、水、血液、皮肤接触、昆虫叮咬都可能传播。

试想一下，嘉嘉患了病毒性感冒，如果来上学会产生什么后果？

预设：

● 她咳嗽或打喷嚏的话，病毒会通过空气传播，传给老师、同学。

● 同学老师感冒了，还可能再传染给她。

师：你们班以前有发生过类似的情况吗？

6. (多媒体出示短信)师：讨论到这里，你对课开始时所持的观点有没有改变呢？(指板书)如有改变，请你上来做第二次选择。

(1) 请改变原先观点的同学说说理由。

● 我原先认为学习最重要，现在想想身体健康更重要，只有身体健康，才能更好地学习。而且我觉得不能只想到自己的，要考虑到周围人。

● 病毒性感冒是会传染的。如果到学校上课，周围的同学就可能会被传染上。

● 因为怕耽误学习来上课，结果害同学们一起生病，那就太不应该了。

(2) 原先拿不定主意的同学，现在怎么想？

(3) 没有改变观点的同学老师想听听你们的想法？

● 我还是觉得学习很重要，如果怕传染给同学的话，可以戴上口罩去上学。

师：你想到戴上口罩去学校，说明你已经在考虑到他人的健康，他人的利益。学习的确很重要，但正如凡事都有它的两面性，当我们判断一件事该不该做的时候，就要考虑是利大于弊，还是弊大于利，如果为了自己的学习而影响了他人的健康，你认为可取吗？

什么情况下可以这么做？(病情较轻)还要注意什么？(教室通风，勤洗手，避免近距离接触)

(4) 师:那原先就提倡休息养病的同学,尽管你们没有改变选择,那有没有更充分的理由来说服嘉嘉和她的妈妈呢?

预设:

● 我原先只考虑到自己的健康很重要,现在通过学习,我明白了患上传染性疾病,就不应该到公共场所活动,要对大家负责。

● 是的,我们不能只想到自己,对同学、老师也要负责,将感冒传给其他人,多不应该啊!

……

(5) 师:现在,同学们看待感冒问题不再仅仅从个人学习或健康角度考虑,而是能从公共卫生、公共道德的角度去认识。这是大家道德认识上的进步。(预设:在这里,老师还要特别表扬××同学。在第一次选择时,他就提到了病毒性感冒会传染,他本人就做到不到校上课,以免传染给同学。他这种讲公德的行为值得大家学习,让我们把掌声送给他。)

(6) 师:也许嘉嘉和她的妈妈当时还没意识到这点。如果你是老师,你觉得该如何回这条短信呢?指名学生说。

预设:

嘉嘉家长:

您好!嘉嘉患的病毒性感冒是会传染的,为了您孩子的健康,也为了更多孩子的健康,建议嘉嘉在家好好休息养病。落下的功课,待她痊愈后,我会帮她补习的。

老师

(7) (媒体出示短信)师:你说的短信内容和老师发出去的短信不谋而合。嘉嘉家长接受了老师的建议,没有把孩子送到学校。回信说等嘉嘉痊愈后再来上课。

7. 师:同学们,教室是我们平时学习生活最主要的公共场所。在教室里,我们不仅要讲究个人卫生,还应该维护公共卫生,从自身做起,从小事做起。这才是我们应该具备的行为准则。

三、辨析判断,初步养成良好的公共卫生习惯

1. 师:除了教室、游泳池,你们还知道其他的公共场所吗?

预设:

● 医院、银行、图书馆、车站……

2. 师:在公共场所,我们都应讲究公共卫生。

3. (多媒体出示课本图片 1 和 2):这里有两幅图,如果你就身处其中,你会怎么想?

交流。

预设:

图 1:先看第一幅图

● 有人朝我打喷嚏,你会感到很厌恶,他把病菌传播给我们周围人。

如果要打喷嚏该怎么做?

● 如果我打喷嚏会侧过脸,用手帕或纸巾捂住。

图 2:第二幅图呢

● 这个人在候车室脱鞋、脱袜子，舒服了自己，却污染了空气，把臭气传给了周围人，既不文明，也不卫生，我是不会这样做的。

4.（多媒体出示课本图片3和4），具体探讨：上完厕所不洗手，教室开窗通风，对于这两个问题你是怎么想的，四人小组选择一幅图讨论一下。

交流。

(1) 你对上完公共厕所不洗手的行为有什么看法？

预设：

● 这样的行为既是对自己不负责，也是对他人不负责。手上会携带很多病菌，容易病从口入，有害健康。携带病菌的手，摸过门把手后，把手上也会携带病菌，后面开门的人手也被污染了。

● 他还会带着病菌到处跑。

师追问：比如说？

● 他上了地铁，拉过扶手，扶手上就有病菌，别人拉了这扶手，也会接触病菌。

● 他去商场购物，货架上、衣服上都可能携带他手中的病菌。

……

师：便后洗手本是个人卫生习惯。可一旦到了公共场所，这就是公共卫生行为。不能因为自己不良的卫生习惯，影响他人的健康。

(2) 小明要开窗通风，小琳怕冷，你怎么看？

● 不开窗，教室空气不流通，不利健康，应该要开窗通风。

● 小琳怕冷，也要照顾到，否则因为通风导致同学着凉生病，那就得不偿失了。

师：怎么兼顾呢？

● 可以下课开窗通风，因为那时同学们都在活动，不会感觉很冷。

● 关上小琳身边的窗，打开其余窗户，既能通风，而风也不会直接吹到小琳身上。

● 我会把我的围巾借给小琳保暖。

师：图上两位同学的行为不存在对与错之分，这个事例告诉我们，当我们在公共场所做出行为选择时要考虑他人的感受，兼顾他人的需求。

5. 除了刚才讨论中提到的，还有哪些公共卫生行为也是我们还应该做到的？

预设：

● 不随手乱扔果皮、纸屑；

● 不随地吐痰；

……

四、总结

师：同学们，今天的学习让我们懂得在公共场所应该——（生回答：讲卫生），讲公共卫生有利于每一个人的健康，让我们共同维护公共卫生，做有公德的市民，让我们的生活环境更健康。

虹口区还有不少类似的课。如，在“减卡救树”一课，教师向学生提出一个两难问题：“中秋节我要看望一位老朋友，准备送一盒月饼，我该选择装精美包装的，还是买简包装的？”学生之间发生了立场上的对立，教师让学生用磁性学号牌到黑板上表面立场。

经过讨论和学习,教师再次让学生做一次选择。

虹口区的教学实践告诉我们,姓名牌教学法也可以用于我国的品德与社会课,可以促进学生的自主学习,高质量的讨论和问题解决。

图 6-4

"减卡救树"一课中学生贴学号牌表达立场

【本章小结】

- 教学策略是为达到某种预测的教学效果而采取的多种教学行动的综合方案,是多种教学方法的有机组合,而不是单一的某个教学方法或教学手段。在设计一个单元的教学时,不因局限于单一的教学方法,但在一节课内换用多种方法也是不恰当的。采用什么方法要根据教学目标、学生状况、教学条件和时间来精心选择。
- 根据课程标准提出的课程理念和教学建议,品德与社会(生活)课程的教学策略应遵循以下基本的价值取向:学生为学习的主人,教师为学习活动的引导者和组织者,教学设计以学生生活为基础,课堂文化崇尚对话与合作。这是教师选择教学策略的原则。
- 品德与社会(生活)课的教学应是基于对话和问题解决的教学。其特点是,学生作为学习的主人,在体验、调查、讨论、协商及合作解决问题的过程中,建构对社会生活的认识,形成良好的品德,发展参与社会、服务社会的能力。教师要根据学生在解决问题中遇到的问题来选择适宜的教学方法,包括在必要的时候进行讲解。在学生为学习主人、基于对话和问题解决的探究性学习中,教师的讲解仍然是必要的,只是这种讲解必须在学生自主探究的框架内,以引发学生产生问题、推动学生解决问题为目的。
- 教材指所有具有教育价值的材料。教科书是一种经过权威部门审定的权威教材,是将许多教学材料结构化的教材集,具有连续性、层次性和系统性。但是,教材不仅指教科书。

- 教材是否具有价值，有多大的价值，关键要看它能否引发学生的好奇心，激发他们思考，推进他们探究和学习。一份好教材至少具备以下三个要素：(1)连接新旧知识，促进经验的重组和认识的转换。(2)能引发矛盾冲突。(3)能走进学生视野，抓住学生心灵。这是衡量教材开发是否成功的标准。
- 教材开发，就是指对那些在学生周围无限存在的素材，通过转换视角，重组内容，改变顺序等等方式进行加工，使学生能从中产生问题，激发起探究的热情。就是让学生带着新鲜感、惊奇感重新去认识那些每天发生在我们身边的熟视无睹的事物，那些我们似乎每天看到而实际上又没留意的事物。教材开发包括挖掘既有教材的新意和开发新教材两种途径。
- 当学生与教材交互作用、产生问题之后，教师就要指导学生提炼问题，确立班集体共同解决的课题，然后细化课题，形成子课题。确立学习课题的目的是让学生明确为实现自己的愿望要做什么，学什么，怎么做，怎么学。当课题与学生内在的愿望相联系，探究和学习就变成他自己的事，他就有可能成为学习的主人。课题反映了学生需要补充的经验、需要获取的知识，细化课题使学生的探究和学习有了明确的方向。教科书上的知识也不再是他人要求学生学习的东西，而是变成学生自己为解决问题、完成课题而必须掌握的工具、寻找答案的线索，成为支撑自己观点的依据。确立课题不仅使学生清楚自己该怎样行动，用什么方法获取知识、解决问题，而且学习了将来一生受用的探究方法的第一步。
- 调查的目的是为了获取证据，检验假设，为确立解决问题的方法寻找线索和依据。掌握了调查方法，体验过调查过程，学生就学会寻找和利用证据来判断事物的真假，能够自主地获取信息和知识，从而做出基于充分理由的行为选择，而不必被动地等待、接受他人传授的信息和知识。同时，调查可以增加学生的直接经验，扩展学生认识社会的视角。调查还具有培养证据意识和求实精神的作用。这种证据意识和求实精神是信息社会要求公民必备的品质。因此，调查不只与方法和能力目标相联系，也与情感态度价值观目标相联系。调查过程中，教师应为学生的调查提供细致的指导：指导学生制作调查备忘录，填写调查表，展示和交流调查结果。
- 讨论和辩论的目的是为了通过同伴的追问、反驳、不同思想的碰撞，促使个体对自己的论点和论据加以反省、修正，使思想观点更具有逻辑性和说服力，并使集体成员共享经验和认识，形成集体智慧，同时促进冲突各方的理解，从而更好地解决问题。
- 所谓有质量的讨论，就是有深度的讨论，能深化认识的讨论。也就是说，通过讨论，学生的认识和观点能否发生变化，产生新的想法或新的问题。要达到这样的效果，教师需在以下四方面对学生加以指导：相互尊重，平等民主；相互倾听，积极回应；尊重事实，有理有据；梳理发言，提升认识。
- 姓名牌教学法可以促进每个孩子确立明确的立场和观点，并在集体中反观自身的立场和观点。它将个人的思想客观化、对象化，然后通过集体的讨论，借助集体的智慧，来扩展个人认识事物的视角，修正和提炼各自的认识，并在解决集体问题的同时，解决每个学生各自的问题。它培养学生拥有独立的判断能力和明确的立场和主张，同时又能宽容不同的立场和主张，积极参与解决集体问题，发展协作能力和民主精神，并最终形成集体智慧，找到解决问题的更好方法。而教师则可以通过姓名牌位置的移动，来分析和评价学生的认识变化，反思并改进教学方式。

【思考与练习】

1. 品德与社会(生活)课的教学策略应以什么为价值取向？基于对话和问题解决的教学具有什么特点？

2. 结合文中的案例或自身实践中的案例，说说什么是好教材？什么是教材开发？请围绕一个主题，根据好教材的标准，开发一份教材，并说明该教材有什么样的教育意义。然后，将教材呈现给学生，验证教材是否能引发学生的疑问，记录学生与教材互动后，产生什么反应，与同事、学友交流自己的实践。

3. 请选择品德与社会(生活)教材中的任何一个主题，设计一个基于对话和问题解决的教案。教案含教材选用、预设学生的疑问、确立学习课题、指导学生调查和讨论、布置展示学习成果的任务等环节，并对教案进行解释。

【主要参考文献】

1. 袁振国. 当代教育学[M]. 北京：教育科学出版社，2004.
2. 沈晓敏. 对话教学研究[M]. 北京：北京师范大学出版社，2014.
3. 沈晓敏. 在社会中成长——社会主题的研究性学习[M]. 广州：广东教育出版社，2006.
4. 高文. 建构主义教育研究[M]. 北京：教育科学出版社，2008.
5. 黄向阳. 德育原理[M]. 华东师范大学出版社，2001.
6. 佐藤学. 学习的快乐[M]. 钟启泉，译. 北京：教育科学出版社，2004.
7. 市川博. 社会科的使命与魅力[M]. 沈晓敏，主译. 北京：教育科学出版社，2006.
8. 大卫·威尔顿. 中小学社会课教学策略[M]. 吴玉军，译. 北京：华夏出版社，2004.
9. 社会(3·4 上)(社会 305)[M]. 东京：光村図書，2012.

第七章

学习工具的应用

本章主要介绍了品德与社会(生活)课程中常用的四类学习工具,即表现时间的工具、表现空间的工具、表现关系的工具以及统计数据的工具。通过本章的学习,你可以了解到各类学习工具的特点,理解学习工具的运用将有助于小学生社会认知能力和多元表征能力的发展。

本章还探讨了运用学习工具的意义。学习工具可以将复杂抽象的内容变得具体形象,帮助小学生更有效地获取知识和信息,从而发展其社会认知能力。另外,小学生学习运用各种各样的学习工具,也有利于发展其多元表征能力,而这些也是21世纪的公民所应具备的基本素质。

本章还介绍了运用学习工具的指导策略,在借鉴日本和美国社会科中学习工具应用方法的基础上,举例说明了品德与社会(生活)课程中各类学习工具的应用策略。你可以从中学习到怎样具体指导小学生应用学习工具获取知识和信息,以及运用各种学习工具表达自己的想法和观点。

【本章将阐明的问题】

- 品德与社会(生活)中有哪些常用的学习工具?各自有什么特点和功能?
- 教学中应用学习工具,对于学生的学习和社会性发展有什么意义?
- 如何指导学生运用学习工具展开学习和探究?

【关键概念】

学习工具　时间轴　年表　地图　统计图　流程图

第一节　品德与社会(生活)课中常用的学习工具

制造和使用工具是人区别于其他动物的标志,人类正是通过发明制造各种各样的工具,才推动了社会的发展。同样地,在教育和学习活动中,人类也发明、应用各种教具和学具,这些工具在促进教育发展的过程中发挥了重要作用。

一、学习工具的概念和特征

学习工具是学习者为了与学习环境进行有效互动而使用的中介手段,包括在学习活动中支持或促进认知的任何工具。学习工具分为两种形式:一种是物质工具,如教科书、黑板等;另一种是智能形态的工具,包括各类学习软件以及各种图或表等。学习工具有三个基本特性:

1. 中介性

工具是达到目标的中介手段,这是所有工具的基本特性。学习过程是学习者与学习环境的互动过程,主要包括与学习环境中的人(教师、同学等)的互动以及与信息资源的互动。各种学习工具可以作为中介支持和促进学习者与学习环境的互动。也就是说,学习者通过使用工具来更好地获取、加工和发布信息和知识,更好地与教师、同学等进行沟通、对话和协作。例如,地球仪是地理教学活动中必不可少的一个工具,它可以帮助学习者更直观地感受空间,并理解其他相关的地理知识。

2. 认知特性

学习工具延伸和拓展了人的认知能力。学习者与工具之间进行了某种认知分工,共同完成特定的认知任务。例如地图作为一种地理工具,将某个区域的地形、行政划分、甚至交通道路都呈现在纸上,人们可以借助它设计旅游路线。学习者和学习工具之间存在着明显的认知伙伴关系。[①] 地图之类的认知工具本身还隐含了某种认知方式和

① 张建伟,孙燕青.建构性学习——学习科学的整合性探索[M].上海:上海教育出版社,2005:14—15.

认知结果,是人类长期积累的认识成果的载体。借助它们,学习者可以不必重复先人认识世界的历程,而站在先人的肩膀上认识未知的新世界。因此,这类学习工具又可称为认知工具,这些工具因具有认知性,凝聚了人类认识世界的方法。所以学习使用它们,也是在学习一种认识世界的方法和表达认识成果的方法。例如,地图用图例表示不同的事物,用颜色表示地势的高低,用纵横坐标确定事物的位置,用比例尺表示实物和事物的距离。利用地图,我们不用亲自去实地考察,就可以了然事物的位置和分布、某区域自然环境的特点。善于看地图的人可以从地图中发现无限的信息量,建构对某个地区甚至整个世界的认识。

3. 直观性

这一特性仅限于本章所列出的学习工具。随着信息技术的发展,以计算机为依托的各种学习工具层出不穷,并有力推动了教育、教学的发展。这些在教育技术学领域已有广泛研究,在此不再赘述。本章所涉及的学习工具主要指品德与社会课需要使用的工具,包括各种图或表等能够代替文字来呈现或表达信息的工具,如地图、统计图、历史年表等。这些工具最主要的特点就是直观性。借助它们,我们可以更便捷、更有效地获取信息和知识,或表达一些文字难以表达的信息和想法等。例如要介绍一种饼干的制作过程时,倘若用文字说明,则会写出一大段内容,有时还难以讲清楚。如果画一张制作饼干的流程图,则只需几张图片加上简单的步骤说明,再用箭头连接起来就可以了,既直观形象,又详细完整。

这类学习工具不论在课堂上还是日常生活中,都运用得十分广泛。认识并能运用这些学习工具,将会给学生的生活和学习带来极大便利。

二、品德与社会(生活)课中常用的学习工具

品德与社会(生活)课的内容包罗万象,涉及历史学、地理学、政治学、社会学、经济学、人类学等多门学科,其范围之大、内容之广在一定程度上增加了学生学习的难度。如果能借助一些常用的学习工具,就可以帮助学生更有效地获取知识和信息、更深入地认识社会和参与社会。品德与社会(生活)课中常用的学习工具大致可以分为四类:表现时间的工具、表现空间的工具、表现关系的工具以及统计数据的工具。

1. 表现时间的工具

时间是看不见、摸不着的,尤其对于小孩子来说,他们很难理解这一抽象事物。尽管他们会在日常生活中经常听到一些有关时间的用语,如昨天、上午、明年等,并逐渐熟悉常用的时间单位,如世纪,但是他们未必能真正理解其含义。帮助孩子理解时间的概念是品德与社会课的一个重要任务。学校课程的主要目标不仅包括让学生学会正确理解并使用时间概念,还要培养学生的时间意识,如按时间顺序思考。为了让学生更容易理解,品德与社会课程中用了一些表现时间的工具,如时间轴、时间表、年表等,将抽象的时间用形象的事物直观地表现出来。

● **时间轴**

时间轴又称"时间线",是将一段时间以一条或数条轴(或线)表达的方式。具体来

说，就是依据时间顺序，把一方面或多方面的事件串联起来，形成相对完整的记录体系，再运用图文的形式呈现出来。时间轴被广泛运用于各种领域，以发挥其主要作用——把过去的事物系统化、完整化、精确化。

图 7-1 是一个表现自 1920 年至今的电视机发展的时间轴。时间轴以 10 年为一刻度，期间发生的主要事件按时间顺序分布在轴的上下，让我们可以清晰地了解电视机的发展历程。自 1970 年后，主要事件分布地越来越密集，由此学生可以发现此后的电视机更新速度越来越快。

图 7-1

表现电视发展的时间轴

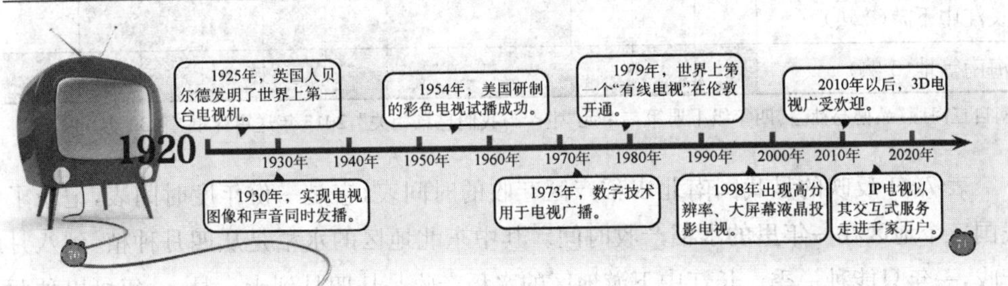

（摘自辽海版《品德与社会》四年级下册第三单元"信息连接你和我"，2015 年送审样书，第 70—71 页）

美国和日本的社会教科书在有关历史的单元内，时间轴经常放在每一单元之后，或整本书之后，将该单元所阐述的一段一段历史置于一条时间轴上，以帮助学生将零散的、片段的历史知识按时间顺序联系起来。也有将时间轴放在每单元或整本书之前的，先让学生整体把握即将学习的历史年代在历史长河中所处的位置、离现在的距离以及该历史年代的时间跨度。如图 7-2 所示，该教材页面中间的黄色时间轴用绿色带凸显了该单元将要学习的年代。我国《品德与社会》有关历史的单元可以借鉴这种方式表示年代。

图 7-2

历史单元导入部分的时间轴

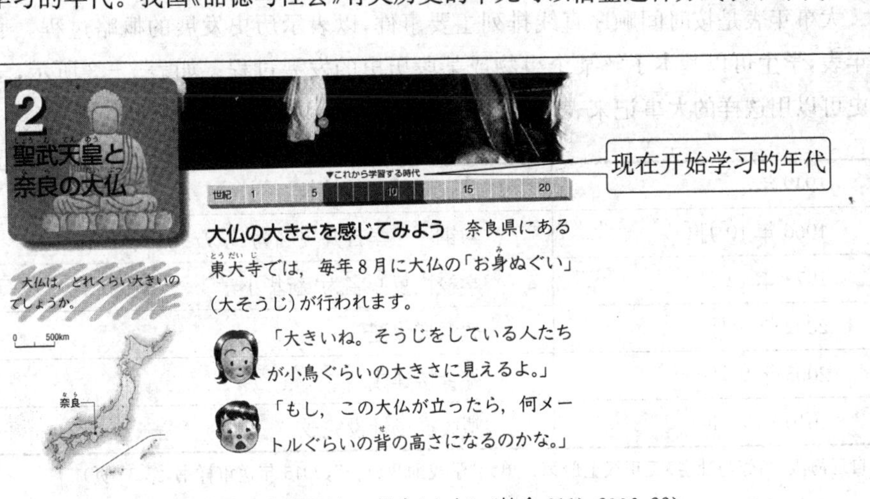

（摘自東京書籍「新しい社会（六上）」（社会 611），2006：22）

● **时间表**

时间表，是展示各项活动、事件发生的先后次序的列表，其中一定反映它们与时间的相互关系，例如学校各班级上课时间表、足球场订场时间表、公交车班次时间表等。

时间表有助于时间管理,并优化资源分配。通过时间表,学生可以清楚某事件的时间安排及活动进程,从而使我们的行为目标更明确。时间表分为年度时间表,季度时间表,月时间表,周时间表,日时间表。

表 7-1

我国南北水稻产区产收时间表

时间(月) 地区	1	2	3	4	5	6	7	8	9	10	11	12
东北地区(1 熟)												
长江中下游(2 熟)												
海南等地(3 熟)												

(摘自辽海版《品德与社会》四年级下册第二单元“生产与我们息息相关”,2015 年送审样书,第 33 页)

表 7-1 反映的是我国南北水稻产区产收的时间表,它是一份年度时间表,记录了我国三个地区在一年里的水稻产收时间。其中东北地区的水稻是从四月种植,到八月产收,一年只能种一季。长江中下游地区的水稻产收是从四月到十一月,一年可以种两季。而海南地区一年十二个月都适合水稻种植。由此时间表,学生可以清楚地看出水稻的种植季节、生长时间以及南北方之间的差异。这类时间表可以在学习农业生产单元时使用。

- **年表或大事记**

年表,即历史年表的略称,是记录历史的一种工具,它按照时间顺序(时间单位不一定是年)对事件进行先后排列。年表主要有“大事年表”、“阶段年表”、“对照年表”、“综合年表”四种,其中最基本的是大事年表,其他都是由大事年表演化而来。

大事年表是按时间顺序直线排列主要事件,以表示历史发展的概略过程。通过大事年表,学生可以基本了解某个事物或某段历史的发展过程。如表 7-2 所示,学校的历史可以用这样的大事记来表现。

表 7-2

学校大事记

1949 年	建校　第一位校长　刘××
1966 年 10 月	与钢厂小学合并更名为“东方红小学”
1978 年 12 月	学校恢复原名为“新华小学”
2002 年 3 月	教学楼改建
2005 年 9 月	综合楼建成
2010 年 7 月	塑胶操场铺设完成

(摘自辽海版《品德与社会》三年级上册第二单元“学校助我成长”,2015 年送审样书,第 37 页)

事物的发展总有一定的阶段性。阶段年表就是用具有标志性意义的事件及其年代划分某事物的发展阶段,以表明各阶段的年代范围和特征。一些时间跨度比较长的阶段年表还暗含历史发展的因果关系,通过这类年表,我们还可以纵观某事物的发展趋势。

表 7-3

新民主主义革命阶段年表

阶段	时间	内容
第一阶段	1919—1927	大革命
第二阶段	1927—1937	土地革命
第三阶段	1937—1945	抗日战争
第四阶段	1945—1949	解放战争

对照年表是按照共同的年代顺序分列出不同人或国家、不同地区在同一时期内发生的主要事件，以便考察它们之间的联系。

表 7-4

中国历史和世界历史对照年表（部分）

时间	世界	中国
公元前 594 年	希腊梭伦改革	春秋时期
公元前 449 年	罗马《十二铜表法》颁布	
14—17 世纪	欧洲文艺复兴运动	明朝（1368—1644）
1492 年	哥伦布航行到达美洲	
1497—1498 年	达伽马远航到达印度	
1688 年	英国“光荣革命”	康熙在位（1661—1722）
1689 年	英国议会通过《权利法案》	
17 世纪后半期	牛顿力学体系确立	

表 7-5

中外古代史综合年表（部分）

	文化		政治		经济	
	中国	外国	中国	外国	中国	外国
公元前 8000 年	原始祭拜与原始文化		史前社会			原始农业、畜牧业与制陶业
公元前 4000 年	刻画符号	苏美尔人发明楔形文字和太阴历（约公元前3000年）埃及象形文字（约公元前3100年）	出现私有财产、贫富分化（约公元前3000多年）	埃及、两河流域南部出现早期国家（公元前3500年—公元前3000年）埃及古王国（约公元前3100年—公元前2200年）	原始农业、畜牧业与制陶业	埃及、两河流域进入铜石并用时代

综合年表的形式有很多，如表 7-5 所示，一般都是以某种时间顺序为共同因素，然

后再分列出其他各个因素。综合年表包含的信息更全面、更系统,有利于学生在综合把握相关信息的基础上,深入理解事物发展的规律和趋势。

品德与社会课程在小学中高年段涉及不少历史内容,运用时间轴和年表,并非仅仅为了方便学生记忆历史事件发生的时间,更重要的是发展学生的时间意识——按时间(年代)顺序思维,而这正是历史思维的核心。

2. 表现空间的工具

任何事物都存在于特定的时间中,也占有一定的空间。时间和空间是认识世界的两个最基本的维度。上文主要说明了品德与社会课中表现时间的工具,接下来就要了解一下表现空间的工具。

地图和地球仪是处理空间现象不可或缺的工具,在品德与社会课上经常会被用到,但非地理专业毕业的教师们往往没有很充分地加以运用。让学生学会使用地图和地球仪,将会对学生的学习和生活带来很大的帮助。

(1) 地球仪、地图与地球的关系

为什么我们周围的世界看起来是平的,但书上却说地球是圆的呢?我们的地球很大,地图和地球仪是怎样将这么大的地球画进一张纸或一个小球上的?地图和地球仪上画的都是地球,为什么地图是平面的而地球仪是球形的呢?儿童对这些问题都充满了强烈的好奇心和求知欲。对这些工具本身的理解能够帮助学生更好地学习和应用地图和地球仪的技能。

地球仪可以理解为按一定比例缩小了的地球。通过地球仪,学生能够了解关于地球的基本知识,如地球的形状、地球表面的陆地和水域、南极和北极的位置、自己国家在地球上的位置等,初步形成全球视野。高年级的学生也可以通过地球仪学习比较专业的地理知识,如经纬网、陆地和水域面积大小、南北半球差异等。地球仪的优点在于它的形象化和直观化。学生的思维是由形象思维逐渐过渡到抽象思维的。所以有了地球仪这一形象化的工具,学生更容易地理解"空间"这一抽象概念。例如,地球上本身没有这些线,但通过地球仪上由经线和纬线构成的经纬网,我们就可以给地球上的任何一个地方进行准确定位。

理解地图要相对复杂一点。但有一个例子可以很形象地描述地图的由来:拿一个桔子,小心地剥去橘子皮,尽可能地不要让橘子皮破裂;然后将剥下来的橘皮放在平面上,并将其压平;橘皮从球面转变成平面的过程,就像将地球仪上的信息绘制成地图的过程。这个例子可以很形象地反映地球仪和地图的关系。"专业的地图制作者给这个将圆形地球仪上的信息转变为平铺地图的过程命名为投影。"①可以说地图就是地球仪在平面上的投影图。根据桔皮从球面转变为平面过程中发生的变化,可以让学生了解到,地图在制作过程中不可避免地扭曲了地球的表面,所以没有一张平面的地图是准

图 7-3

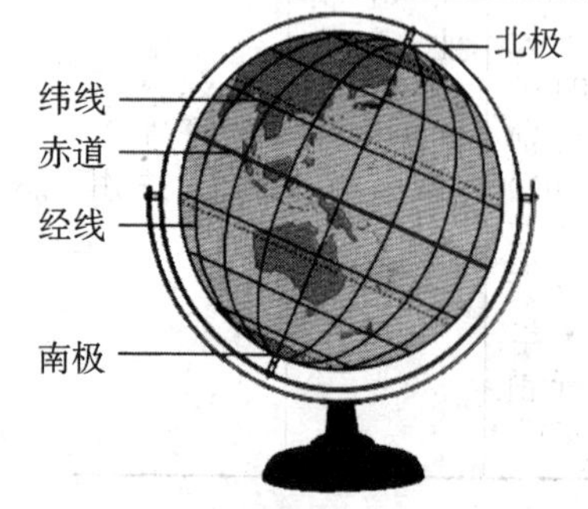

地球仪上的经线和纬线

① 沃尔特·C·帕克.美国小学社会与公民教育(第十二版)[M].谢竹艳,译.南京:江苏教育出版社,2006:167.

确的，每张地图都以某种不同的方式扭曲了空间。通过对这一知识的了解，学生可以知道地图是对空间的平面化和抽象化展示。

（2）地图的特点、功能和种类

地图是按一定的比例，运用符号、颜色、文字注记等描绘、显示地球表面的自然地理、行政区域、社会经济状况的图形。简单说就是表示事物的空间分布特征，反映自然与社会现象之特征和关系的图纸。

地图最大的特征就是由使用特殊符号（即图例）表示事物所产生的直观性。地球上各种复杂的自然和人文事物都可以通过地图语言在地图上显示。地图语言包括地图符号和地图注记两部分。地图的另一主要特征是由特殊的数学法则产生的可测量性。地图是绘制在平面上的，必须准确地反映它与客观实体在位置、属性等要素之间的关系，因此必须遵循特殊的数学法则，包括投影、比例尺和定向三个方面。地图作为表达空间现象的一种主要图形形式，具有强大的地理信息载负和地理认知功能。它以特定的地图语言承载并向人们传递十分丰富的地理信息，可以帮助人们确定明确的地理位置，建立物体或现象之间的空间关系。

按不同的标准，地图可以划分为很多不同的种类：①按区域范围来分，有世界地图、国家地图、市县地图、社区地图等；②按专题来分，有自然地图、人口地图、经济地图、文化地图、政治地图等，如北京市文化场馆分布图、公厕分布图、名胜古迹地图等，如图 7－4 所示；③按平面地图和立体地图；④按地图的瞬时状态来分，有静态地图和动态地图等。

图 7－4

社区公共设施分布图

（摘自上海科技教育版《品德与社会》三年级上册第三单元“它们都姓‘公共’”，2016 年，第 55 页）

（3）地图和地球仪的要素

根据美国国家社会科学理事会出版的资料，对社会科学至关重要的地图及地球仪技能主要有如下五种，这些技能主要涉及比例尺、图例、方向等地图和地球仪的要素：

a. 给地图确定方位,标注方向。

b. 使用比例尺,测算距离。

c. 给地图和地球仪上的地点定位。

d. 说明相对位置。

e. 解释图例并想象它们的意思。[①]

- **比例尺**

比例尺是表示图上一条线段的长度与地面相应线段的实际长度之比。公式为:比例尺＝图上距离与实际距离的比。在地图上,比例尺有三种常用的表示方法:

① 数字式:用数字比例或分数式表示比例尺的大小。例如:1∶5 000或1/5 000,表示地图上的1厘米代表实际距离5千米。

② 线段式: 0　100　200　300

表示地图上1厘米代表实际距离100米。

③ 文字式:直接用文字说明地图上1厘米代表实际距离多少。

- **图例**

阅读地图和地球仪,需要理解图中的符号——图例。在地图上表示事物,如山脉、河流、城市、铁路等所用的符号叫做图例。这些符号所表示的意义,常注明在地图的边角上。它是现代地图的语言,是读图和用读所借助的工具。图例一般包括各种大小、粗细、颜色不同的点、线、图形等。由于符号的设计须能表达地面景物的形状、大小和位置,而且还能反映出各种景物的质和量的特征,以及相互关系。因此图例常设计成与实地景物轮廓相似的几何图形。图7-5是地图上常用的图例:

图7-5

图例

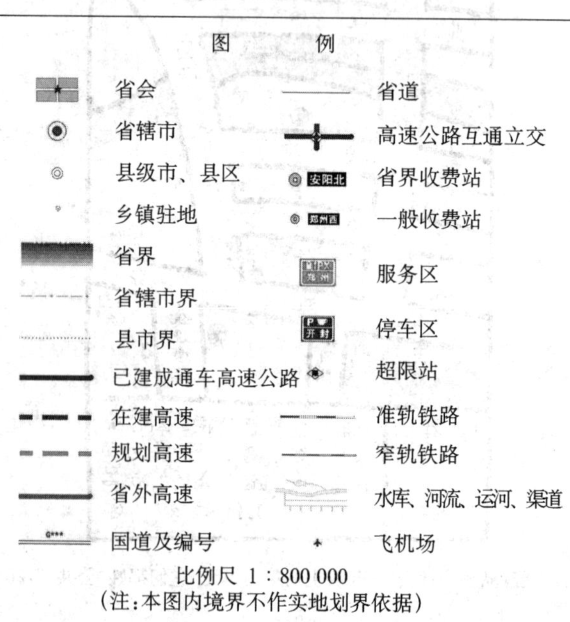

① 转引自:沃尔特·C·帕克.美国小学社会与公民教育(第十二版)[M].谢竹艳,译.南京:江苏教育出版社,2006:146.

- **方向**

对地图和地球仪的正确使用，依赖于正确确定方向的能力。大多数地图遵守“上北下南，左西右东”的方向原则。我们在阅读和使用地图时也是根据这一原则来辨别方向。但还有些生活地图、旅游地图、街道地图等，并非遵守同样的方向原则，而是按实际情景画的，就是说地图上的方向跟读图者所站立位置的实际方向是一致的，比如说地图右侧的事物与阅图者右方的事物一致。为此看地图之前，先要辨别地图指示的方向。

- **绝对位置和相对位置**

任何地方都有两种定位方式：相对的和绝对的。例如：北京市位于黑龙江省的西南方，这就是北京市的相对位置；北京市位于北纬 39°26′至 41°03′，东经 115°25′至117°30′，这就是北京市的绝对位置。绝对位置是对某地的准确定位，具有唯一性；而相对位置则是以参照物为标准的，依参照物的不同会有多种表述。

3. 表现关系的工具

有些事物或事物之间的关系非常复杂，用文字很难讲清楚，所以我们会经常借助一些工具来梳理那些复杂的关系，使之条理化、清晰化。这类工具常用的主要有流程图、树状图、家谱图等。

图 7－6 是一张我国“人大”代表和各级政府领导人的选举流程示意图。选举是一项十分复杂的活动，包含了选举人、各级被选举人和各级选举流程之间的关系。这种关系用文字表述，难以让学生形成清晰的认识。若借助流程图，如图 7－6，选举及选举过程便一目了然。

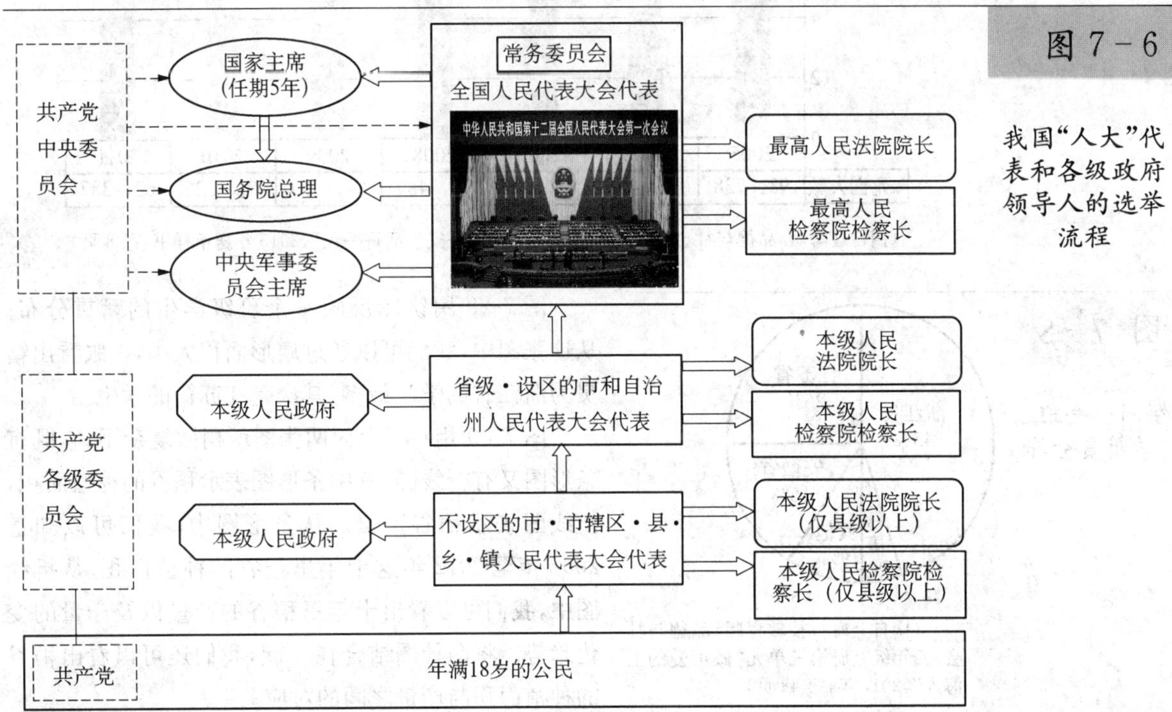

图 7－6 我国“人大”代表和各级政府领导人的选举流程

（摘自辽海版《品德与社会》五年级上册第二单元“生长在中国”，2015 年送审样书，第 38 页）

4. 统计数据的工具

统计图是利用点、线、面、体等绘制成几何图形、以表示各种数量间的关系及其变动情况的工具。其中比较常用的统计图有条形图、饼图(扇形图)、折线图等。其特点是:形象具体、简明生动、通俗易懂、一目了然。

- 条形图(Bar Chart):单一或多种变量中,对各个数据的多少进行比较时使用。直方图与条形图类似,区别在于,直方图是用面积而非高度来表示数量。
- 饼图(Pie Chart):单一种类变量中,表示某几个大扇区在整体中所占比例。
- 折线图(Line Chart):折线图可以显示随时间(根据常用比例设置)而变化的连续数据,因此非常适用于显示在相等时间间隔下数据的趋势。

图 7-7 用条形图显示了 2005 至 2011 年全国交通事故死亡人数,从条形长度的不断缩短可以一目了然地看出交通事故死亡人数在逐年下降。

图 7-7

条形图:2005—2011 全国交通事故死亡人数

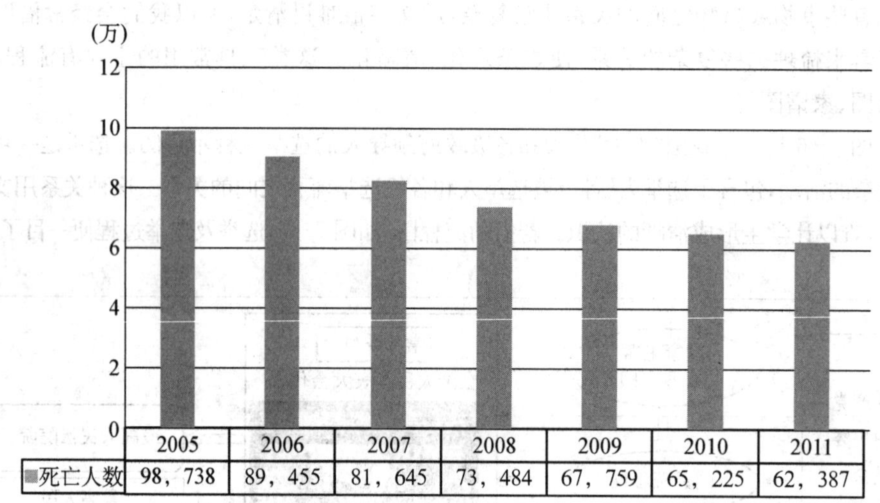

	2005	2006	2007	2008	2009	2010	2011
死亡人数	98, 738	89, 455	81, 645	73, 484	67, 759	65, 225	62, 387

(摘自辽海版《品德与社会》四年级上册第一单元“平安生活每一天”,2015 年送审样书,第 8 页)

图 7-8

饼图:全班同学籍贯分布

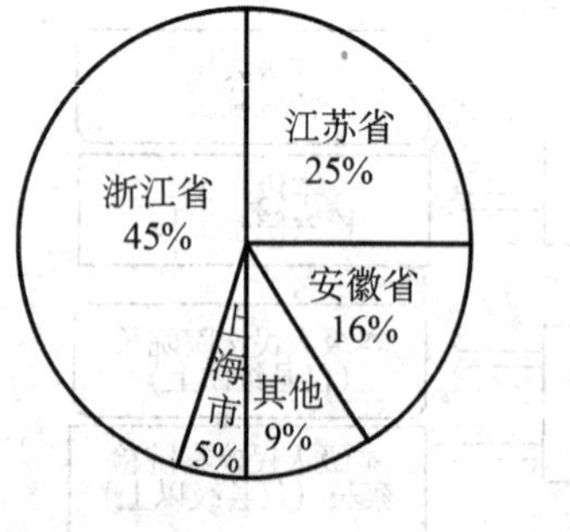

(摘自上海科技教育版《品德与社会》四年级上册第三单元“做可爱的上海人”,2017 年,第 48 页)

图 7-8 用饼图反映一个班级学生的籍贯分布。从这张图中,我们可以通过扇形面积大小,一眼看出籍贯为浙江省的学生最多,其次是江苏籍的学生。

图 7-9 相对于上面两张图就稍微复杂了,它既有条形图又有折线图,其中条形图表示稻谷的种植面积,折线图表示稻谷产量。从条形图中,我们可以知道 2002 年至 2012 年这十年里稻谷的种植面积;从折线图中,我们可以看出十年里稻谷的产量以及产量的变化趋势。将两种图结合在一起,我们还可以看出稻谷的种植面积与产量之间的对应关系。

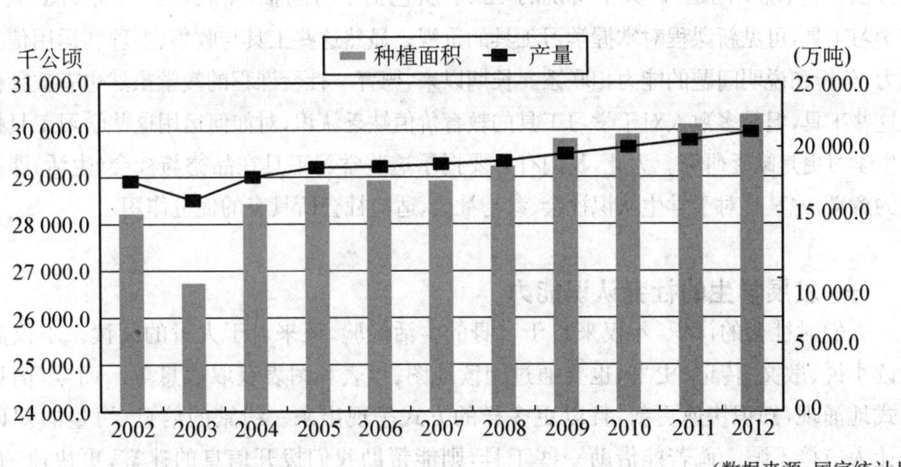

(数据来源:国家统计局)

(摘自辽海版《品德与社会》四年级下册第二单元"生产与我们息息相关",2015年送审样书,第33页)

图 7-9

折线十条形图:2002—2012年国内稻谷种植面积及产量

由以上几个例子可以看出,每种统计图都有各自的优点。其中条形图通过长度反映数量多少;饼图通过面积大小表示数据所占比例;折线图通过线的走向反映数据变化趋势。

当然,除了统计图外,还有统计表在统计数据时也运用得比较频繁。我们可以通过统计表了解到相关数据,并通过数据比较发现其中的关系。但相对而言,它不如统计图那样直观,可以让人一目了然。如表7-6:

表 7-6

统计表:两次世界大战给人类造成的损失

世界大战	牵涉国家和地区	牵涉人口	死亡人数	经济损失
第一次	30多个	15亿	1 000万	3 400多亿美元
第二次	60多个	20亿	6 700万	5万亿美元

(摘自辽海版《品德与社会》六年级下册第二单元"缔造一个和平的世界",2015年送审样书,第32页)

第二节　学习工具在品德与社会(生活)课教学中的作用

我国21世纪初的课程改革倡导"改变课程实施过于强调接受学习,死记硬背,机械训练的现状,倡导学生主动参与,乐于探究,勤于动手,培养学生搜集和处理信息的能力,获取新知识的能力,分析和解决问题的能力以及交流与合作的能力",①并将过程与方法目标与知识与技能目标、情感·态度·价值观目标相并列。

这次课程改革中诞生的品德与社会(生活)课程依据新课程的理念,确立了情感·态度·价值观、能力与方法、知识三维目标,德育课首次对能力与方法予以了重视。而能力与方法目标中有一条便是"初步掌握收集、整理和运用信息的能力,能够选用恰当的工具

① 钟启泉,崔允漷,张华.为了中华民族的复兴,为了每位学生的发展:基础教育课程改革纲要(试行)解读[M].上海:华东师范大学出版社,2001:6.

和方法分析、说明问题”。其中所说的“工具”就包括了时间轴、年表、地图、统计图、流程图等学习工具,可见新课程对掌握学习工具的重视。显然这些工具与收集、整理和运用信息的能力、分析和说明问题的能力相联系。长期以来,德育—社会课程的教学虽然也有教师使用过这些工具,但是多数人对于学习工具的教育价值缺乏认识,对如何运用这些学习工具指导学生学习更是缺乏研究。为此,我们有必要揭示这些学习工具在品德与社会(生活)课教学中的意义,尤其是对于学生认识社会、参与社会、适应社会所具有的促进作用。

一、发展学生的社会认识能力

人们对社会的认识,不仅来自于自身的生活经验,还来自于大量的阅读。不仅需要阅读小说、散文、传记、史书,也要通过阅读地图、年表和图表获取信息等。而今,信息爆炸式地涌现,知识快速更新,且以更多样的方式呈现出来。纷繁的信息、海量的知识几乎让人应接不暇。倘若能借助一些工具,则能帮助我们拨开信息的迷雾,更快速、有效地提取、利用大量有用的信息和知识。

1. 更有效地获取信息

在信息社会里,信息和知识的表征方式日益多样化,尤其是在现代信息技术支持下的大数据时代,反映社会各方面发展状况和发展趋势的数据以多种方式被统计、归类、连接和呈现,人们可以根据各自的需要从各种统计数据中解读出丰富的意义,作为深入学习和工作的依据,寻找解决问题的良策。阅读承载数据的图表成为生活、学习和工作中必不可少的活动。例如,投资理财就要查阅反映企业经营状况的报表和统计数据以及有关国民经济发展状况的数据,如果善于看数据图表,就能迅速理解数据所包含的意义,获取有价值的信息,做出正确的投资决策。

再如,利用时间轴、大事记,就可以快速把握某段历史或某事物的发展进程;利用地图,我们可以认识自身无法体验的地球其他地方的自然风貌,可以了解一个事物的空间分布情况,一地到另一地的距离等等;对比不同时期的地图,可以发现某区域的变迁规律和变化趋势。

我们的社会生活已经离不开这些学习工具,因此品德与社会课要指导学生学会利用这些工具去获取信息,增长知识,丰富对社会生活的认识。

2. 使复杂抽象的知识变得具体形象

在品德与社会课中,学生需要学习一些必要的知识,掌握一些有助于理解社会的概念和原理。很多概念和原理仅仅用文字和口语来解释的话,不易让小学生理解,而如果用第一节所介绍的学习工具加以阐释,则效果要胜过千言万语。因为如前文所展现的,学习工具最主要的特点就是直观性,它能将复杂、抽象的关系直观化、具体化、形象化,从而使学生易于理解。例如,要解释我国人民代表大会代表和各级领导人的选举方式,仅仅用文字或教师口头的讲解,小学生多半难以弄清楚,而用前文图 7 - 6 的流程图来展现,小学生就能很快明白。

再如,年幼的孩子很难理解关于过去的时间。公元前 21 世纪,或者 200 多年前以及秦朝到清朝的各个朝代,它们究竟离现在有多久远?若把历史事件、朝代等等放在一个时间轴上,他们就可以“看见”历史事物发生的时间,感受各个时代离现在的距离。这就是用形象化的方式帮助学生理解抽象的时间概念。

如果要让学生了解、感受新中国扫盲工作的成就，仅仅告诉他们这样一堆数字：“经过60年的努力，到2010年，我国普及九年义务教育的人口达到98%以上，扫除15岁至24岁文盲，成人文盲率降到5%以下。”学生未必能体会60年的扫盲结果发生了怎样的变化。但是如果教师呈现如图7-10这样的统计图，学生立刻就能清晰地感受到我国完成扫盲工作取得的成就。

图7-10

统计图：1949年以后我国文盲率的变化

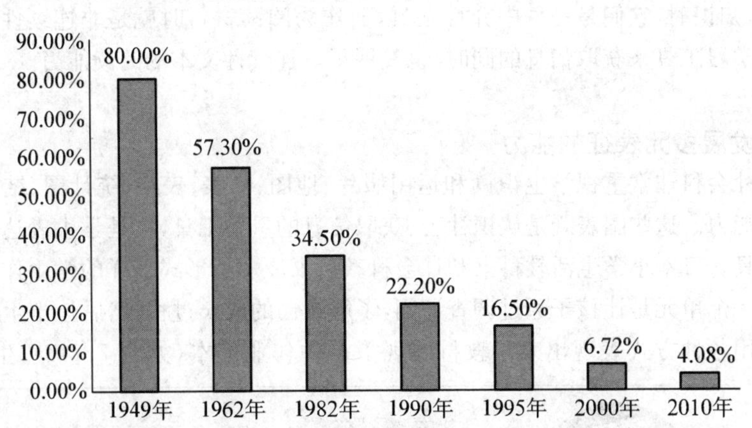

（摘自辽海版《品德与社会》六年级上册第三单元“前进的巨人”，2015年送审样本，第69页）

3. 提高非连续性文本的阅读能力

“非连续性文本”是相对于连续性文本而言的。连续性文本是通过符号、字词、句子、段落或者是更大的章节结构按照从左至右的直线性的方式构成一个完整的信息单元。我们日常所见的散文、小说、诗歌、剧本等文体都属于连续性文本。而非连续性文本一般由图画、表格、曲线图、柱状图等构成，它的主要特点是具有概括性、直观性和非线性。它的主要形式有“图和图形(chart and graphs)、表格(tables)、图表图样(diagrams)、地图(maps)、表(forms)、信息单(information sheets)、电话和广告(calls and advertisements)、收据(vouchers)、证书执照(certificates)”等。①

随着读图时代的到来，非连续性文本的阅读能力引起了人们极大的重视。在PISA阅读测试②题中，就有不少非连续性文本的题目。我国上海地区的学生虽然在2009年和2012年两次测试中均获得第一名的好成绩，但从具体的分析报告中可以看出，“与国外的学生相比，我国的学生在传统文学课阅读和解释文学文本方面的指数都较高，说明学生关注传统文学课阅读材料较多，对于连续文本的学习能力较强，并习惯于这种学习的方式。但多数学生运用如新闻、杂志、读图表等非连续文本较少。在数据分析、实验中查找信息或在广告、宣传栏、说明书中寻找有价值东西的能力较弱。做图表、实验类题目时，对比较直观的数据、图形的查找也容易出错”③。这说明我国学校教育在培养

① 董蓓菲. 2009国际学生阅读素养评估[J]. 全球教育展望，2009(10).

② 国际经济合作与发展组织(OECD)在全球进行的“国际学生评估项目”(Program for International Student Assessment)，简称PISA.

③ 朱帼英. 从国际学生评估项目(PISA)看阅读素养教育[J]. 广东教育：综合2014(10).

学生非连续性文本阅读能力方面，已落后于世界发达国家。

目前，我国也已经开始重视非连续文本阅读能力的培养。在2011年公布的《义务教育语文课程标准》中就新增了培养学生非连续性文本阅读能力的相关内容要求。培养学生的阅读能力一直是语文课程的重要目标之一，然而对于非连续性文本阅读能力的培养，品德与社会课有着更大的优势。有些版本的品德与社会教科书中有不少形式各样的非连续性文本，课程资源十分丰富。即使有的教科书上没有丰富的非连续性文本，要想上好一堂品社课，也需要利用地图、年表、数据图表等等工具。当学生它们获取信息、学习知识时，它们是一种中介性工具，而作为阅读材料时就是非连续性文本。学生在借助学习工具来获取信息的同时，也发展了非连续性文本的阅读能力。

二、发展多元表征的能力

日本社会科非常重视学生识读和运用照片、地图、年表、表格、统计图、结构关系图等图表的能力。这些图表既是认识社会、获取信息的重要工具，也是学生表达自己探究结果的工具。日本小学生活教科书和社会科教科书展示了形式多样的学生作业，例如，二年级有一个单元是让孩子通过调查访问，了解自己的成长过程，然后让学生将调查访问的结果用各种方式表现出来。教材展现了多种作业范本(如图7－11)，生动有趣，

图 7－11

日本生活科中的学生作业：自我成长手册

(摘自東京書籍「すたらじせフかフ1.2(下)」(生活112)，2006:92—93)

极富创意。既反映了学生自己成长过程中印象深刻的人和事、表达对父母及其他帮助过自己的人的感恩之情，同时使这份“自我成长手册”成为一份富有吸引力的有阅读趣味的文本。学生在制作过程中，又学会根据时间顺序整理资料，发展了时间顺序意识，同时还发展了多元表征能力。为中高年级制作历史年表和历史小报奠定基础。

再如，三年级有个单元是让学生拿着社区空白地图（只绘有道路、河流和铁道），考察自己的社区有些什么事物，这些事物的分布有什么规律，并要求学生将考察的结果记录在空白地图上，完成一幅社区地图。学生制作完社区地图后，通过比较自己和同伴及老师所画地图，认识到怎样绘制地图可以让地图上的信息显得更简洁而清晰。制作社区地图的方式也是多样的，学生可以自己创造图例来表达自己所见到的事物。还有学生制作一份社区古迹分布图，将每个古迹的简介和图片写在小卡片上，粘贴在古迹分布图上。

统计图是日本社会科教学中使用最多的一种文本，教师也会训练学生用统计图来表达调查结果，统计图的制作讲究清晰而生动。比如调查人们去各种商店购物的次数，考察分析哪个商店最有人气，要求学生用统计图来呈现调查结果。统计图的形式是多样的，并不是单一的条形状。有的用圆圈表示次数，小圆表示 1 次，大圆表示 10 次，12 人次就用一个大圆加两个小圆表示。运用电脑制作图表，形式就更加丰富，可以用形象化的图形来表示。参见图 7－12。

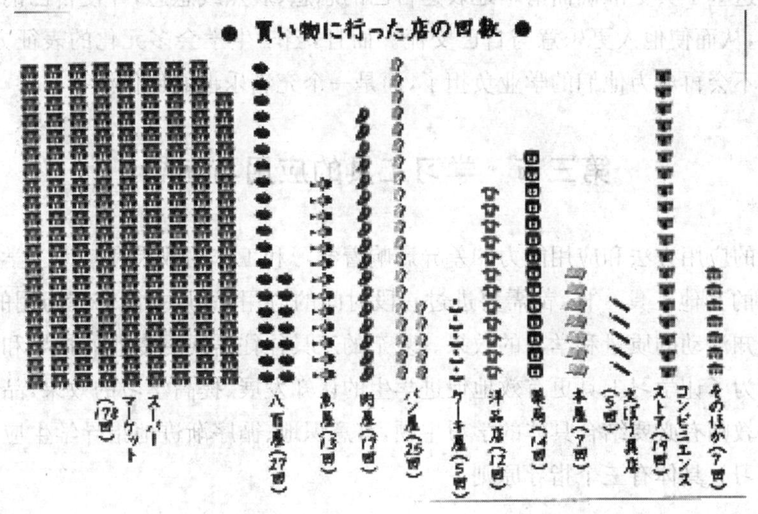

(摘自光村図書「社会(3・4 上)」(社会 305),2012:57)

图 7－12

日本社会科中的统计图：全班学生家庭去各商店购物的次数

学生经过长期的训练，创造性的表征能力就会得到发展，在以后的学习和工作中就可以根据具体情境和需要，创造富有表现力和感染力、能有效传递信息和观点的文本。

我国少数品德与社会教科书中也有类似的统计图，如图 7－13，用垃圾堆积起来的高度，表示垃圾量的增长既简单易懂，又形象直观。

但在我国的教科书和课堂教学中，总体上使用这类统计图的并不多，更不用说花时间指导学生学着制作统计图了。我国学生的调查报告、探究成果等作业就显得形式单一而枯燥无味，多为一堆文字，有时也会配一些图片或图画，但经常文不对图，花哨的图

图 7－13

统计图：上海垃圾量的增长

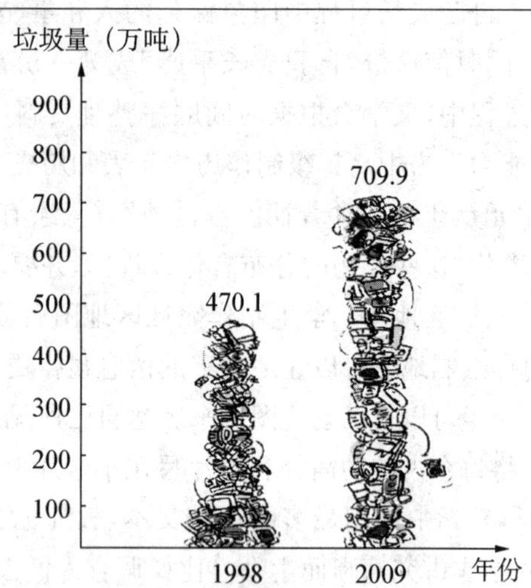

（摘自上海科技教育版《品德与社会》三年级上册第四单元"为垃圾寻找出路"，2016 年，第 80 页）

容无关，只起装饰作用，不是为了更清晰而有条理地表达探究成果。今后，我国教师应努力提高应用统计图的能力，并加强对学生进行解读和制作统计图的指导。

总之，让学生掌握各种各样的学习工具，不仅可以帮助学生获取更多信息，也能让他们运用这些工具更准确而清晰地表达自己的思想、观点或感想，并使自己的表达更富有吸引力，从而使他人更乐意与自己交流。而且，当学生学会多元化的表征方式之后，作业也就不会再成为他们的学业负担了，而是一个充满乐趣的创作活动。

第三节　学习工具的应用与指导

工具的应用方法和应用能力的差异影响着学习和工作的效果和效率。学习工具与人类发明的其他工具一样，都需要进过一段时间的应用练习，才能掌握巧用的方法，从而提高认知活动的质量和学习的效果。复杂的工具往往需要更专业的指导和更长时间的练习。为了让学习工具更有效地促进学生的认知发展、提高学习的效果，品德与社会(生活)课教师有必要结合具体的学习主题，有意识地、循序渐进地指导学生应用学习工具开展学习。具体有三个指导原则。

一、从学生经验开始

成人使用的地图、年表、统计图和流程图等对年幼的初学者来说，往往比较抽象，不易吸引他们识读，不易被他们理解。所以，低年级初学这些工具时，要选取便于学生理解的、自身经验过的现象和事物作为学习工具所要表现的内容。例如年表作为表现时间的工具，多在学习历史时使用。年表对于缺乏历史知识的低年级学生是不适用的。接触年表之前，可以先让学生接触简单的时间表，用时间表表现学生熟悉的一小段时间内的事件。时间表可以培养学生按时间顺序进行思考的时间意识，是发展历史思维的基础。

让学生学习按时间顺序思维，生活中有许多机会，例如大多数孩子自出生起父母就开始给他拍照。教师可以让学生把自己的照片找出来，按照年龄大小排列。然后每个时期挑出一张比较有意义的照片，为自己做一个表达成长过程的时间轴，如图 7－14 所示：

图 7－14

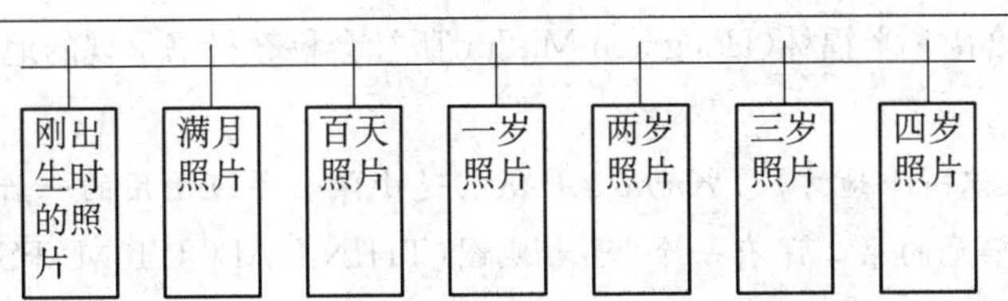

时间轴：成长历程

地图和地球仪等是表现空间的工具，学生所经历的空间是以同心圆扩大的方式逐步扩展的，所以在教这类工具时，也要从学生熟悉的空间范围开始。

图 7－15

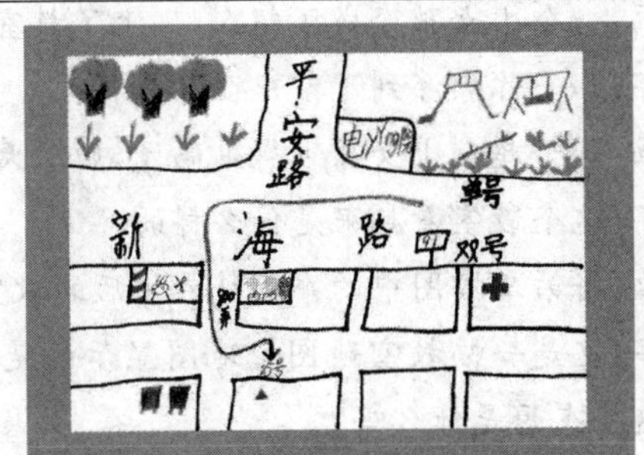

（摘自上海科技教育版《品德与社会》一年级下册第一单元“我的家”，2014 年，第 14 页）

地图：家庭周边路线图

图 7－15 是一幅由学生绘制的简易的家庭周边示意图。课本以“待客与做客”为主题，设计了一个女孩邀请同学来自己家做客的活动。为了方便同学找到自己的家，女孩绘制了一幅简易的自家周边示意图。在这幅地图中最显眼的是两条主要道路“平安路和新海路”，通过这一点可以让同学明白她家是在这两条路的交叉口。图中还有几个主要标志性建筑，像电影院等，可以让同学据此进一步确定方位。最后还画了一根从新海路到自己家门口的箭头，指引详细路线。

这幅图从严格意义上来讲其实不算是地图，但这是学习地图由形象到抽象必不可少的一个过程，是学习专业地图的基础。这一过程能培养学生的方位感和空间感，为以后学习地理、学习正式地图奠定基础。

二、循序渐进

1. 由形象逐渐过渡到抽象

与所有工具、仪器一样，地图、统计图等学习工具从简单到复杂、从形象到抽象，有着不同程度的类型。拥有不同认知水平以及经验的儿童，能看懂的图表也是不同的。以地图为例，低年级学生只能识读表现小范围区域内的若干事物且图例又比较形象化的地图，例如画有实物形象的学校平面图就容易让小学生识读。看这种地图时，学生能将地图上的事物与真实情境中的事物建立联系，从而确定地图上事物的实际方位和距离远近。但表现范围较广、事物较多且图例比较抽象的地图,对于初学地图的儿童来说,就不容易识读了,而且抽象化的图表缺乏让学生阅读的吸引力。

在教学过程中,尤其是低年级学生,在初学图表之类的工具时,要从形象化的事物开始,结合具体的活动情境展开教学。然后再一步步地过渡到抽象化的图表。在此,我们可以借鉴美国哈特·米福林(Houghton Mifflin)版社会科教科书呈现的地图教学方法。

《我认识一个地方》(*I Know a Place*)是小学一年级使用的一册社会科教科书。书中第一单元的第二课有一个"思考地图(THINK ABOUT MAPS)"的栏目,分三步教刚入学的学生认识地图。

第一部分:地图是怎么来的?

第一幅——图画:在一个教室里,老师和学生在一起上课。

文字:假想这就是你们的教室。

第二幅——图画:一个小女孩变成了超人,飞上了教室上空。

文字:如果你漂浮到了空中会怎么样?

第三幅——图画:那个超人小女孩飞得更高了,她从天花板俯瞰教室。

文字:这个教室看起来是什么样的?

第四幅——图画:将第三幅图中的事物符号化后的教室平面图。

文字:这是一幅教室地图。地图显示的是从上边看到的一个地方的样子。你能说出这些东西是什么吗?

这四幅图画通过一个生动的情境展现了地图的形成过程。首先选取学生熟悉的场所——教室;然后设计了一个有趣的情境——超人女孩飞到教室的天花板俯瞰教室的样子。由此让学生理解地图是怎么来的。从教室实景到教室地图这样一个从形象到抽象的过程,还附以想象力丰富的故事情节,对于初学地图的学生来说,既简单易懂又好玩有趣。

第二部分:学习图例。

在上述教室地图中,学生可以将教室的真实图片与之对比,找出各个部分代表的实际物体,例如:

⬡ 对应椅子的图片(代表椅子),◯ 对应桌子的照片(代表桌子)

通过这一过程,学生将明白在地图上可以用简单的符号来代表真实的物体,这些符号就是图例。再对比这些符号与真实的物体,学生会感受到地图上的事物是对真实事物按比例缩小的,这种感性认识为学生理解地图比例尺的含义奠定基础,尽管这个年段学生还不一定能理解比例尺这个概念。

第三部分:试一试

第一步:让学生在自己的课桌上放一些东西:一本书、两只铅笔和一块橡皮。

第二步:从上向下看,课桌上的东西是什么样的。把自己看到的,在相应的位置上以几何图形的形式画出各个物品。这样就画出了一张课桌地图,并在上面写上地图名称"课桌"。

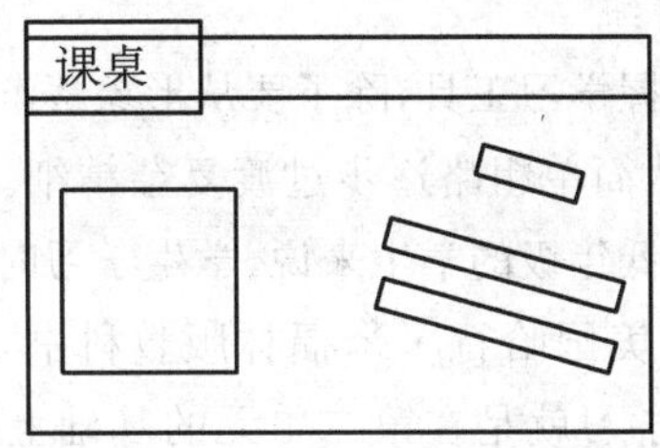

第三步：制作图例。将课桌地图上的几何图形变得小一点再画出来，旁边注明所代表物体的名称。

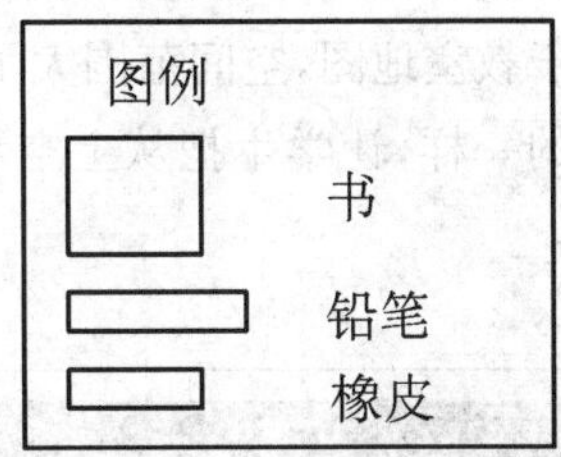

这三部分内容通过细致地步骤，让学生看到抽象的图例的演变过程，从而理解图例和实际事物之间的联系。

对于其他的学习工具，教师也可以采取类似的过程和方法，从形象化的事物、表现形象化事物的卡通图表，逐步渐过渡到更简洁的符号化的图表。以统计数据的工具为例，我们看美国哈特·米福林版社会科教科书是怎样教的。图 7-16 是书中呈现的一年级学生制作的统计图，是关于玩具的数量统计。课文先教学生将玩具做分类，学生将其分为飞机、小轿车、卡车、船四类。然后将分好类的玩具按类别排列。最后将排列好的玩具画出来，并在前面写上玩具名称。这样一张简单的统计图就制作好了。随着学生发展水平的提高，在以后的学习中，教师可以指导学生将形象化的统计图逐步换成用更简洁的条形统计图。

图 7-16

统计图：玩具的数量

（摘自 Social Studies：I Know a Place（Teacher's Edition）[M]. Boston：Houghton Mifflin Company 1997：105）

2. 从简单粗略到复杂精细

要让学生循序渐进地掌握学习工具,除了要从形象逐渐过渡到抽象以外,还要根据学习工具包含信息的多少,从简单粗略逐步过渡复杂精细。否则即使是比较形象的工具,如果包含信息过多,对于低年级的学生来说,学生学习时仍然有相当的难度。

同样以地图学习为例。美国哈特·米福林版教科书 *I Know a Place* (*Teacher's Edition*)的第二单元中地图学习就是在第二单元的基础上进行的。在第一单元中,学生已初步了解地图以及图例,这一单元则稍增加了难度让学生进一步理解更大范围的地图。以下是这个栏目中关于地图学习的图片。图 7-17a 是从上空拍摄的一个街区的真实照片,图 7-17b 是这个街区对应的地图。两张图片分布在教科书的左右两页,便于学生比较。街区地图相比于教室地图,空间范围大了很多,因此信息量也相应增加了。但制作方法与第一单元中的一样,让学生把从上空看到的街区上的物体用相应的几何图形表示出来。

图 7-17a

街区照片

(摘自 Social Studies: I Know a Place (Teacher's Edition)[M]. Boston: Houghton Mifflin Company 1997:28-29)

图 7-17b

街区地图

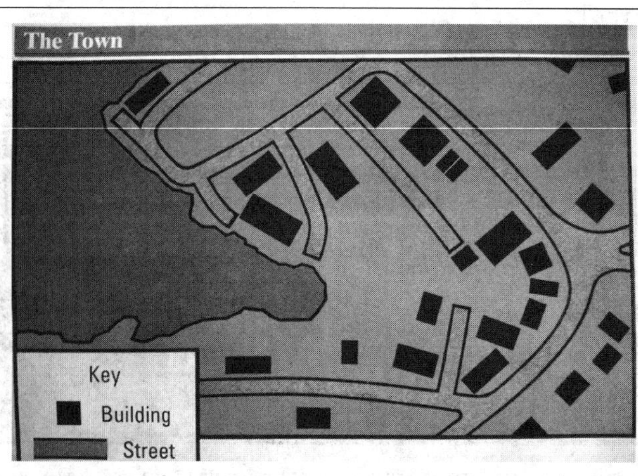

再如,表示时间的工具,日本的社会科教科书是这样从简单粗略到复杂精细的:最初让学生制作自己的成长年表。然后再画一个相同时间段内的社会历史年表。最后将

自己的成长年表与社会历史年表结合起来，学生就会发现在自己的某个成长阶段，社会上发生了哪些事件。如图 7－18：

图 7－18

年表：自我史与社会变化

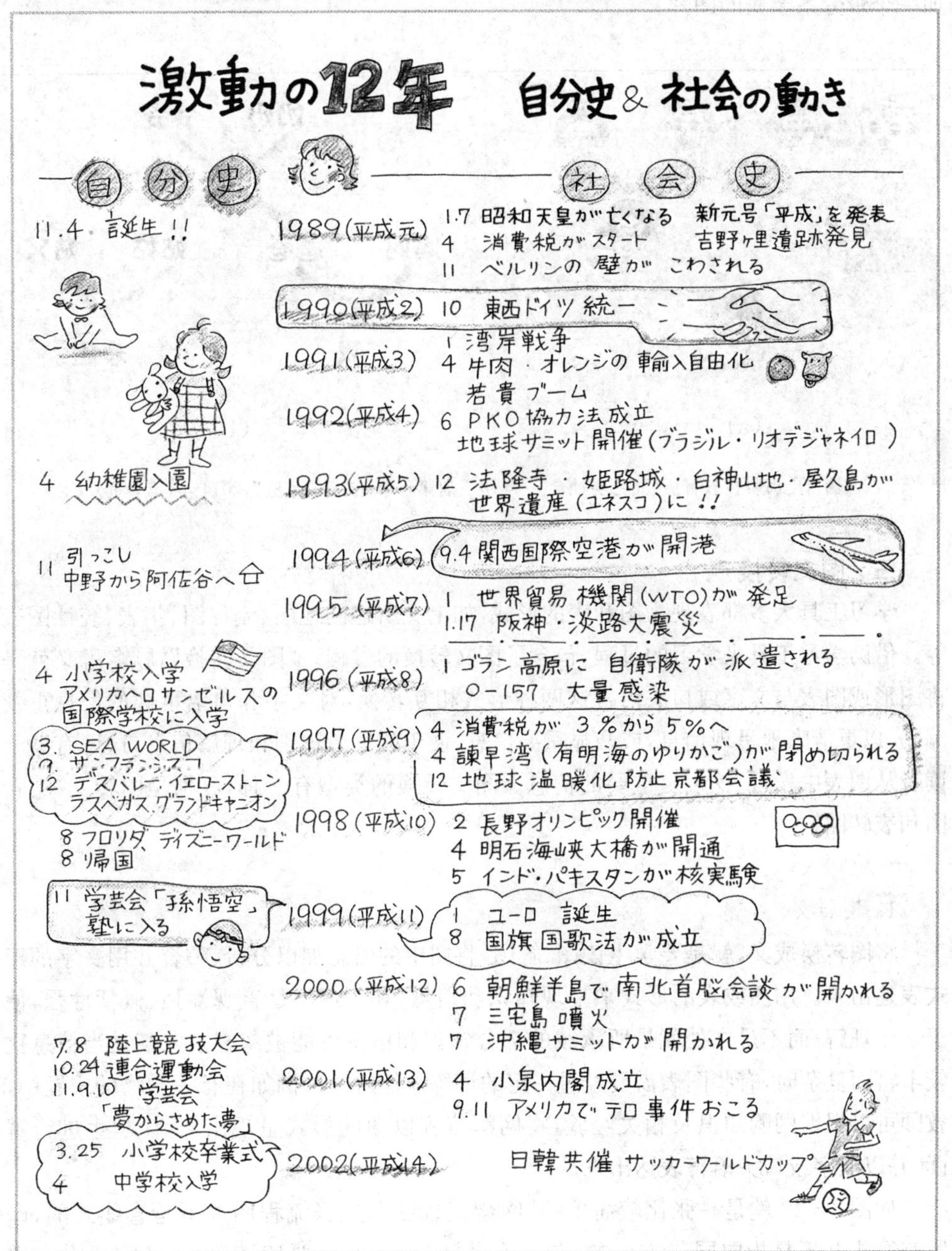

（摘自東京書籍「新しい社会(六上)」(社会 611)，2006：124）

再看表现关系的工具，如绘制家庭关系图，低年级先让他们画含爸爸、妈妈、爷爷、奶奶、外婆、外公和我七个人的关系图，这种图可以叫家庭树（参见图 7－19a）。实验中，我们发现一开始至少有一半学生不能完整的表示自己和这些直系亲属的关系。如果遇到大多数学生有困难，教师可以再降低要求，让学生先画爸爸妈妈和我的关系，然后再添加爷爷、奶奶、外婆、外公。掌握这种关系后，让学生再画复杂一点的家庭树，增加再上一代的直系亲属，然后再增加叔叔、阿姨、哥哥、妹妹等旁系亲属，如图 7－19b。再增加一个带旁系亲属的图片：

图 7－19

家庭树

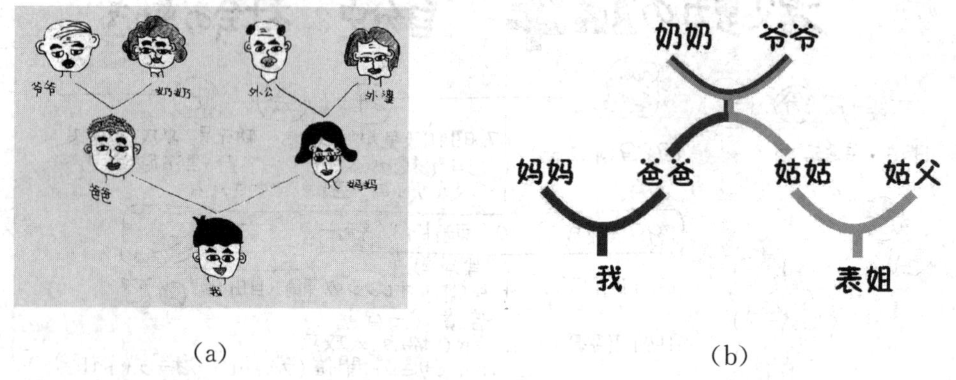

(a)　　　(b)

(摘自上海科技教育版《品德与社会》一年级下册第一单元“我的家庭”，2014 年，第 5 页)

三、图文转换

学习工具大多都表现为图和表的形式，如上文所述的地图、流程图、年表、统计图表等。借助学习工具来学习的过程，包含了图文转换的过程。“图文转换”，顾名思义就是将图形或图表与文字或口头语言这两种形式相互转换，对文字和口语承载的信息重新编码，以更清晰地呈现信息，或凸显重要信息，便于阅读者识别和理解信息，这可有助于读者从图表中发现、挖掘更重要的信息。图文转换的类型有三种，分别是图转文、文转图和表转图。

1. 图转文

将图转换成文，就是要学生读图、解图，将图中的信息加以分析、整合并用文字的形式表达出来。用图或表的形式来呈现知识和信息，其优点就是直观性强、概括性强，便于学生理解；而不足之处就是所承载的部分知识和信息可能被忽视。尤其是当信息比较丰富而复杂时，有些图表需要经过一定的训练才能解读。例如在有关购物的主题中，教师可以根据网购知识及相关经验，将网购流程以图的形式呈现出来，让学生进行解读，并以文字或口头语言表达出来。

如图 7－20 就是一张比较简单的“网购流程图”，这张流程图并不是直线式的，即所有箭头并不是指向同一方向的，包含有若干选择，所以要读懂该图，还需要有一定的解图能力。在流程图中，箭头的指向是非常重要的，方向一致的所有箭头构成了一个完整的过程。按照箭头指向再观察图 7－20 会发现，图中包含了四个完整的过程：

网购流程图

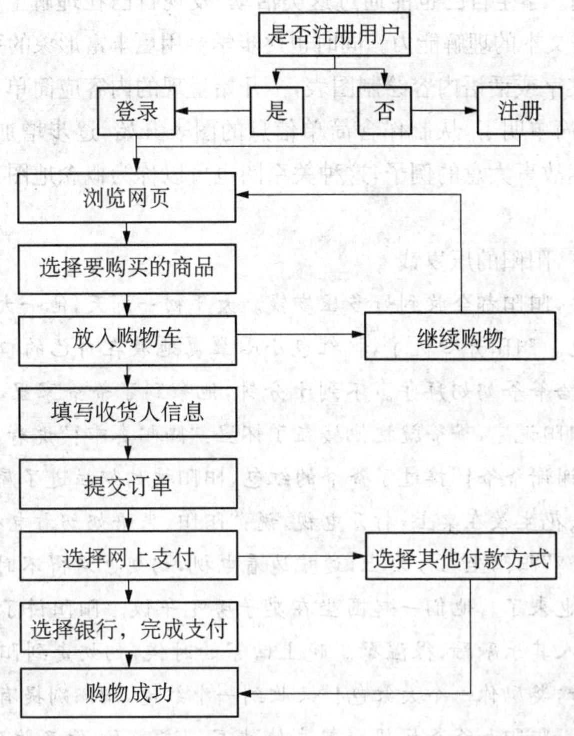

- 从“是否注册用户”开始，如果“是”，就直接登录，然后开始浏览网页，选择要购买的商品，放入购物车，填写收货人信息，提交订单，选择网上支付，选择银行完成支付，最终购物成功；
- 如果未注册用户，就要先注册，注册之后就可以重复第一个过程来完成购物；

确定完“是否注册用户”后，又分为两个过程：

- 从“浏览网页”开始，选择要购买的商品，放入购物车，如要“继续购物”，则重新返回“浏览网页”，再按照第一个过程完成购物；
- 从“浏览网页”开始，选择要购买的商品，放入购物车，填写收货人信息，提交订单，选择其他付款方式(不是网上支付)，付款之后完成购物。

一张流程图转换成文字或口头语言之后就有四个不同的过程，且每一过程都能成功地完成一次购物。但如果只看图的话，可能就不会一下清晰地看出所有过程。所以在遇到信息比较丰富而复杂的图时，要指导学生将图的含义说出来或写出来。转换成文字和口头语言的过程就是梳理图中信息的过程，通过读图、解图，发展非连续性文本的阅读能力。

2. 文转图

将文转换成图，就是让学生根据一段文字或一段话语，制作一个图表，可以是地图、年表、统计图或流程图等前述任何一种学习工具。如果学生对文字或话语没有理解，或语言文字所涵盖的信息过于复杂，学生制作图表就会产生困难。因此，训练学生文转图，能够加深学生对事物特征、事物关系的理解，教师可借此考察、判断学生对知识的理解程度或理解上的问题。学生自己也能通过这类活动,发现自己在理解上存在的不足,加深对文字文本或口语文本的理解能力。同时也逐步学会用更丰富形象的手段来表征知识。

让学生根据文字或话语内容绘制图表,一开始呈现的内容应简单,即内容所涉及的事物要少,关系要简单明了,从制作含简单信息的图表开始,逐步增加信息量。以下是一个用关系图表达故事大意的例子,这种关系图也可以称为概念地图。

文字文本:阳阳的压岁钱

每次过年,阳阳都会收到好多压岁钱。大年初一那天,他一大早就收到了爸爸妈妈给的红包。阳阳开心极了,把红包小心翼翼地放在自己的口袋里。吃完早饭后,阳阳要去给爷爷奶奶拜年。不到十分钟,他来到了爷爷家里,"爷爷奶奶,新年好!"还没等阳阳说完,爷爷就把他搂在了怀里:"阳阳真乖!"说着,就把一个大红包塞给阳阳。"谢谢爷爷!"接过了爷爷的红包,阳阳被奶奶拉进了屋里。奶奶拿出好多糖果、瓜子、花生放在桌上,打开电视,说:"阳阳,来陪奶奶看电视吧,你不是最爱看'熊出没'了?"阳阳坐在沙发上,边吃边看电视,奶奶也看得不时地哈哈大笑。中午,爸爸妈妈也来了。他们一起围坐在桌子旁吃午饭。阳阳讲了很多学校里发生的趣事,一家人其乐融融,很温馨。晚上回家的时候,奶奶走到阳阳身边说:"阳阳真是个好孩子,奖励你一个大红包!"又收到一个红包,阳阳别提有多开心了!

大年初二,阳阳和爸爸妈妈一起去姥姥家。这一天,他又收到了姥姥、姥爷给的红包。下午的时候,舅舅、舅妈回来了,又给了阳阳两个大红包。吃过饭后,他和表弟成成还一起去河边玩耍了。晚上回到家,阳阳把所有红包里的钱都拿出了,数了数,有 1 200 元呢!要怎么花这 1 200 元呢?阳阳和爸爸妈妈商量后,决定 800 元存入阳阳的银行账户,200 元捐给中国儿童基金会,还有 200 元买书本和文具。

这段文字记述了阳阳同学在过年时收红包的故事。他的压岁钱都是从哪里来?又被他用到哪里去了呢?我们可以让学生根据上述文字,将阳阳压岁钱的来源及去处用图来表示。学生所做的图可以如图 7-21,也可以有他种表现形式。

图 7-21

压岁钱的来源与去向流程图

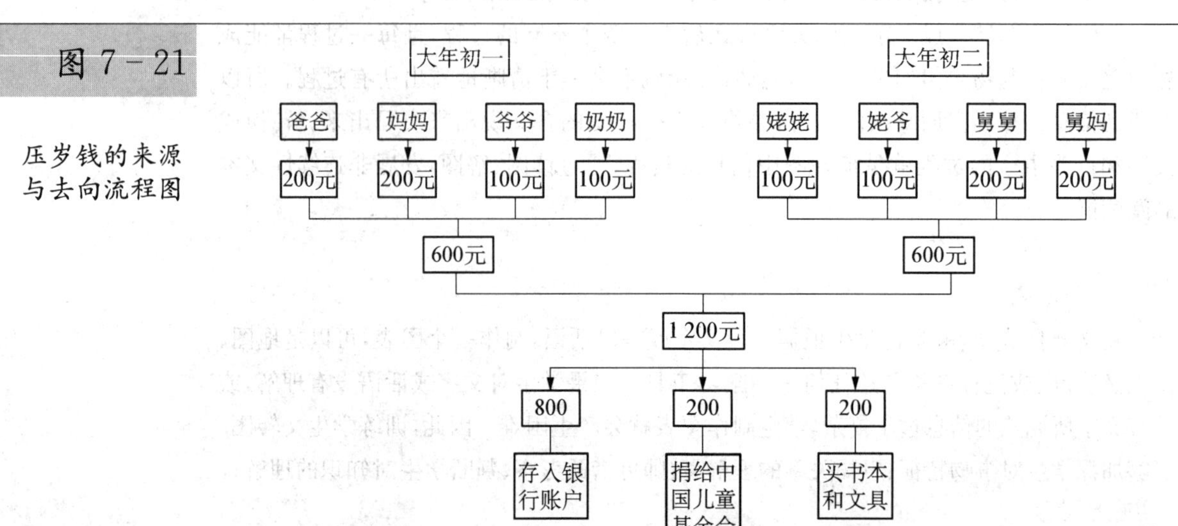

3. 图与表的转换

很多学习工具都呈现为表格形式，如时间表、年表、统计表等。表格的制作方法相对简单，因此其应用比较广泛。但在表现数据的时候，表格不如图形的直观性强。例如用表格（如表7－7）来呈现、整理数据时，学习者要通过一个一个数据的比较，在心里进行换算后，才能对数据的意义、数据之间的关系做出判断。但如果用统计图来呈现的话，数据之间的关系就非常直观地表现出来，让人一目了然。如图7－22a，是用代表人数的圆圈制作成的统计图。一个圆代表一个人，既通过小圆的确切数目，显示各户籍学生的人数，又直观地比较了各户籍学生的多寡。这种限于小数目的直观化的统计图适用于中低年级学生认识和制作，是学生学习条形统计图（如7－22b）的基础。到高年级时就可以用人们常用的、比较抽象的条形图了。如图7－22b。学生可以从条形的高度直接看出数据之间的关系，这样的条形图制作起来更加简便，关键之处在于竖轴上的刻度和单位设定恰当，才能制作出准确而简洁的统计图，关于这点，任教教师可以与数学老师合作进行指导。除了条形图，教师还可以指导有一定计算机基础的学生用EXCEL制作饼图（如图7－22c）。相比条形图而言，饼图的优点在于能够显示出各部分在总体中所占的比率，如通过图7－22c就可以一眼看出这个班级中有一半左右的学生都是北京户籍。

表7－7

某班级学生户籍统计表

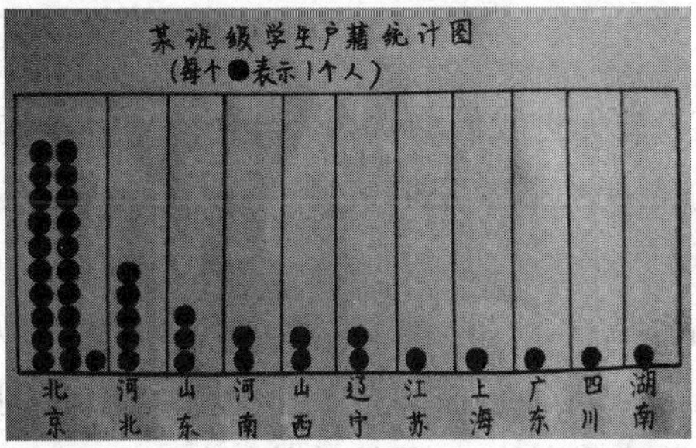

户籍所在地	北京	河北	山东	河南	山西	辽宁	江苏	上海	广东	四川	湖南
人数（单位：人）	21	5	3	2	2	2	1	1	1	1	1

图7－22a

某班级学生户籍统计图

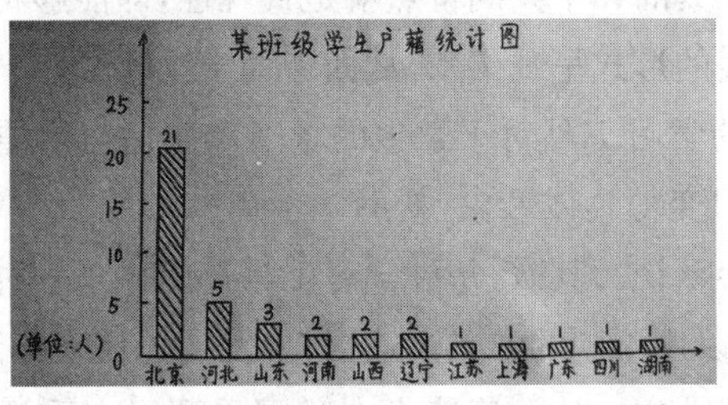

图7－22b

某班级学生户籍统计图

图 7-22c

某班级学生户籍统计图

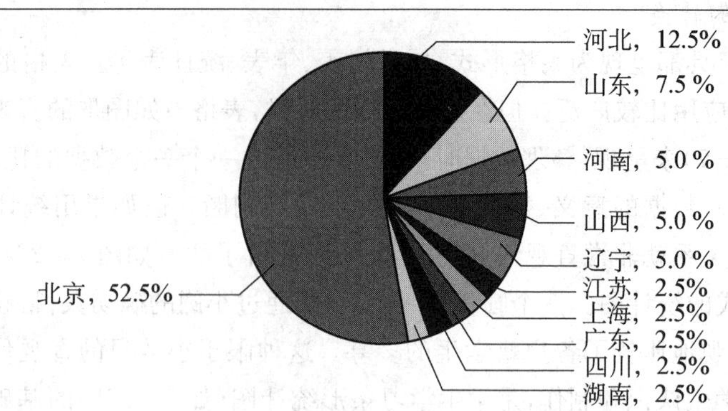

通过练习制作不同类型的统计图，学生能够发现每种图的优点与不足，从而在以后的学习过程中能够选择合适的图。再如时间轴和年表，年表可以将一段历史中的主要事件及发生时间列出来，但时间轴还能通过轴线长度显示出朝代、历史事件的时间跨度，而时间跨度又是一个非常重要的历史信息。通过时间跨度，我们可以推测这一事件的难易程度、历史影响等。

品德与社会(生活)课的内容涉及多门社会科学以及各种社会现象，用图和表比文字更能清楚、直观地反映社会现象的特征和关系。因此，学生掌握图表等学习工具的特性和运用方法，可以更有效地获取丰富的信息，提升对社会的认识，并促进社会参与能力的发展。教师充分利用这些工具来开展教学，既能提高教学效率，又能增强学生的学习兴趣。

【本章小结】

- 学习工具能够支持或促进我们的认知和学习。在品德与社会(生活)课中，借助学习工具，学生能够更有效地获取信息、更多元地表达信息，从而更容易地认识社会和参与社会。
- 品德与社会(生活)课中常用的学习工具有四类：一是表现时间的工具，包括时间轴、时间表、年表等；二是表现空间的工具，包括地图、地球仪等；三是表现关系的数据，包括概念图、流程图等；四是统计数据的工具，包括条形图、饼图和折线图等。这些学习工具的一个共同特点就是直观性，即能够将一些复杂、抽象的知识和信息用图或表的形式呈现出来，从而帮助学生认知和学习。
- 掌握这些常用的学习工具对于学生的学习和生活有着重要意义。首先，它能将复杂抽象的知识变得具体形象，帮助学生更有效地获取信息，丰富其知识，从而发展学生的社会认识。其次，每种学习工具都提供了一种信息表达方式，借助学习工具，学生可以用不同的方式表达信息，发展多元表征能力。
- 培养学生非连续性文本的阅读能力在我国受到极大重视，而本章提到的学习工具从文本类型的角度来说就是非连续性文本。学生学会熟练运用各种学习工具，其非连续性文本的阅读能力也能得到相应提高。

● 指导学生运用学习工具有三方面策略：一是内容上，要从学生自身的经验出发。二是形式上，要循序渐进，从形象逐渐过渡到抽象，由简单粗略到详细精密。三是进行图文转换练习。

● 培养学生应用学习工具来获取信息、表达信息的能力，是品德与社会（生活）课程的目标之一，也是21世纪新课程改革的要求。教师要在这门学科的教学过程中，积极利用相关课程资源，提高学生应用学习工具的能力，以更好地促进其今后的学习和生活。

【思考与练习】

1. 品德与社会（生活）课中常用的学习工具有哪些？它们各自有什么特点和教育意义？

2. 指导学生运用学习工具时可采取怎样的教学策略？

3. 除了本章列举的学习工具外，你在教学中还用过哪些学习工具？这些工具对学生的社会性发展有什么促进作用？请与其他教师分享。

【主要参考文献】

1. 义务教育品德与社会课程标准（2011年版）[M]. 北京：北京师范大学出版社，2011.
2. 沈晓敏. 社会课程与教学论[M]. 杭州：浙江教育出版社，2003.
3. Tom V, Savage, David G. Armstrong. 小学社会科的有效教学[M]. 廖珊，罗静，等，译. 北京：中国轻工业出版社，2003.
4. 沃尔特・C・帕克. 美国小学社会与公民教育（第十二版）[M]. 谢竹艳，译. 南京：江苏教育出版社，2006.
5. David A. Welton. 中小学社会课教学策略[M]. 吴玉军，等，译. 北京：华夏出版社，2004.
6. 钟启泉，沈晓敏. 品德与社会教科书（3—六年级）[M]. 沈阳：辽海出版社，2015年送审样书.
7. 钟启泉，沈晓敏. 品德与社会教科书（1—五年级）[M]. 上海：上海科技教育出版社，2004—2008.
8. 市川博. 社会科的使命与魅力——日本社会科教育文选[M]. 沈晓敏，主译. 北京：教育科学出版社，2006.
9. 新しい社会（六上）（社会611）[M]. ▪京：東京書籍，2006.
10. すたらじぜがフ1.2（下）（生活112）[M]. ▪京：東京書籍，2006.
11. 社会（3・4上）（社会305）[M]. ▪京：光村図書，2012.
12. 张建伟，孙燕青. 建构性学习——学习科学的整合性探索[M]. 上海：上海教育出版社，2005.
13. 钟启泉，崔允漷，张华. 为了中华民族的复兴，为了每位学生的发展：基础教育课程改革纲要（试行）解读[M]. 上海：华东师范大学出版社，2001.

14. 义务教育语文课程标准(2011 年版)[M]. 北京:北京师范大学出版社,2011.

15. Social Studies: I Know a Place (Teacher's Edition) [M]. Boston: Houghton Mifflin Company, 1997.

16. 沈晓敏,何平. 论社会科课程的一体化——来自美国社会科的启示[J]. 全球教育展望,2008(3).

17. 沈晓敏. 追求"自我深化"的社会科教育——日本社会科问题解决学习的理论[J]. 外国教育资料,1998(5).

18. 董蓓菲. 2009 国际学生阅读素养评估[J]. 全球教育展望,2009(10).

19. 朱帼英. 从国际学生评估项目(PISA)看阅读素养教育[J]. 广东教育:综合,2014(10).

第八章

教学评价

本章论述了品德与社会(生活)课程的评价目的、评价原则以及评价的种类和功能。你将对"促进学生的发展"这一评价的根本目的有更进一步的理解,并把握评价的原则,即关注学习过程,体现评价主体、评价方法等的多元,实现认知和操行相统一、综合性和简约性相统一、显性表现和隐性品质相统一的"三个统一"。

本章展现了多样化的评价方法,对真实性评价、表现性评价、档案袋评价、观察记录和纸笔测试等评价方法作了详细的介绍,提出真实性评价是为品德与社会(生活)课程倡导的主要评价方法。虽然指出了传统评价方法的局限性,但不否认传统评价方法有不可替代的作用。这些将有助于你根据教学目标和内容以及学生的发展阶段来选择适宜的评价方法。

最后本章指出建立评价标准的重要性、制订评价标准的要点和难点,并展现了评价标准的制订和使用案例。这些内容将有助于你判断评价标准是否富有具体性和操作性,避免出现评价实践中经常出现的问题。

【本章将阐明的问题】

- 品社、品生两门课程追求的评价目的是什么?
- 真实性评价和表现性评价适用于评价什么能力?如何运用?
- 纸笔测试评价法适用于评价什么能力?存在什么局限性?
- 如何使用档案袋、观察记录等评价方法?
- 如何确立评价指标,提高评价的客观性?

【关键概念】

发展性评价　真实性评价　表现性评价　档案袋　观察记录　纸笔测验　评价标准

第一节　评价的基本理念

一、评价的目的和原则

1. 评价的目的

教育评价因评价目的、评价对象、评价主体、评价内容的不同而在评价方法和工具、评价运作的程序和评价标准上有不同要求。本章所论述的评价限定为学校内部开展的学生学业评价。

品德与社会课程标准在“实施建议”部分,从评价的目的和原则、评价的目标和内容、评价的方式和方法、评价的实施和反馈四个方面提出了评价建议。品德与生活课程标准则从评价目标和内容的确定、评价方法的选择、评价的注意点、评价结果的解释与应用这四个方面阐述评价建议。其中,评价的目的和原则是教师选择评价方法,实施评价活动的根本依据。两课程标准都是从结构、目标等宏观的角度,指出了评价的方向,并明确了评价的根本出发点和终极目的是为了学生的发展。如,品德与生活课程标准指出,评价的目的是“激励每个儿童的发展”。品德与社会课程标准也明确指出,评价的根本目的是“促进学生的发展”。这两个表述虽有所不同,但是它们所指向的评价本质是一致的。即不同于为了选拔或教育部门为了把握整体教育质量而进行的大规模评价。

而学校内开展的学业评价正是指向促进学生发展的评价,它不是为了对学生进行优劣甄别和排序。它的目的具体包含两个方面:一是为了把握学生学习的真实状况,客观地评判每个儿童不同的发展水平和学习结果,从而有针对性地选择下一步的教学方法和策略,或判断已采取的教学方式是否适切和有效,以改进教学方法,调整教学策略,更有效地实现教学目标。二是有利于学生通过评价结果,提升对所学内容的认识,并了解自己的长处和短处,增强自信,纠正错误,弥补不足。这一评价的根本目的是新课程所有学科的共同追求,体现了发展性评价观的追求,而其背后的信念是“评价会塑造人”。

文献选摘

发展性评价

人正是在与他人的互动关系中,赋予了自己行动的意义,而行动会根据怎样接受他人的评价,而发生变化。所以评价会塑造人。而要实施好的评价,就必须具有一种洞察力,即预测到评价将会怎样改变一个学生。好的教师,必须能洞察到学生对给出的评价将会做出什么样的反应,从而做出能引导学生积极行动的评价。

(摘自藤田惠璽.学習評価と教育実践[M].*京:金子書房,1999:105)

2. 评价的原则

基于这种评价目的,品社课标、品生课标所提出的评价原则虽在表述上和若干侧重点上有所不同,但两者具有共通的评价原则,概括起来有三条。

(1) 关注学习过程。这是指评价不仅仅重视学习活动最后的结果是否达到预期,还要重视对儿童活动过程的评价,即儿童在活动过程中的情感态度、行为表现以及付出努力的程度都要纳入评价的范围。例如,儿童是否积极参与活动;是否主动提出疑问,积极发言;在完成学习任务时遇到过什么困难,是否靠自己解决,是否寻求过帮助;学习中是否与同学相互协作,与同学是否有过讨论,愿意倾听他人的意见;其思想认识或行为方式的变化经历了怎样的过程,是什么契机促其发生了变化,等等。学习过程中发生的所有细微的事件和变化都是下一步教学的基础,又都可能成为儿童下一个变化的契机。即使学习活动的最后结果没有达到预期目标,教师也应从儿童拥有了一份难得的经历和获得了一份宝贵经验这一角度而对儿童学习中发生或表现出来的状况予以珍视。

(2) 体现多元。此处“多元”包含几层意思:评价主体的多元,包括儿童自己和同伴也是评价的主体;评价尺度的多元,不用一种尺度评价所有儿童;尊重儿童个性的多元,尊重儿童的差异,重视他们在原有水平上富有个性的发展、他们各自对于同一个学习对象和学习内容的独特表现;渠道多元,力求根据多方面的信息来评价儿童。

新课程追求每个孩子的发展,而每个孩子的基础、个性是不一样的,他们的发展目标也必然不同。因此,评价不能单用一个尺度去衡量所有学生,不能认为到达某个标准就算好学生,没有达到就算差学生。根据一个尺度去评价学生发展,当然在某些时候是需要的,比如选拔人才,或者宏观把握学生整体情况的时候。但是,以促进每个学生发展为目的的学业评价,就不能用一种尺度。教师更要看到每个学生学习之后是否比学习之前有所进步,也就是说以每个学生原来的基础为参照来评价学生,进行个性化的评价。只有这样的评价,教师才能把握有助于后续教学的学生真实发展状况。

(3) 实现三个“统一”。三个“统一”指认知和操行相统一,综合性和简约性相统一,显性表现和隐性品质相统一。这三个"统一"虽然是品德与社会课程标准明确强调的，但也适用于品德与生活课程。实践性是品社课的特性之一，也就是说品社课的学习是一个知与行相统一的过程。评价儿童品性与社会性是否得到发展，不能仅仅关注认知，还要看他的行为能力，考察他在实践中的表现。

综合性是品社课和品生课共同拥有的特性，这一特性要求教学要多角度、多层面引导学生去理解、认识自我、他人和社会，并以此为基础形成基本的道德品质。因此，评价也要多角度、多层面地考察学生，同时要通过设计一些能展现学生综合能力的任务来考察学生的综合能力。当然，并非所有的评价都是考察学生综合能力的，有些评价也可以是考察学生在某个侧面的表现，需要用某种特定的评价方法，所以说综合性和简约性要相统一。

上述两点也许比较好理解，评价实践中很多教师也在努力遵循并开发了相应的评价手段。那么，显性表现和隐性表现的统一该如何理解呢？隐性的思想情感能否评价，怎么评价呢？

众所周知，本次课程改革中，几乎所有科目的课程标准都强调了情感态度价值观目标、能力和方法目标，将其与知识目标相并列。这种做法是为了改变以往对知识学习过于关注而忽略学生其他方面的发展，尤其是情感态度价值观的形成。在品生、品社课程中，学生的道德品质的发展状况有些可以通过观察和分析外显的表现，比如发言、行为、表情等进行判断；某些可以通过纸笔测验，把握学生认知情况、道德判断能力。这时学生的言行举止和书面习作等都是评价的重要依据，必须加以重视。但是，有些方面尤其是情感态度价值观，很难简单地根据某些外显的表现作出判断，更不能进行量化评价。但这并不是说隐性表现根本无法把握，无法评价。通过设计真实的挑战性任务，对学生完成任务的过程用较长时间进行连续的、深入的观察和分析，是可以接近学生的内心深处，把握其道德品质的真实状况。国内外对此已经有不少探索成果可以借鉴和利用，而我们也希望品社、品生课程的研究者和教师也要将研究开发隐性评价手段作为今后的主要课题。对此后文将做详述。

两门课程的评价原则虽然有不少相通点，同时也存在若干不同。由于两门课程的性质及教育对象年龄的不同，因此在具体要求上有一些不一样的表述。如：在评价内容上品德与社会对知识的掌握有更多要求，而品德与生活则更强调行为习惯的养成。在评价方法中品德与社会提出达成水平评价，不排除纸笔测试，而品德与生活则更加强调形成性评价，更重视学生的体验过程而不是结果。因此，在实施这两门课程的评价时，评价方法的选择要有所侧重。

二、评价的种类及其功能

评价含诊断、形成、总结三种类型，它们在实施的时间和功能上各有重点。

1. 诊断性评价

诊断性评价是在学年或学期之初、一个单元教学的开始，为了把握学生在学习之前是否具有相关的学力和生活经验而进行的评价，它具有诊断功能。根据田中耕治的阐释[①]，诊断性评价要反馈两个方面的内容："一是，确认学生是否具有学习新内容所必需

① 田中耕治.教育评价[M].高峡，田辉，项纯，译.北京：北京师范大学出版社，2011：119.

的学力和生活经验以及所达到的程度。”例如,品社课学习“我国不同自然环境的差异及其对各地生产和生活方式的影响”,就要调查学生对我国国土的地理位置、疆域以及对地形图认读技能的掌握情况,如果发现这方面的学习基础未准备好,那么学习新内容之前就要进行复习。“二是,确认学生对于新的教学内容所具有的学力水平或生活经验的程度。”例如,学习我国少数民族的生活习惯和风土人情。就要事先调查学生对少数民族的了解程度,以便教学从学生已有的认识和经验切入,扩展或修补学生对少数民族的认识和经验。再如,学习垃圾分类时,教师也要事先了解学生是否听过或做过垃圾分类,是否存在困难,这样教师就可根据学生的经验和困惑,有针对性地设计教学活动,避免不必要的重复的教学,从而有效达到学生学会垃圾分类的目标。

2. 形成性评价

形成性评价是在学期中间或一个单元的教学过程中间进行,反映的是一个教学阶段后的学生学习状况,以此判断教学是否在按计划进行,是否有必要修正教学计划,是否要放慢进度或可以加快进度。它更多关注教学过程中出现的错误、失败,学生之间出现的差距、差异,以便修正、调整原计划或实施方法,增加补救措施,以使后续学习得以继续进行。因此形成性评价具有修正和调整教学的功能。以往课堂上的小测验也属于形成性评价的手段。

但是品社课和品生课的形成性评价的手段应比纸笔小测验更加丰富。例如,在有关“做一个理性文明的消费者”单元,教师组织学生开展对商店经营活动的调查,并要求学生随时做调查记录。调查活动不是一次性的,调查任务布置后,第一个周末结束,教师便组织第一次交流,请各小组谈谈第一次调查的情况以及遇到的困难和问题,教师同时还翻阅学生的调查记录,借此了解学生是否都已动身去商店调查,把握各组的调查进程和学生的调查能力,结果发现如下问题:有几个去商店考察的学生频繁接触商品的一些行为引起了商店店员的误解和不满,入店调查被拒绝;有的学生不好意思向顾客和店员提问,访问记录几乎为零;学生只调查某一家店内的商品价格和产地,而未比较两家以上商店的价格;调查目标不明确,各小组调查对象趋同且调查面窄。教师通过收集学生的调查记录作业,以及同学间的交流,获得对学生调查能力等方面评价的证据,根据这些情况,教师就需要在调查目标、调查方法和注意事项(包括与人交谈、商量的礼仪、态度和行为举止)方面进行补充指导,然后让学生继续开展调查。对于学生来说,第一次调查后经过各小组和同学的相互交流,每个学生也发现了自己小组在调查中的缺陷和问题,后续调查时他们就可以避免原来的错误或不当。

3. 终结性评价

总结性评价是在单元结束或学期末实施的评价,考察学生完成一个单元或一个学期的学习是否达到期望目标、达到程度如何。其评价结果仍需促进教师对教学的反思,并使学生认识到自己对学习目标的实现程度。以往的期末考试可以看做总结性评价的一个手段,对总结性评价一般没有理解上的难度。但在强调形成性评价之后,也出现了忽视甚至否定总结性评价作用的现象,认为形成性评价的累积就是总结性评价。如田中耕治所言,“这种观点的前提是假定连续累积学力的‘基础’就能形成作为目标的‘应用'能力"[①]。但实际上总结性评价和形成性评价两者是不同的，形成性评价的重点是基础性学力，而终结性评价既要考察基础能力，还要考察应用能力和综合能力，并且这种应用能力和综合能力是经过前面所有阶段的学习之后培养而成的。总结性评价通过对应用能力和综合能力的评价，来促进这些能力的发展。而开发和把握这些能力的发展状况，是品社、品生课程发展的重要课题。

上述三种类型的课程虽然实施时间不同、评价重点和功能有所不同，但都指向"促进学生发展"这一评价目的上，无论采用什么样的评价手段，都应发挥促进学生发展这一作用。

案例 8 - 1 就说明了教师如何从评价结果中发现学生的不足和教学的不足，从而调整教学计划，增加体验性活动。

案例 8 - 1

课题：了解我的身体，保护身体方法

评价要求：

1. 说出自己的身高、体重。说明自己是从哪里知道的。
2. 用动作和言语介绍一些保护身体的方法。
3. 说出自己有哪些成长变化，与同学交流自己的心情。

评价结果：(1)绝大部分学生都能较正确地写出来自己的身高、体重等，至于这些情况是怎么知道的，绝大部分学生都回答是通过体检或问父母知道的。(2)一些同学能大概说出一些保护身体的方法，但不会用具体动作表示，或动作有误。

反思：(1)大多数学生没有做测量身高体重的事情，这样就缺乏对自己身体成长的实际感受。需立即安排一次测量身高体重的活动。(2)很多学生不会演示身体的保护，语言表述也比较笼统，下一节课要安排一个指导，呈现一些保护身体的视频，看完后，学生分小组练习，相互指导。

点评：这个课题是低年级"我在成长"单元中的一个子课题，子课题学习结束，教师实施了评价。评价结果反映了在该课题的教学中，教师并未组织让儿童通过量一量、称一称的活动，令其亲身体验和感受身体的变化。这里，评价所起到的作用是：第一，让教育者发现教学的不足和学生经验的不足，从而在下一步课中注意设计实际的身体测量活动，增加学生对身体变化的实际感受；增加保护身体的行为训练。第二，促使学生不仅知道身高、体重的结果，而且更主要的是让他们重新关注自己的成长和变化的过程，并为此而高兴，具有了教育功能。这样的评价才能有助于他们在学习活动中真正懂得珍爱生命，养成健康意识。

第二节 评价的方法

一、评价方法的多样化

迄今为止，人们已经开发了很多种教育评价的方法和评价工具。日本学者西冈加

① 田中耕治. 教育评价[M]. 高峡，田辉，项纯，译. 北京：北京师范大学出版社，2011：122.

名惠对现存的各种评价方法做了比价全面的整理归纳(参见表8-1)。为什么新的评价方法和工具被不断开发,有些评价方法被接受,而有些被抛弃呢?那是因为,教育评价必须符合客观性、公平性与可行性,评价结果必须具有信度和效度,才能提供有助于改进教学的真实信息。然而,教育活动的复杂性和学生个性的多样化造成任何一种评价方法都存在某种缺陷和局限性,很难有一种评价方法能够适应任何教学目标和教学内容以及任何年龄的学生。客观性测验可对应低层次教学目标,表现性课题的评价对应的是高层次教学目标。每一种评价方法都有其适用的范围。为此,教育者也要根据教学目标、教学内容和学生发展阶段的特点选择评价方法。

西冈在表8-1中将评价方法分为"笔试评价"(又译"纸笔评价")、"基于表现的评价"和"档案袋评价法"三大类,这是以评价所采用的工具类型进行划分的。笔试评价采用的工具有"选择式(客观性测验)"和"开放式"两类,"基于表现的评价"采用的工具有"表现性课题(作品制作、实际操作)"和"观察或谈话"。

美国专门研究社会科的学者汤姆·萨维奇和大卫·阿姆斯特朗将小学生社会科的评价方法分为真实性评价、非正式评价和正式评价(参见表8-2)。根据其分类,可以看到正式评价中的评价工具与西冈的"笔试评价"中的许多测评工具是一致的,这些评价方法和评价工具是最常用的传统的评价方法,至今被大多数人认为最具有客观性而花时较少的评价工具。而非正式评价包含了西冈的"基于表现性的评价"中的"观察或谈话评价",真实性评价则基本等同于西冈的"表现性课题的评价"。根据真实性评价观的主张,评价活动中要求学生完成的任务(课题)必须是真实情境中的真实任务(课题),而西冈的"表现性课题的评价"并没有明确指出表现性课题必须是真实的,因此其表现性课题也可以是虚拟的课题。因此两者在课题的真实程度方面存在差异。

评价方法虽然多样化,但上述两表中所列的评价方法和评价工具未必都适用于我国的品社、品生课程。我们必须根据品社、品生课程的特性创造性地使用评价方法和评价工具。

品德与生活课程标准强调评价以质性评价为主,量化评价为辅,列出了观察、访谈、问卷、成长档案袋评价、作品分析五种评价方法。品德与社会课程标准提出,要采用多主体、开放性的评价,教师可根据具体情况,选用和综合运用多种评价方式,并列举了观察记录、描述性评语、达成水平评价、作品评价、学生自评与互评等评价方法。其中,"观察记录"、"作品评价"与品生课标的"观察"、"成长档案袋评价"、"作品分析"意思接近,而"描述性评语"实际上就是品生课标所说的质性评价,"自评与互评"与品生的多元评价原则所说的评价主体的多元意思相近。可以看出,两者都更倡导根据学生在学习过程中真实自然流露的行为表现以及学习过程中的各种作品来对学生的学习做出评价,也就是以真实性评价、表现性评价(二者的概念、主张等,参见下面的介绍)为主。当然,品社课也不排除传统纸笔测验,但反对考查死记硬背的知识或刻意追求难度的测验。

表 8-1

西冈加名惠的评价方法全景图

笔试评价 （笔试测验、练习卷等）		基于表现的评价 （performance based assessment）		
		表现性课题的评价		观察或谈话评价
选择式 （"客观性测验"）	开放式	完成作品的评价	实际展示的评价 （实际操作测验）	聚焦过程的评价
□多选题 □对错题 □排序题 □组合题 □填空题 ● 字词 ● 句子	□简答题 ● 短文 ● 段落 ● 图表等 编题： □给出知识进行推理的方法 □编题法 □认知冲突法 □假设—观察—说明(POE)法 □概念图法 □KJ 法 □趋势曲线法 □绘图法	□随笔、小论文 □研究报告 □故事、剧本、诗歌 □图画、图表 □艺术作品 □实验报告 □数学原理模式 □软件设计 □录像、录音磁带 （■档案袋）	□朗读 □口头报告 □讨论 □表演 □舞蹈、动作 □材料的使用方法 □音乐演奏 □实验器材的操作 □运动技能表演 □计算机操作 □实习课 □团队合作	□观察活动 □提问 □讨论 □讨论会 □面试 □口试 □笔记、日志、日记 参见：学情卡、座次表
		□项目 ■档案袋		
■档案袋评价法				

（摘自田中耕治．教育评价[M]．高峡，田辉，项纯，译．北京：北京师范大学出版社，2011：138）

表 8-2

汤姆·萨维奇和大卫·阿姆斯特朗的社会科评价方法分类

真实性评价	非正式评价	正式评价
1. 试图评价学生的特定行为，在这些行为中，学生努力与学校外的世界中那些有经验的成人运用这些学习内容时的行为一致。	1. 教师观察	1. 等级评定
	2. 师生讨论	2. 知识清单
	3. 学生自制测验	3. 态度列表
	4. 我最喜欢的内容	4. 论述题测试
	5. 新闻摘要	5. 正/误判断测试
2. 通过学习者展现自己的学习行为，并确立相应的成熟水平，以此来激励学生。	6. 新闻报道	6. 多项选择测试
	7. 词语配对	7. 配对测试
	8. 复习字母游戏	8. 填空测试个案研究
	9. 寻找神秘词语	
	10. 再生词游戏	

（摘自 Tom V. Savage, David G. Armstrong. 小学社会科的有效教学[M]．廖珊，罗静，等，译．北京：中国轻工业出版社，2003：306）

我们看到课程标准以及表 8-1、表 8-2 中所列举的一些评价方法已经得到很多老师的运用。有关这些评价方法，已有众多评价专著做了详尽论述。在此，我们仅重点选择几个常用且在使用过程中存在一些困难和问题的评价方法来阐述其特征和运用。

二、真实性评价法

1. 真实性评价的特征

真实性评价(authentic assessment)这一术语出现于20世纪80年代后半期，是针对形式主义的、脱离现实世界的标准化考试而产生的一种评价观和评价方法，是一种“通过观察学生在‘现实生活’中的活动表现来对他们进行评价的方法”。[①] 它具有以下特征：

(1) 要求学生完成的任务是有趣的、有价值的且与他们的真实生活密切相关的，是开放式的问题以及整合多领域知识和技能的任务。这样的任务能激发学生完成任务、积极解决问题的热情。例如，让学生们就当前学校或社区中存在的争议性问题(如：学校午休时间是否可增加十五分钟古诗阅读活动；小区绿化面积是否可以缩小以扩建停车场；居民与广场舞参与者产生纷争怎么办等)写一份调查报告，并让他们讲一下在遇到这些问题的时候一个具有良好公民素养的人应当如何去做。

(2) 触及基本知识的内核，学生在完成任务要体现出至关重要的理解力和能力。

(3) 尊重学生的个体差异，评价工具能很好地适应各种能力、各种学习风格以及各种文化背景的学生。学生不再是被动的测验接受者，而是评价活动的积极参与者。

(4) 有具体标准，但不同于传统的标准化评价，重视的是学生是否能够以及如何组织、建构和运用具体背景中的信息来解决复杂问题，而不是学生有没有掌握大量不相关联的信息。

总之，真实性评价的倡导者们希望真实性评价能有助于学生进行复杂的学业活动，发展他们的精细思维，指引学生向更高、更丰富的知识水平前进。“当一个评价使学生进入一个具有重要意义的任务中时，这个评价就是真实的。这样的评价看起来像是学习活动，而不是传统的测验。它们要求更高级的思维能力和多学科知识的综合。它们通过详细的标准来向学生说明做好他们的作品意味着什么，并通过这些标准来判定学生的作品。”[②]

2. 表现性评价

真实性评价在一些专家那里又被称为表现性评价，两者虽然名称不同，但是在追求真实性上是一致的。田中耕治把表现性评价和档案袋评价解释为代表“真实性评价”的新评价法。“表现性评价的‘表现’是指把自己的想法、感受等内在的精神状况通过口头语言、肢体语言、动作、图画等媒介表现出来，或者是所有表现出的结果。因此，表现性评价意味着，通过让学生挑战‘真实性课题’和‘表现性课题’，把握学生用五官‘表现’出来的他们学习的丰富状况。或者是设法创新一些评价方法，包括笔试的开放题、对作品的实际操作及实际表演等评价方法，还包括通过日常谈话和观察开展评价的方法，特别是把握代表高层次学力状况的‘思考能力、判断能力、表现能力’的评价。”[③]

可以说，“真实性评价”这个术语突出的是任务或问题的真实性，是相对于标准化纸

---

① Diane Hart. 真实性评价——教师指导手册[M]. 国家基础教育课程改革“促进教师发展与学生成长的评价研究”项目组，译. 北京：中国轻工业出版社，2004：168.

② Diane Hart. 真实性评价——教师指导手册[M]. 国家基础教育课程改革“促进教师发展与学生成长的评价研究”项目组，译. 北京：中国轻工业出版社，2004：16.

③ 田中耕治. 教育评价[M]. 高峡，田辉，项纯，译. 北京：北京师范大学出版社，2011：145—146.

笔测验中试题的不真实、不能检测学生解决真实问题的真实能力这一点而言的，“表现性评价”这一术语是从学力的表现形式以及评判依据来说的。纸笔测验依据学生的卷面文字来判断其学力水平，而表现性评价是依据学生自然的言语、行为表现及其作品表现来判断学生的学力水平，也就是说，表现性评价的“表现”是相对于纸笔测验的“非表现性”而言的。可以说，表现性评价符合真实性评价观的主张，但标准化的纸笔测验的试题也可以做到具有真实性。事实上，美国已有将真实性评价的要素与传统的标准化测验结合起来的案例。

设计一个实施真实性评价的任务不是一件容易的事，加上真实性评价相对于标准化的纸笔测验评价方式，实施过程需要花费更多时间和精力，教师和家长都会担心这种评价占据太多时间而影响了教学进度，因此在品德与社会、品德与生活课程中，实施真实性评价面临很多困难。但是，我们要认识到，纸笔测验虽然看似花时少，但是，由于它不能把握学生解决真实问题的高层次能力，所以它往往是低效的。事实上，纸笔测验因容易实施而被频繁地运用，结果反而造成学生的学业负担，使学生为了应付测验而放弃更有意义的高水平的学习，停留于枯燥而重复性的知识记忆。真实性评价虽然花费时间，但是它能更有效地把握学生的高水平能力，因此它不需要像纸笔测验那样频繁地开展。为了使评价能真正促进学生的发展，使他们能够将所学知识和技能运用于解决更为复杂的真实问题，我们有必要去克服困难，并创造性地开发更好的评价工具，来推进真实性评价和表现性评价。

目前在品德与社会课、品德与生活课中开展真实性评价的成熟案例还不多，但已有一些教师在积极探索实施真实性评价的方法。如案例 8 - 2，教师在“为垃圾寻找出路”这一单元结束时，发给每个学生一份自评表，令其连续记录自己在家实施垃圾分类、变废为宝的情况，并做自我评价，不仅如此，还组织学生每周、每月定期交流自评表，教师根据每个学生的自评表和交流情况，判断学生在该单元中是否真的认识了垃圾分类、变废为宝的重要性，是否真的掌握了垃圾分类和变废为宝的方法和技能，并判断学生开展垃圾分类和变为宝的积极性。虽然也可以存在学生自评与其实际行为不一致的情况，但由于班级内对评价表的记录情况定期开展交流，教师可以根据学生在交流中的表现来分析和判断学生的记录和自评是否与实际一致。所以这个评价基本上能反映学生在真实环境中的自然表现。

案例 8 - 2

单元“为垃圾寻找出路”学生自评表

你做到了吗？做到了请打个★

评价内容	星期一	星期二	星期三	星期四	星期五
分拣垃圾					
累积垃圾中的宝贝					

一月成果：
“变废为宝”小创意：
家长点评：

设计这样的表格既体现了教学的延伸性,使教学目标真正落实到"家",更重要的是通过表格让家长也参与监督,协助评价孩子在整个家庭生活中能正确分理垃圾,增强环保意识的表现,一周点评一次。

以上表格以个人为单位,由小组长负责监督、管理一项内容。每周一的晚托班利用十分钟,学生间交流的同时,他们收获的是"变废为宝"的创意和应用心得,更可以是把累积的废品卖到回收站后的"环保储蓄"。而且,合理公正地对他人评价的同时,也就对自己的行为进行了一次最切身的反省,最真实有效地自我教育。紧接着,班级定期地在周五的课中留十分钟时间进行小结评价。也就是在孩子们前段时间开展自评、互评活动的基础上,老师引导孩子们自己根据表格中五角星的颗数或小红旗的面数来评价自己一周来的表现。学生可以一个接一个地汇报,教师则只需在一旁或点头,或微笑,或鼓励,或送出一些特殊的小奖品……而学生呢,他们或沉浸在自己取得进步的喜悦中,或已在悄悄地与他人进行对比。教师再根据学生的实际需要,把这样的评价活动延长到两个星期,一个月或是一学期。在评价中,我们相信孩子能对自己做出他自己可以接受的最公正的评价。这样,只要能坚持,学生就能不断掌握并提高自我评价的能力,评价活动本身也成为一个愉快的学习和思考过程。

(上海市广灵路小学品德与社会教研组)

3. 档案袋评价

"档案袋"的英文 portfolio 又可译为"文件夹"或"公文包",用来收集学生在各个学习活动中完成的作业、调查报告、采访记录、创作的作品以及作品形成之前的草稿等等,可反映学生实际的学习过程和变化轨迹。因此,档案袋评价法也具有真实性评价的特征。萨维奇和阿姆斯特朗概括了档案袋的几种组成方式①:

(1) 学生已完成的作业。

(2) 学生对所学的知识(或其他相关的知识)写出的书面意见。

(3) 学生对讨论、演讲者和其他形式教学活动的想法和反思。

(4) 将教师提出的问题,写下来放进档案袋。

(5) 学生对教师所提出问题写出的回答。

(6) 粘贴的一些资料,像照片、素描、短文、绘画和地图。

(7) 针对所学的知识总结观点。

(8) 学生根据自己目前已经掌握的知识和仍然没有完全掌握的知识情况作出自我评价。

田中耕治指出"档案袋一般分为工作档案袋和永久档案袋。前者积累日常的全部作品,后者是在一段时期以后从前者选出特定的作品(最佳作品、印象最深刻的作品、努

① Tom V. Savage, David G. Armstrong. 小学社会科的有效教学[M],廖珊,罗静,等,译. 北京:中国轻工业出版社,2003:306.

力完成的作品等)"①。而后者的这个选择,是通过师生的讨论进行的,这种讨论会实际上就是教师对学生的评价和学生对自己、对同伴的评价。讨论时,教师要提出"为什么选择了这个作品?""这个作品最大的优点是什么呢?""这个作品与以往作品的不同之处在哪里?"等问题,引导学生从这几方面对自己的作品——产生作品的学习过程和学习结果——进行解释。

档案袋评价不仅仅是收集作品。田中耕治指出单纯的资料收集与档案袋评价的区别就在于有没有设定评价标准。他列举了档案袋评价的评分法。例如评价"实验"活动时,对于收集的内容,如果能够依据数据得出结论,提供证明该结论的证据,则为3分;如果能够依据数据得出结论,但没有举出证明该结论的证据,则得2分;没能依据数据得出结论(与数据无关的结论),为1分;没能得出结论,为0分。②

在我国品社、品生教师中,也有不少教师在创造性地运用档案袋评价法,而且开发了对档案袋进行自评、互评的方式。如案例8-2。今后,为了提高对档案袋评价的客观性,对于档案袋的评价标准和评分方法还需要进一步探索。

案例8-3

成长档案

品德与社会教材有以"我长大了"为主题的学习内容。围绕这一主题的教学和评价需要收集学生各种反映其成长的材料。而成长是一个漫长的过程,促进成长的学习不是通过一两节课,或者一两个星期可见效的,学生成长与否也不是通过让学生做几件作品就可做判断,而是需要用较长时间,通过学生在课内外活动的自然表现来发现其成长、变化。为此每届新生入学前,我就准备一个新的文件夹,作为他们的"成长档案"。在开学初,我让孩子们为自己的"成长档案"设计好封面和目录。让学生自行设计封面不仅可以锻炼学生动手、动脑的能力,而且可以培养他们的想象力、创造力和审美能力,此外还使他们对自己的"成长档案"有了一份感情。在教师或家长的帮助和指导下,有的学生照了自己最漂亮的照片贴在封面上,有的则精心地在封面左上角画了自画像,并根据自己的特点写上姓名,如"爱唱爱跳的×××""刻苦好学的×××"。不仅如此,大家还给自己的成长档案取了许多富有诗意的名字,如"成长的足迹"、"新苗长高了"、"雏鹰起飞"、"小手在变大"等等。有些学生还在封面上设计了"我喜欢的格言"、"我的爱好"等等,这些封面的设计既新颖美观又极有创意。目录也是可以由学生自己拟定,如:我最满意的相片、作业、日记;喜爱的手工制作;我最满意的绘画作品、书法;我的获奖证书和作品等,并在所选作品上标明收集的时间、选择的理由。作为品社教师,我不会忘记在目录中列出"实践活动记录"这一栏,专门存放学生的品社活动作业成果。

在这一栏中低年级学生收集和整理内容时是需要老师进行指导的,一般我会让学生存放以下几个方面的内容:(1)有意义的作品:让学生自主收集具

① 田中耕治.教育评价[M].高峡,田辉,项纯,译.北京:北京师范大学出版社,2011:153.
② 同上,第155页。

有一定意义的作品。这些作品可以是最满意的作业、图画、手工制作、生字卡等能让学生产生成就感的作品，也可以是失败的、能给学生以启示的、有待提高的作品。总之，只要学生乐意，能对他们的成长、进步产生教育意义的作品都可以装入成长记录册中。(2)搜集的资料：为适应未来信息社会的要求，在教学有些课文之前，特别要注意让学生搜集资料。其目的不仅是为了培养学生收集信息、处理信息的能力，也为了让学生在收集资料的过程中，更多地认识社会、了解社会。既可以培养综合实践能力，同时也方便了教学。学生将自己收集到的一些图片、文字资料、生活常识等，挑选最喜欢的、自己认为最有价值的装入成长记录册内。(3)学生参加综合实践活动的一些照片、文字记录资料(调查报告、活动方案……)。(4)品社学科综合评价即"荣誉卡"，学生在课堂上或作业上有出色表现的，老师都会随机表扬同时发放奖券，如"积极回答问题奖"、"作业书写认真奖"、"识字大王奖"、"小博士奖"等，10张奖券就可以换回一张荣誉小奖状。

学生收集"成长档案"的资料不是目的，而促进学生的进步与发展才是其主要用意。因此，我每月让学生整理一次成长记录册，并在班里进行展示评比，看谁的记录袋丰厚了，谁的记录袋精华了。让学生把各自的成长记录册带来互相看一看，评一评，展示自己的收获，体验成功的快乐。不仅如此，学生每月将记录册带回家中让家长进行评价。在与家长联系的过程中，学生既体验了成功，又看到了不足。

例如在一次学校组织的社会实践活动后，学生将记载着自己收获的活动记录带回家，家长不仅肯定了孩子的进步，还对照在家的表现给予评价，有的家长这样评价到："亲爱的宝贝，你能自觉参加并组织班级学校的各种课内外活动，在活动中提高了自己的服务能力，我们很高兴。如果你能在家也做到尊老爱幼，经常帮爸爸妈妈做家务就更棒了。"不仅如此，每学期，班里还进行一次成长记录册交流评比活动。小组同学之间相互看一看、比一比、评一评谁的表现好，谁的进步大。在相互评价和自我反思中学习别人的长处，改正自己的缺点。学生在评价留言中这样写道："这次的实践活动总体来说，你还是有进步的。能把老师布置的作业完成出色，有时也会大胆发言。真棒！""胆大心细的你做起事情来都很认真。无论做什么事都会完成得很出色。比如：扫地，经常争着做，经常受到老师们的表扬。其他方面，也都是我们学习的榜样。我们在你的身上学到了很多东西。"这些档案袋里的材料都是品德与生活课或品德与社会课围绕"我的成长"这一主题开展教学活动时可以利用的最佳材料。

总之，建立了"成长档案"，让学生知道了自己的优点和缺点，发现自己的进步，也展示了自我，促进了学生的自主发展。另一方面，也为老师、家长和其他人提供了更加丰富多彩的评价材料，使我们老师能够更加开放地多层面地、全面地评价每一个学生。

(上海市教育科学研究院实验小学　牛　芳)

档案袋评价不能不说是一个相当花费时间的工作。本已繁忙的教师很难长期坚持去阅览每个学生的档案袋。为解决这一难题，日本一位名叫堀哲夫的老师发明了一种更为简便的档案袋评价方法，叫作"一页纸档案袋评价(One Page Portfolio Assessment，简称 OPPA)"。这种评价方法与一般的档案袋评价的不同之处在于"仅用一页纸提取评价所需的最低限量的信息，并对这些信息做最大化的利用”。[①] 教师课前将空白的一页纸档案发给学生，让学生将上课前、中、后的学习经历记录在一页纸(OPP表)上。一页纸档案袋评价的妙处在于填写栏目的设计，既便于学生对自己整个学习经历进行自我评价，教师也可以通过学生的记录判断教学结果是否达到期望目标。这种一页纸档案上所书写的内容可以让教师一目了然地把握一个个学生的学习情况，避免教师花费大量时间阅读学生收集的各种材料而抓不住重点。学生填写这种一页纸档案也不会有什么负担，填写档案的行为本身就是一个回顾和反思学习的过程。我们的品社、品生课完全可以借鉴这种一页纸档案评价法，开创符合我国品社、品生课程特性的评价方法和工具。采用一页纸档案袋评价法，还是前述的长期性档案袋评价法，主要还是根据学习主题的特点来定。类似“我长大了”这样的主题，需要通过更长时间的材料积累和考察，因此适用于前者。而有些单元主题尤其是知识含量比较多、通过一个单元的学习便可明显地发生变化的学习主题则可采用一页纸档案。

文献选摘

【一页纸档案评价(OPPA)】

为了在把握学生学习前中后的学习状况之同时又能将信息灵活应用到教学中，教师对一页纸的学生记录内容进行了结构化设计。同时还从学习者角度考虑，使其能从一页纸记录中清楚地看到自己具体的成长过程，有助于培养他们自主学习、自主思考的能力。

OPPA一般是以一个单元为基础，在教学设计阶段制作OPP表。然后，在每节课后让学生写上学习记录。教师在确认该内容的同时给与适当的评语，指导其改进学习。如此往复，单元结束后，让学生对整个学习内容进行自我评价。

OPP表是由“Ⅰ.单元名称”、“Ⅱ.学习前后的核心问题”、“Ⅲ.学习经历”、“Ⅳ.自我评价”四部分构成的。

Ⅰ.单元名称，有时由教师书写，有时由学生在单元学习结束后填写。这是为了培养学生回顾单元整体，准确归纳总结的能力。

Ⅱ.学习前后的核心问题，是为了能够比较学习前后的变化，在学习前后设定完全相同的问题。该问题包含教师希望通过该单元的学习最需要判定的、最想传达的内容。而仅仅考察学生记住与否之类的问题是不妥当的。学习前的核心问题是诊断性评价，学习后的核心问题是总结性评价。

Ⅲ.学习经历，是指在每节课后填写的“今天的课中最重要的内容”一栏。OPP表因为是一张纸，所以当单元内的课时较多时，有必要合理划分成小单元，使学习经历能够容纳在一张纸中。让学生写出“今天的课中最重要的内容”是为了培养学生在学习内容或信息资料中如何进行选择以及如何对所学内容进行思考和表达的能力。学习经历栏有时也要求拟标题，以培养学生合理表达一节课的教学内容的能力。这里的学习经历属于形成性评价。

Ⅳ.自我评价，该栏目是拷问学生通过回顾学习整体，什么发生了怎样的变化，或为什么发生了变化，针对这些自己是如何认识的。自我评价是最后回顾整个学习后填写的内容，因此特别重要。由此，教师可以了解学生内在发生的变化，学生通过反思可以感受自身的成长，获得自我满足感。

① 田中耕治.日本形成性评价发展的回顾与展望[J].全球教育展望，2012(3).

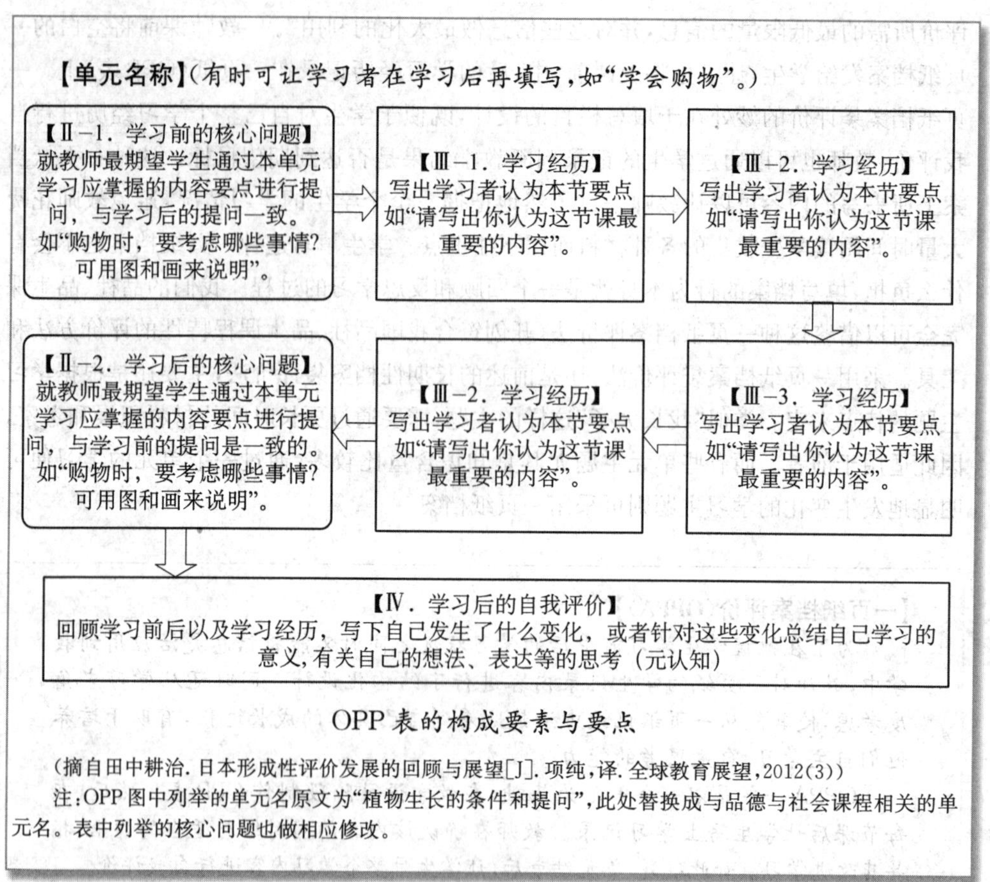

OPP表的构成要素与要点

(摘自田中耕治.日本形成性评价发展的回顾与展望[J].项纯,译.全球教育展望,2012(3))

注:OPP图中列举的单元名原文为"植物生长的条件和提问",此处替换成与品德与社会课程相关的单元名。表中列举的核心问题也做相应修改。

4. 观察记录法

观察法是评价方法中最原始、历史最悠久的方法,包括静观学生的行为表现和在与学生交谈时进行观察。它需要教师综合运用眼、耳、口,敏锐地捕捉学生行为或言谈的细节所包含的意义。观察法评价的特点是关注学生在真实环境中的自然表现。低年级有些教学目标很难用其他方式来评价,比如"与他人合作",这显然不能用笔试看出学生是否达到目标。必须直接观察孩子,且连续观察其在一段时间以及在不同场合中的表现,才能有效评价孩子是否能与他人合作。

观察记录应具有明显的目的性,观察对象是生动、具体而直观的,要避免在非自然状态下因人为因素的影响而获得错误的信息,要保证在自然状态下获得更多的准确的信息。对于情感、态度这样的隐形表现,不可能像知识目标评价一样能够一次性地获取准确信息,它需要相对较长的周期,才可能反映学生的变化及进步情况。如果发现外在表现和内隐品质不一致,教师则要反思并改进教学方法、策略,促进学生的品质真正得到提高。

要想获得尽可能准确的信息,观察记录就必须做到耐心仔细,为此也就要花费较多时间和精力。如果一个班级有40多人,教师要一个个观察,而且要做持续观察,那么教师可能会心有余而力不足。我们主张,观察一个班级的学生时,可以选择若干学生作为重点观察对象，以这几个重点观察对象为中心，来观察周围同伴与其的互动关系。

此外，观察要确立观察要点和评价标准（参见案例 8-4），这些观察要点是对教学目标的细化。没有观察要点，观察者有可能会忽略一些重要的发现，或被其他现象分散观察的注意力。

案例 8-4

学生合作能力考察要点及评价标准

	好	中	差
组内表现	成员表现：每个成员积极的参与小组活动。	成员表现：大部分成员能参与小组活动。	成员表现：只有几个成员能参与小组活动。
	资料共享：每个成员将自己的资料献给小组	资料共享：大部分成员将自己的资料提供给小组	资料共享：只有几个成员将自己的资料提供给小组。
	倾听：每个成员愿意听取别人的意见。	倾听：大部分成员愿意听取别人的意见。	倾听：成员只愿意听取很少人的意见或很少有成员愿意听别人的意见。
	讨论结果的价值：讨论有实质性的进展，或有价值的成果出现。	讨论结果的价值：讨论有一些进展，或有成果出现。	讨论结果的价值：讨论几乎没有进展，也没有成果。
	任务的完成：任务总是按时完成。	任务的完成：任务大部分时候按时完成	任务的完成：任务需要催促才能完成。

（北京西城区长安小学　王静彬）

三、纸笔测验

随着真实性评价的引进和兴起，传统的纸笔测试受到了猛烈的批判。纸笔测试看似简单公正，易于操作，但由于它所考察的是有限的陈述性知识，因此不能全面反映学生真实的态度情感和价值观。而且，标准化的纸笔测验还容易导致在教学中讲知识、背知识、考知识，教师为考而教，学生为考而学。因此，很多德育专家公开反对作为德育课的品社课和品生课采用纸笔测试的方式进行评价。

我们认为纸笔测试对于品社课、品生课来说，仍然有其他评级方法不可替代的作用。纸笔测试的试题类型非常多样，如表 8-1 所列，有填空题、选择题、论述题、是非题、正误判断题、配对题等等，这些题型适用于评测不同类型的知识和能力。品德与社会课程中毕竟有相当一部分关于社会生活的知识需要学生掌握，这些知识是学生形成正确的情感态度价值观的基础,也是深入学习更复杂的知识、理解更复杂的社会现象和人类文化所必需,还有些基础知识则是作为一个中国人必须掌握的。

从国家社会科学基金“十一五”规划项目“中小学学科学业评价标准的研究与开发”课题组(人民教育出版社课程教材研究所)提供的一份报告中,我们了解到北京某区五年级测评,曾连续两年考察五年级学生是否会填写中国的全称。测评的结果是不能正确填写出中国全称的学生不在少数。仅举一例:某小学五(1)班35个同学,就有如下人数填写错误:3人写“中华民族共和国”,2人写“中国人民共和国”,1人写“中华人民共合国”,1人写“中华人民共国”,1人写“中和人民共和国”。错误率达23%。

对“中华人民共和国”这一神圣的全称出现表达错误,并非只在一所学校,也不是只在一个班级。究竟是什么原因让如此简单的问题产生了“不简单”的答案?这暴露了教师对学生基本知识点掌握的不重视,也可以料知品社、品生两门课程在一些学校可能没有得到正常实施。而对基本国情的不了解,从某种意义上讲,缺失的是公民素养的基础。根据这一现象,显然在品社、品生课中对部分基础知识开展纸笔测试是有必要性的。

此外,纸笔测验法并不只能把握陈述性知识的掌握情况,好的纸笔测试工具仍然能够测评出一些程序性知识的理解和运用能力,甚至可以鉴别一部分高水平的思维能力和问题解决能力。对于纸笔测试法,我们要认识到它的局限性,不以其测评结果来简单评判学生的道德品性,但也不能因此否定它的价值。应该把开发和设计能有有效检测知识的理解力和应用能力、问题分析和判断能力甚至是情感态度价值观的测验试题作为品社、品生课程研究中一项重要课题。

案例8-5属于纸笔测试评价法中的开放性论述题型。这个试题表面上看是一个推荐家乡特产的任务,实际上可以检验出学生对家乡的地理环境、历史文化和产业等知识的掌握情况。因为要证明什么物产是独具家乡特色,其他地方没有或者其他地方虽然有但不可与之比拟,就要从地理环境、历史文化和产业特色等方面来进行分析、论证。该试题不是直接让学生写出家乡的气候、地形、产业之类的陈述性知识,而是让学生在论证说理的过程中,自然地写出这些要考核的知识,这些要求学生掌握的知识变成解释和论证自己观点的材料。因此,这份试题还考察了学生的知识运用能力、运用论据论证观点能力。但假如试题变成直接让学生写出家乡的气候、地形等地理环境特点,那就只能看出学生低水平的陈述性知识的记忆能力。此外,由于这道试题是让学生为家乡推荐特产,因此这个任务具有了一定的真实性,虽然是笔试题,但它仍然能够从学生对家乡特产的介绍中,发现学生对家乡的热爱之情。而回答这道试题的过程又可增加学生对家乡的热爱之情,并在运用地理、历史知识进行论证时加深了对知识的理解。

案例8-5

《我爱家乡的山和水》单元学习结束后的测验

试题:请你为家乡推荐三个最具代表性的特产,说明它们为什么是最具代表性的。(提示:从气候、地形等地理环境、历史文化以及产业特点等角度,阐述自己推荐的三个物产为什么最具代表性,而不是别的。)

评价标准：

1. 从自然环境的角度论证家乡物产的特性，并正确写出家乡地理环境的特点。
2. 从历史文化角度论证家乡物产的特性，正确写出与特定物产相关的家乡文化传统特点。
3. 正确写出学生家乡的主要产业，列出5个以上与产业相关的产品。
4. 写出若干家乡人和外乡人对所列举的家乡物产的评价，并说明这些评价的确切来源。
5. 阐述观点和列举证据时，能区分事实和观点。
6. 论据有明确来源，表述清晰。

品社、品生的评价方法是多样化的，无论哪一种方法都要根据教学目标和内容以及学生的发展阶段来选择。要避免为评价而评价，为考试而学习的现象发生，即便是纸笔测试，也要尽力设计与现实生活相联系的、促进学生思考的试题。而真实性评价也要力求设定具体而细化的评价标准，提高评价的信度和效度。

第三节 评价标准的确立

一、评价标准和评价指标

对教师来说，要展开评价，就必须了解展开评价的基本操作流程和途径。“评价是由三个部分所组成的：(1)确定准则或标准(即确定期望学生做哪些事)；(2)依据所确定的标准收集学生的成绩资料；(3)基于收集到的资料对学生的个人表现作出判断。”①无论是评价一个学生的品行是否端正，还是评价某方面的知识是否理解并学会运用，都要首先确立一套评价标准，否则评价就因过于随意而导致主观化、经验化，导致评价结果缺乏一致性，不能获取作出客观评价所必须的正确信息。评价标准依据教学目标而定，是目标的具体化和操作化，能具体说明期望学生拥有的可观测的表现。

评价标准本应该由评价专家开发，然后教师再参照专家研制的评价指标，根据具体的教学情境对评价指标加以调整或具体化。但是，品社、品生这两门诞生不久还未成熟的课程，目前还缺乏评价专家研制为这两门课程研制科学而专业的评价标准(评价指标)。因此，现阶段只能依靠教师们的自主探索，一个学区的教师也可以联合开发评价指标。

确定评价标准前，要先确定评价指标，即确定从哪些方面进行评价。品德与社会课程标准指出评价内容应该包含三个方面：(1)学习态度——学生在学习过程中主动参与和完成学习任务的态度；(2)学习能力和方法——包括学习中观察、探究、思考、表达、收集、整理、分析资料的能力和方法，与他人合作完成学习任务的能力等；(3)学习结果——完成学习任务的质量和进步程度。确立评价指标要从这三个方面考虑。当然，具体到一节课的评价，未必都要涵盖这三个方面。指标可以根据需要细分为二级、三级。指标确立后，要对每个指标提出具体要求和说明，比如针对观察能力这个指标，要

① David A. Welton. 中小学社会课教学策略[M]. 吴玉军，等，译. 北京：华夏出版社，2004：146.

确定学生怎样的表现可以分别判定为优良差，这就是评价标准，它是衡量学生是否达到该评价指标要求的尺度。在评价指标中要确定各个指标评价的档次或等级数，一般取三至五个等级，中低年级建议取三个等级。

制订评价标准的难点是具体性和操作性，即标准要反映学习策略和方法、学习取得成功的“证明”或“成果”或“表现”。缺乏具体性和操作性的评价标准，评价无法进行，不能获取评价所需的具体信息。

案例 8－6

运用表现性评价方式考察学生的情感态度价值观、对信息的解读、分析和综合能力、语言表达和运用能力(六年级)

[品德与社会课程标准]感受和平的美好，了解战争给人类带来的苦难，热爱和平。

概述：本案例首先是从教师提供的情境图片，分析出可能会涉及哪些评价维度。因为教师提供的是现代战争的一些情境图片，这就必然会涉及到观察、解读和分析、提炼图片信息的能力。其次，学生既然是用写小短文的形式来表达自己对战争的感受和想法，就必然会引出自己的情感态度价值观。再次，就涉及到如何运用自己的语言来表达自己的观点和感受的能力等。其次，在教师初步具有自己的评价维度的预设前提下，收集学生完成的写作作品，并根据学生的作业情况，明确和细化评价维度。最后，教师根据评价维度和学生作业水平情况，拟定出对本学习活动或学习内容的评价标准及样例。

[评价实施]

步骤1：收集学生作品：北京西城区黄城根小学五年级42份　课堂表现作品单

作业任务：课堂作业/写作

目的：考察学生的情感态度价值观、对信息的解读、分析和综合能力、语言表达和运用能力

问题情境：教师提供真实的、关于21世纪一些现代战争的情境图片。

核心问题：(1) 你有什么感受？(情感)

(2) 战争带来的是什么？(认识)

步骤2：结合学生作业，初步制订评价维度。

(1) 情感态度价值观

- 认真、用心地观察/学习态度
- 有自己的感受
- 具有同情心
- 有正义感
- 显示出了向往和平，痛恨战争的心愿

(2) 能力

- 解读—分析—综合信息能力
- 理解力
- 表达能力

步骤3：分析学生作业

- 划分大致学生作业的水平层次。
- 根据不同水平层次，确立相应等级的特征，选择作业中最有评价意义的要素。
- 建立评价指标要素。

● 考虑列出要素是否能涵盖所有重要的内容。找出与每个要素的各个评分点相对应的学生表现做样例。一般来说，样例不能少于两个。

步骤4：评价标准与样例

A情感态度价值观	B对信息解读、分析与综合能力有效地解释和综合信息。(识别人物、背景和情境等。)	C语言表达和运用能力
水平4. 观点清晰鲜明，能表达自己的思想和情感；富有强烈的同情心和正义感。 例：在战争中，有多少人民因为战争失去了健康的身体，成为残疾人，战争是一场噩梦，把人民推向绝望与死亡的边缘。	水平4. 能准确且深刻地解读、分析与解释任务中包含的信息，并对信息进行独特的综合。 例：我觉得战争是残酷的。仅仅18个月大的孩子，就这样离开了人世，他再也看不到明天的太阳了，他再也看不到五彩斑斓的世界了。不过，他也看不到残酷的战争了！他是无辜的，他不应该死。	水平4. 语言有感染力。能用语言真实、准确表达自己的观点。语句流畅，有条理性，用词准确。 例：他将来的生活一定很痛苦，充满悲哀。我希望战争早一天结束，让这些儿童不再受到伤害吧！
水平3. 观点鲜明，能表达自己的思想和情感；富有同情心和正义感。但局限于自己的生活感受。 例：我觉得是因为没有别的游戏场所。太悲惨了！这就是战争、残酷的战争！使这么多孩子失去了游戏场！如果没有战争，他会在游乐场里玩。我们最爱去游乐场。差距太大了！如果他们也生活在和平世界，生活一定会很好的！我讨厌战争！讨厌这残忍的战争！仅一天的爆炸就死伤了20多人。为什么会有战争呢？	水平3. 能准确地解读、分析与解释任务中包含的信息，并对信息进行简单的综合。	水平3. 能用语言真实表达自己的观点。语句基本流畅，条理性欠缺，用词基本准确。
水平2. 观点明确；富有同情心，但看问题的角度单一，局限于自己的生活感受。 例：这位小女孩真可怜，那么小就经历了那么多；那么可怕的情景一定会印在小女孩的心底，使她永远也无法记住可怕的情景。	水平2. 能初步解读任务所包含的信息，并进行了简单的综合。 例：他不能再像我们一样，正常地生活和学习了。他不会快乐地玩了。	水平2. 能用语言表达自己的观点。语句不流畅，有错别字，但不完全影响阅读。
水平1. 只是用文字陈述表面事实或现象，没有自己的感受和观点。例：可能是被炸弹给炸伤了，失去了小腿。	水平1. 不能对信息进行解读与综合。	水平1. 用语言很简单地描述看法。

(摘自国家社会科学基金“十一五”规划“中小学学科学业评价标准的研究与开发”项目课题组结题报告《品德与社会学业评价标准的研究与开发》，2012年4月)

二、评价实践案例:评价标准的确立与应用

下文案例8-7呈现了两个针对同一内容建立的评价标准。修改前的标准过于宽泛,不可能诊断出具体的学生状况或教学问题,学生对照此标准自评,也不能发现自己的长处和尚需努力的方面。因为修改前的评价标准没有针对学生在该学习活动中要展现的具体能力及素养等,预设和提出具体的评价维度或指标,即没有将“调查采访”的学习方式和“发现和感受”的学习结果,从下面的角度进行细化:

(1)调查采访:怎样收集信息的?(运用了什么学习方式,是否有效地运用了调查和采访的学习方式?关注学生的调查、采访能力。)怎样处理、表达信息的?(运用什么方式进行表达的?是文字记录还是图画记录、图文表现?)

(2)描述是否清楚、客观、真实?内容是否丰富?语言是否流畅?(对收集信息内容的处理和表达是否合适?体现了怎样的学习态度?)

(3)对调查结果作出了怎样的认识?表达出了怎样的情感态度价值观?(学习结果在认知和情感态度价值观方面如何体现?)

修改后的评价标准从以上这几个方面列出基本的评价指标。很显然,修改后的评价标准具体而且有可操作性,并且列出了相应的等级。我们从学生的调查中也可以看出两个学生开展调查的态度和能力体现。

案例8-7

课题:学校里有哪些人在工作

[修改前的评价标准]

通过调查采访,感受到学校各类工作人员为自己的成长付出的心血。并写下自己的发现和感受。可以评定为优。

[修改后的评价标准]

评价目标	优秀	良好
● 能理解和体会出老师们的辛苦,愿意尊敬老师,尊重学校其他工作人员的劳动。并愿意践行。 ● 能自主运用调查、采访的学习方式,提出问题,并通过采访老师或工作人员,解决所要调查的问题。 ● 能够处理收集到的信息,清楚和条理化地记录信息。	情感态度价值观	
	1. 能从调查和采访中体会到学校各类工作人员为自己的成长付出了心血,并感受到他们对自己的爱。 2. 懂得感恩,表示出要尊敬他们,并愿意付诸行动。	1. 尚不能从调查中体会学校各类工作人员为自己的成长付出了心血。 2. 尚不能表达自己的情感。
	能力与方法:调查技能	
	3. 能根据调查的主题,提出调查问题。调查目的明确,调查内容丰富。	3. 能根据调查的主题,提出调查问题。调查目的随意,内容单一。
	能力与方法:收集和处理信息的能力	
	4. 能够收集和处理信息,清楚地记录调查结果,有条理,调查结果客观,内容叙述充实。	4. 能够收集处理信息,记录调查结果。调查结果客观,内容叙述简单。

[评价结果举例]

● 优秀 1

采访人姓名	谢可	采访时间	上午 9:35	采访地点	三年级办公室
采访对象	语文洪老师				
采访内容	1. 有什么苦恼? 2. 有什么高兴的事情? 3. 有什么担心的事?				
采访结果	1. 通过采访,洪老师的苦恼是生病了不舒适,不能上课。 2. 高兴的事情是我们期末考试超过了区里的平均分,所以很高兴。 3. 担心的事情,比如:考试没考好,洪老师很担心。				
我们的感受	(通过)这次采访我们知道了老师这么关心我们,每一条都是为了我们,我们想对老师说:"老师,您辛苦了。"				

● 优秀 2

采访人姓名	乔楚航	采访时间	15:10	采访地点	分校传达室
采访对象	于叔叔				
采访内容	1. 每天早晨几点起床? 2. 晚上几点才能休息? 3. 您在工作中最快乐的事是什么? 4. 最烦恼的事是什么?				
采访结果	1. 5:00 2. 10:00 左右 3. 每天把学校交给的任务干好最快乐。 4. 每天放学后静校觉得很烦恼。				
我们的感受	通过采访我发现:于叔叔每天默默无闻地工作,我觉得于叔叔把一切的爱都给了我们。 我们应该尊重于叔叔。				

● 良好

采访人姓名	田萌	采访时间	12:30	采访地点	分校主任室
采访对象	孙主任				
采访内容	1. 您负责学校什么工作? 2. 您下班后都干什么? 3. 你喜欢旅游吗? 4. 您喜欢周杰伦的歌吗?				
采访结果	1. 孙主任主要负责学校的教学工作,以及其他一些工作。 2. 孙主任下班后还要处理一些学校的事情。 3. 孙主任喜欢旅游,每年寒暑假都出去旅游。 4. 孙主任不喜欢周杰伦的歌,因为听不懂他唱的歌词是什么。				
我的感受	主任很忙,下了班还要管一些学校的事情。				

[评析]

谢可同学提出的调查问题比较集中,关注老师的内心世界。乔楚航同学则结合传达室的工作,调查问题的角度较之同学谢可,增加了对于叔叔作息时间的关注,这体现了一定的问题意识。二者都能收集和处理信息,并客观地用自己的语言真实地记录了采访的结果。

三年级学生的认知和表达能力可看出有一定的局限性,二者在调查结果的内容叙述方面尚可进一步充实。二者通过调查,都将老师、学校其他工作人员的工作、心理活动,与学生自己的成长联系在一起,并对他们的付出表示了理解,在从情感上也有所提升,表示应尊重老师,感谢老师。特别是谢可同学,体现了将对老师的感激之情愿意付诸行动的想法。

相对于上面两位,田萌同学根据自己的兴趣,明确提出了调查的问题,重点是关注老师的个人生活。该生有条理地、客观地收集和梳理了信息,并清楚地作了调查记录。略有不足的是,虽认识到了老师下班后很忙,但尚未从中体会出老师的工作与学校的运作、学生成长之间的关系。

三、评价标准实践和运用中存在的问题

在研制评价标准,进行实践样例开发的过程中,研究者发现如下一些问题,这些问题影响教师对学生学业的正确评价,需要引起一线教师的注意。

1. 呈现了评价的角度,欲考核学生的能力,但评价维度却脱离了评价目标,相应地,对于学生作品也不能围绕评价目标展开分析。如下例,虽确立的是“思考与表达”的能力评价目标,但评价却未指向能力,而是止于“感受”。

- 感受各行各业的劳动者的劳动给人们生活带来的方便。
- 感受人们在社会生活中相互依赖、相互服务的共生共存关系。
- 能清楚地讲述自己观察各行各业劳动者工作的感受。

我们不妨可以这样表述:

- 在与同学的讨论交流中,能发表自己对各行各业劳动者认识的观点。
- 能用事例解释人们是相互依赖的。
- 能联想到生活中没有他们,人们的生活会不方便,并能将后果表达出来。

2. 设置了评价标准和评价等级水平,但不能结合具体的学生作品展开分析,只是将学生作品划分了等级水平。实际上,当教师针对学生作品,围绕标准和等级水平展开具体分析时,教师便会看到不同学生的不同表现,以及同一个学生在不同的评价维度中的不同表现。因此,表述评价标准时,要结合学生的作品开展具体分析便于教师从学生的作品中了解和把握学生的学业水平情况,使教师既能肯定学生的长处,又能具体地看到学生尚需发展的地方。

3. 评定的具体目标虽然确定了,但评价语言描述欠到位。也就是说,评价目标与具体的评价标准中相对应的评价描述不完全对应。例如:

评价目标	评价标准	等级
1. 观察、发现问题的能力 2. 提炼信息、形成观点的能力	通过对日常生活的了解，非常熟悉家庭成员间的消费情况，并且能举出很多实例。	A
	通过对日常生活的了解，大致了解家庭成员间的消费情况。	B
	通过对日常生活的初步了解，还不太清楚家庭成员间的消费情况。	C

这里，我们可以看到评价标准中的“了解”“熟悉”，是一种泛泛的表述，是认知而非能力的表述。它既不含有“过程与方法”，也不具有可测评性和操作性。同时，我们也无法从这种评价表述中看到该评价标准是指向学生的观察与发现问题的能力以及提炼信息、形成观点的能力。如果要考察学生的这两种能力，我们关注的重点就是学生是在怎样的学习过程中，运用了怎样的能力，也就是说运用了怎样的学习方式，才达到了对家庭成员间消费信息的了解。沿着这个思考逻辑，相应地应凸显学生如何运用观察、调查的方式，体现出自己的观察和调查能力以及在观察和调查中发现问题的能力；并从观察和调查结果中提炼出信息，形成自己对家庭成员间消费信息的看法。由此，对应的评价描述侧重点就应是：

(1) 能运用观察、调查的学习方式，对家庭日常生活的消费情况进行实际观察和调查。

(2) 能记录、收集、提炼和分析出家庭成员间的消费信息。

(3) 能发现自己家日常生活的消费特点及问题，从中形成自己的观点。

4. 对学生个性化的表现，不能很好地加以捕捉、分析并进行具体的解释，仅止于表面现象的捕捉。

5. 虽对具体的项目进行了描述，但不能从中概括出自己具体要评价学生的哪些方面。例如：

优秀	○ 在探究报告中能通过事例或查阅资料从正反两方面分析某一种科技产品的利与弊，具有辩证意识。 ○ 在探究报告中能用自己的语言组织材料，阐明问题，具有分析处理信息的能力。 ○ 在探究报告中能清楚地阐述自己的观点，表达自己对科技产品的看法。
良好	○ 在探究报告中能通过查阅资料从正反两方面的事例分析某一种科技产品的利与弊。 ○ 在探究报告中能具体说明科技是把双刃剑的观点。 ○ 在探究报告中缺少自己的观点，不能清楚表达自己对科技产品的看法。

右栏的内容标准到底要关注学生的哪些方面呢？虽然我们能从每一个条目中发现能力评价。但阅读起来多少还有点费劲。原因就在于，评价标准没有将学生的能力条理化、结构化。如上表中优秀一栏，前两条都涉及分析能力，而后一条又涉及表达观点的能力，前后都交叉。为什么会出现这种现象呢？主要受教学目标的影响，教师的潜意识还停留于教学目标，而教学目标大多来自教参上的目标，大多是对教材内容达成目标的描述。那么，要从教参上的教学目标，回归于学生的学业目标，就要更为具体地关注学生的能力、情感态度价值观、学习态度等。

修改后的评价标准：

优秀	批判性思考能力	○ 在探究报告中通过查阅资料,能从正反两方面分析某一种科技产品的利与弊,并结合生活实际和自身感受加以说明,具有辩证的分析思考能力。
	表达能力	○ 在探究报告中能清楚地阐述自己的观点,运用自己的语言表达自己对科技产品的看法。
良好	批判性思考能力	○ 在探究报告中能引用资料具体说明科技是把双刃剑的观点。尚缺用自己的语言和理解资料,进行归纳和推断。
	表达能力	○ 在探究报告中缺少自己的观点,不能清楚表达自己对科技产品的看法。

上述关于两项能力的评价标准基本上是比较清楚和明确的。但老师结合评价标准对具体的学生作品评价时,却往往从学业评价标准中游离了出来,是从任务要求、学生完成任务的情况作简单的点评。

例:作品一《科技是把双刃剑》,该学生选择的科技产品是孩子们都非常熟悉的电子游戏。在探究报告中学生首先阐明了电子游戏受大家喜爱,可以放松心情、娱乐生活,这是它有利的一方面;随后,学生在探究报告中,又通过查阅资料、结合自己的感受和生活实际辩证地分析了电子游戏对于小学生的不良影响,也就是它的弊端。在探究报告中学生能清楚地阐述自己的观点,表达自己对科技产品的看法,论述了科技是把双刃剑。符合优秀作品的标准。

对照对该内容制订的有关若干能力评定的标准,教师的评价用"阐明了……查阅……分析了……表达……"概况地反映了学生是如何完成这份作业的情况。既然评定的是能力,最好能在评价描述中与评价标准中的能力有对接,这样利于学生知道自己怎样的行为表现可以反映自己的哪种能力。

如,"首先学生从正面的角度阐明了电子游戏受大家喜爱,可以放松心情,娱乐生活,这是它有利的一面。其次,又通过查阅资料,结合自己的感受和生活实际辩证地分析了电子游戏对于小学生的不良影响,并指出了它的弊端,呈现了它的负面后果。针对电子游戏的两面性,能进行辩证地思考和分析,说明学生已初步具有辩证的分析、思考能力,即批判性思考的能力"。

6. 评价描述不能区分教学目标和学生评定目标。主体是教师,而非学生。例:

通过收听广播、收看电视、阅读报刊、互联网,搜集近期世界各地爆发的战争冲突的图片和文字资料,培养学生发现问题、分析问题、解决问题的能力,提高学生运用简单的学习工具探索问题的能力。

7. 教学目标不清楚。这会影响到老师对学生学习结果的评定,也就是说由于目标不清楚,会导致教师不明白要培养学生什么,关注学生在哪个方面的发展;或者产生关注角度有所偏离的现象,而偏离意味着可能在教学中不能真实而合理地评价学生。因为教学内容本身反映的是A,而评价考察的却是B,那自然学生的表现就是不统一的了。所以,我们提倡教学和评价要有机结合,教学是为了学生的发展,尽可能地使每个学生都达到一定的学业标准，平等而多元地接受教育，进而享受教育带给他们向前发展的自信和满足感，而学业评价更是立足于每个学生的实际情况，促进教师的教学帮助每个学生获得最大程度的发展，不断获得学业上的进步与成功。

【本章小结】

- 评价的根本目的是促进学生的发展。具体包含两个方面：一是为了把握学生学习的真实状况，客观地评判每个儿童不同的发展水平和学习结果，从而有针对性地选择下一步的教学方法和策略，或判断已采取的教学方式是否适切和有效，以改进教学方法，调整教学策略，更有效地实现教学目标。二是有利于学生通过评价结果，提升对所学内容的认识，并了解自己的长处和短处，增强自信，纠正错误，弥补不足。
- 评价应关注学习过程，体现评价主体、评价方法等的多元，实现“三个统一”——认知和操行相统一，综合性和简约性相统一，显性表现和隐性品质相统一。
- 评价含诊断、形成、终结三种类型，它们在实施的时间和功能上各有重点。品社课和品生课可采用的评价方法是多样的，而真实性评价是品社、品生课程倡导的主要评价方法，表现性评价和档案袋评价是最能体现真实性评价观念的两种评价方法。真实性评价的倡导者们希望真实性评价能有助于学生进行复杂的学业活动，发展他们的精细思维，指引学生向更高、更丰富的知识水平前进。
- 观察法是评价方法中最原始、历史最悠久的方法，包括静观学生的行为表现和在与学生交谈时进行观察。它需要教师综合运用眼、耳、口，敏锐地捕捉学生行为或言谈的细节所包含的意义。
- 纸笔测试看似简单公正，易于操作，但由于它所考察的是有限的陈述性知识，因此不能全面反映学生真实的态度情感和价值观。而且，标准化的纸笔测验还容易导致在教学中讲知识、背知识、考知识，教师为考而教，学生为考而学。尽管如此，纸笔测试对于品社课、品生课来说，仍然有其他评级方法不可替代的作用。对于纸笔测试法，我们要认识到它的局限性，不以其测评结果来简单评判学生的道德品性，但也不能因此否定它的价值。
- 无论是评价一个学生的品行是否端正，还是评价某方面的知识是否理解并学会运用，都要首先确立一套评价标准，否则评价就因过于随意而导致主观化、经验化，导致评价结果缺乏一致性，不能获取作出客观评价所必须的正确信息。

【思考与练习】

1. 如何理解评价的目的是为了促进学生的发展？
2. 评价有哪些种类的评价，各自适用于什么情况？
3. 真实性评价和表现性评价的特征是什么？怎样运用？
4. 如何使用档案袋评价？
5. 围绕一个课题，设计一个观察记录评价表，主要确定评价标准和评价指标。
6. 案例评析。请你和同伴对案例8-8的评价方法和评价指标进行讨论和点评，说说：这节课的评价方法和评价指标有哪些优点，存在哪些不足，还可以怎样改进。

案例 8-8

我国著名的水利工程——都江堰

(上海科技教育出版社《品德与社会》五年级第一学期)

学校	莘松小学	班级	五(2)	学科	品德与社会	
课题	我国著名的水利工程——都江堰	教时	1	执教者	严洁	日期:2014.12.4

一、教学目标:

1. 知道都江堰是我国著名的水利工程,体会都江堰是中国劳动人民智慧的结晶。
2. 通过绘制工程示意图,探究都江堰水利工程的巧妙。
3. 感受李冰除害兴利,与水患作斗争的精神品质,增强民族自豪感。

二、教学重点、难点:

教学重点:能绘制工程示意图,并做解说。

教学难点:通过看视频录像等途径,探究都江堰水利工程的巧妙。

三、制订依据:

1. 内容分析

本课是科教版《品德与社会》五年级第一学期第二单元《贯通南北的大运河》中《巧夺天工立丰碑》中的第二课。课本详细介绍了都江堰的历史作用和重大意义,教材中的文字详细地介绍了都江堰水利工程修建的原因,即"东旱西涝","沙石千里",但对主体工程的设计及其作用,仅凭书中的一张地图很难解释,而工程设计、施工及维护过程中,表现出的李冰独具匠心的智慧,需进一步对教材进行具化及拓展,使学生在自主探究的过程中,能绘制并解说工程示意图。了解工程建造中的相关故事,如开凿宝瓶口时运用热胀冷缩原理凿开岩石的故事等,从中感受古代劳动人民的智慧与勤劳。

2. 学生实际

五年级的学生对生活中看到的现象已经具备了一定的处理和分析社会现象的能力,但是对于具有一定历史背景的一些社会现象,能运用一定的方法进行探究和解释的能力还须进一步提高。都江堰水利工程的探究过程,是学生自主探究的过程,也是学生进一步提升自主探究能力的过程。

在前一课南旺工程学习的基础上,进一步指导学生用初步习得的探究方法开展探究。五年级学生对文字材料的分析,有一定的基础,但对于有一定历史背景的社会现象进行分析,还有一定的难度,所以直观生动的视频,可以更好地帮助学生体会都江堰工程的巧妙之处,并能将对都江堰工程的探究方法,巩固、迁移到南水北调的探究中去。

教 学 过 程

教学环节	教师活动	学生活动	设计意图
两分钟热身	播放视频	生观看视频	感受"蛮荒之地"与"天府之国"的变化。
一、导入新课(2')	1. 谈话导入,引出课题。 板书:我国著名的水利工程 "蛮荒之地"　　"天府之国" 水害　　　　水利 2. 认识李冰,了解李冰功绩。 (1) 出示"李冰"图片。 (2) 了解李冰是中华民族治理洪涝灾害的典范。	1. 齐读课题	情境导入,引出课题,了解李冰功绩。

续 表

教 学 过 程			
教学环节	教师活动	学生活动	设计意图
二、探究"四川之害"(4')	1. 分析地图,探究四川平原遇到的问题。 (1) 出示四川省地图。 (2) 讨论:四川平原遇到了哪些问题? 板书:东旱西涝 沙石千里 2. 小结谈话。	1. 生看书,了解岷江水害。	通过阅读文字材料,分析四川平原遇到的难题,了解造成当地水害的就是岷江。
三、探究"工程之巧"(26')	1. 探究都江堰工程设计与施工。 (1) 探究"设计之巧"。 ① 明确探究任务一:标注主体工程、解释工程作用。 ② 播放视频《世界遗产都江堰》,指导探究活动。 ③ 指导表现性活动评价。 (2) 探究"施工之巧"。 ① 明确探究任务二:介绍解决方法。 ② 播放视频《拜水都江堰》,指导探究活动。 ③ 指导表现性活动评价。 2. 了解"维护之巧"。 (1) 播放视频《都江堰清明放水节》。 (2) 启发感悟"维护之巧"。 3. 小结谈话。 板书:设计 施工 维护	1. 看视频,完成探究任务;探究工程设计、施工的巧妙,完成表现性活动评价。 2. 观看视频。	创设主题探究的空间,提供探究的工具,探究都江堰工程设计、施工的巧妙。设计表现性活动评价的标准,开展与活动紧密结合的过程性评价。 观看视频,了解都江堰岁修制度,从人们对都江堰的精心维护中,感悟中国人民的智慧。
四、回顾总结,布置探究作业(3')	1. 播放视频《水脉》,单元小结。 2. 布置探究作业。	1. 观看视频。	回顾本单元的学习内容,布置探究作业。

板书:

我国著名的水利工程

"蛮荒之地"	都江堰	"天府之国"
水害	李冰	水利
东旱西涝	巧妙	水旱从人
沙石千里	设计 施工	维护 沃野千里

作业:

1. 小组探究南水北调工程,绘制工程示意图。

都江堰工程探究活动单

班级：________　姓名：________

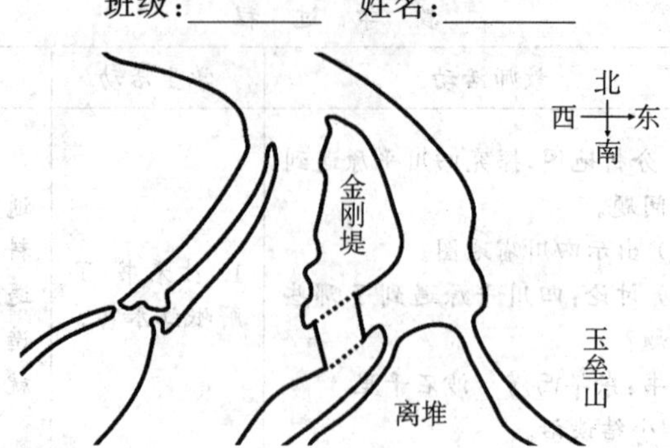

表现性活动评价表
——观察、分析社会现象的能力

评价内容			评价标准	评价结果
任务一	标注主体工程	☆☆☆	1. 能正确标出3处工程位置。 2. 能正确写出3处工程名称。	
		☆☆	1. 能标出工程位置，但有一处误差。 2. 能写出工程名称，但有一处误差。	
		☆	1. 能标出工程位置，有较多误差。 2. 能写出工程名称，有较多误差。	
	解释工程作用	☆☆☆	1. 正确画出水流方向。 2. 选择一处工程设施，具体说明作用。	
		☆☆	1. 正确画出水流方向。 2. 选择一处工程设施进行说明，但不具体。	
		☆	1. 正确画出水流方向。 2. 选择一处工程设施进行说明，但不说清。	
任务二	介绍解决方法	☆☆☆	1. 选择一处工程设施，说明遇到的难题。 2. 能针对难题，说清工程的巧妙。	
		☆☆	1. 选择一处工程设施，说明遇到的难题。 2. 能针对难题，大致说清工程的巧妙。	
		☆	1. 选择一处工程设施，说明遇到的难题。 2. 能针对难题，说不清工程的巧妙。	

等第说明：9星为A等；6—8星为B等；3—5星为C等；1—2星为D等。

【主要参考文献】

1. 田中耕治. 教育评价[M]. 高峡,田辉,项纯,译. 北京:北京师范大学出版社,2011.
2. B·S·布卢姆. 教育评价[M]. 邱渊,等,译. 上海:华东师范大学出版社,1987.
3. 诺曼·E·格伦隆德,C·基思·沃. 学业成就评测[M]. 杨涛,边玉芳,译. 北京:教育科学出版社,2011.
4. 藤田惠壐. 学习評価と教育実践[M]. 东京:金子書房,1999.
5. Tom V. Savage, David G. Armstrong. 小学社会科的有效教学[M]. 廖珊,罗静,等,译. 北京:中国轻工业出版社,2003.
6. David A. Welton. 中小学社会课教学策略[M]. 吴玉军,等,译. 北京:华夏出版社,2004.
7. Diane Hart. 真实性评价——教师指导手册[M]. 国家基础教育课程改革"促进教师发展与学生成长的评价研究"项目组,译. 北京:中国轻工业出版社,2004.
8. 田中耕治. 日本形成性评价发展的回顾与展望[J]. 项纯,译. 全球教育展望,2012(3).
9. 国家社会科学基金"十一五"规划项目"中小学学科学业评价标准的研究与开发"课题组(人民教育出版社课程教材研究所). 品德与社会学业评价标准的研究与开发(结题报告). 2012.

图书在版编目(CIP)数据

小学品德与社会(生活)课程研究/沈晓敏,高峡主编.—上海:华东师范大学出版社,2015.7
ISBN 978-7-5675-3955-6

Ⅰ.①小…　Ⅱ.①沈…②高…　Ⅲ.①思想品德课-课程设置-小学　②社会科学课-课程设置-小学　③劳动课-课程设置-小学　Ⅳ.①G623.102

中国版本图书馆CIP数据核字(2015)第179729号

基于标准的教师教育新教材
小学品德与社会(生活)课程研究

主　　编　沈晓敏　高　峡
责任编辑　吴海红
特约审读　洪昱珩
责任校对　邱红穗
装帧设计　卢晓红

出版发行　华东师范大学出版社
社　　址　上海市中山北路3663号　邮编200062
网　　址　www.ecnupress.com.cn
电　　话　021-60821666　行政传真021-62572105
客服电话　021-62865537　门市(邮购)电话021-62869887
地　　址　上海市中山北路3663号华东师范大学校内先锋路口
网　　店　http://hdsdcbs.tmall.com

印 刷 者　常熟市大宏印刷有限公司
开　　本　787×1092　16开
印　　张　15.25
字　　数　313千字
版　　次　2015年12月第1版
印　　次　2020年1月第3次
书　　号　ISBN 978-7-5675-3955-6/G·8541
定　　价　32.00元

出 版 人　王　焰